本书获贵州大学社科学术出版基金资助

研究生考试招生监督机制研究

YANJIUSHENG KAOSHI ZHAOSHENG JIANDU JIZHI YANJIU

唐本文 ◎ 著

贵州大学出版社
Guizhou University Press

· 贵阳 ·

图书在版编目（CIP）数据

研究生考试招生监督机制研究 / 唐本文著. -- 贵阳：
贵州大学出版社, 2024. 8. -- ISBN 978-7-5691-0947-4

Ⅰ. G643.6

中国国家版本馆CIP数据核字第2024JM6341号

研究生考试招生监督机制研究

著　　者：唐本文

....

出 版 人：闵　军
责任编辑：任苗苗
校　　对：敬卓越
装帧设计：陈　丽　申　云

....

出版发行：贵州大学出版社有限责任公司
　　　　　地址：贵阳市花溪区贵州大学东校区出版大楼
　　　　　邮编：550025　电话：0851-88291180
印　　刷：贵州思捷华彩印刷有限公司
开　　本：710毫米×1000毫米　1/16
印　　张：18
字　　数：305千字
版　　次：2024年8月第1版
印　　次：2024年8月第1次印刷

....

书　　号：ISBN 978-7-5691-0947-4
定　　价：58.00元

序

刘海峰 *

　　三国时曹魏征南将军王昶指出："考试，犹准绳也。未有舍准绳而意正曲直，废黜陟而空论能否也。"这句话准确地揭示了考试的测量功能。考试犹如能够精确衡量物体长短曲直的工具一般，具有客观性和公平性。

　　中国自古以来就是一个人情社会，人情和关系在社会生活中起着重要作用。但人情介入之后，许多事情就会变得复杂起来，如果没有刚性制度的把关，则可能出现人情的泛滥。东晋时期，葛洪在《抱朴子》外篇《审举篇》中提出了"急贡举之法"的改革建议，并一再强调考试的重要性。他认为，考试选才可以杜绝"人事因缘"和"属托之冀"。防止人情泛滥、弄虚作假、徇私舞弊，历来是人才选拔过程中必须面对的挑战。

　　一部科举史，在一定意义上可以说就是一部作弊与反作弊的历史，也可以说是少数人挖空心思实施作弊与制度设计者绞尽脑汁防止作弊互相较量的历史。科举制将个人和集团的政治权利、经济利益和社会地位的竞争，集中到考场上的智

---

　　* 刘海峰，浙江大学文科资深教授、博士生导师，现为浙江大学科举学与考试研究中心主任，厦门大学考试研究中心主任。

力水平和文化知识的竞争中来。科举之所以会有那么大的魔力，主要是因为其中包含着利益。一旦中举及第，便可以迅速提高社会地位，获得许多政治和经济利益。因此，科举考试在一定意义上可以看作是利益分配的手段。由于科名中有"黄金屋"和"颜如玉"，广大士子积极参加、激烈角逐，甚至不少人想方设法钻制度的空子，企望通过不正当的手段获得成功。舞弊方法好似水银泻地、无孔不入，科场条规和贡院防弊则力图做到密不透风、滴水不漏，二者不断在进行"魔"与"道"的智力搏斗。

历史上的各类考试在制度上都对考试作弊行为明令禁止，并设计了各种方法对考试、录取过程进行监督管理和对考试作弊问题进行防治。例如，宋代废除唐代科举中的"通榜""公荐"和"行卷"等制度，也就是不再采用推荐或参考平时声望和作文水平的方式来选拔人才，而是完全依据考场上的科考成绩来选贤与能，"一切以程文定去留"。而作为配套措施，糊名、誊录和锁院等制度在科举考试中普遍实行，为的就是防止科场作弊。在当今的各级各类考试中，古代的部分考试监督和防弊措施仍被沿用。在清代制定的考试专门法律——《钦定科场条例》中，也有"回避""关防""禁令"等多个部分涉及考试监督管理。可见，自考试被发明以来，历代王朝就一直重视对考试过程和录取结果的监督管理，从制度上设计了一套相当严密的监督防弊机制，并在不同时期都有所增补和发展。

有考试就可能有作弊，即使作弊行为可以防止，作弊的念头和心理却不可能消亡。现代的研究生考试也是如此，不规范的行为或作弊的现象时有发生。研究生考试招生过程中出现的一些违规违法问题，给研究生考试招生的严肃性、公平性带来了一定挑战，对研究生教育的高质量发展造成了一定影响，引起了学界和社会的关注。因此，加强监督，严肃法纪，惩处考试舞弊行为，是维护考试制度权威性和公正性的必要措施。同时，为提高研究生考试招生的严肃性和规范性，也很有必要深入地探究研究生考试招生监督机制。

唐本文曾跟随我攻读博士学位。他长期在高校纪检监察机构工作，并担任高校纪委负责人，曾多次亲自参加研究生考试招生的监督工作，颇为了解研究生考试招生监督机制的运行逻辑和风险关键点。经过数年的研究，他完成了《研究生考试招生监督机制研究》的写作。书稿以史为鉴，考察了古代科举考试防弊监督的有益实践，梳理了清朝末年研究生招生的构想设计和民国时期研究生招生的监督实践，探讨了美国、日本、俄罗斯等国家和中国台湾地区的研究生招考监督机制特征。在此基础上，作者阐释了我国研究生考试招生监督机制的基本原则和运行逻辑，为新时代研究生考试招生监督更好地支持人才强国战略夯实了理论基础。同时，针对研究生考试招生监督工作中存在的风险关键点和不足之处，作者列举了高校相关案例并进行了详细说明，容易让读者对相关问题产生直观了解。作者提出的符合新时代研究生考试招生监督工作要求的优化策略，对加强研究生考试招生监督也很有参考价值。

2024 年 6 月 23 日

前　言

　　研究生教育作为现代高等教育的重要教育层次，肩负着高层次人才培育和创新型国家建设的重要使命。研究生考试招生既是当前我国高层次人才培养选拔的重要工作，也是广受社会各界关注的热点问题之一。尤其是研究生考试招生工作的规范程度，是一个国家在高层次人才选拔和培养领域的治理能力和治理水平的重要体现。然而研究生考试招生过程中出现的一些违规违法问题，给研究生考试招生的严肃性、公平性带来了一定挑战，对研究生教育高质量发展造成了一定影响，引起了学界和社会的关注。因此，吸收多学科理论方法，深入探究研究生考试招生监督机制的内在逻辑，及时解决现阶段我国研究生考试招生监督中存在的问题，对加强研究生考试招生监督机制建设和增强研究生考试招生的公信度，具有十分重要的理论价值与现实意义。

　　本书以研究生考试招生监督机制为研究对象，按照"发现问题—透视机制—识别风险—优化制度"的研究路线，对我国研究生考试招生监督机制进行系统深入的理论讨论与实践研究。具体来说，笔者回顾剖析了我国研究生考试招生监督机制的发展历程和演变特征，揭示了研究生考试招生监督机制的运行逻辑和构成要素，深入分析了当前我国研究生考试招生风险及监督关键点，总结提炼了我国古代科举考试监督历史经验，进一步比较分析了国（境）外研究生考试招生监督的探索实践，并在此基础上提出了符合新时代研究生招生监督工作要求的监督机制优化策略。

　　通过深入的理论研究和实践讨论发现，我国研究生考试招生监督机制主要经历了初始萌芽、框架性建立、制度化发展、法治化改革四个历史阶段。其中，监督理念从重结果轻过程向过程结果并重转变，监督主体从单一的行政性向多元的整合性转变，监督决策从分散的经验性向系统的科学性转变。研究生考试招生监督机制有着较为特殊的运行逻辑，包括教育公平与效率的内在逻辑和多元监督主体协同的治理逻辑，并与监督主体、监督对象、监督工具等构成复杂系统。从关键点控制理论的视角来看，研究生考试招生在考前自命题和组织环节、考中评判标准与管理把控、考后调剂与反馈以及博士研究生"申请－考核"评价标准等方面，均存在一定风险关键点。回顾我国历史上的科举制度，特别是《钦定科场条例》等一系列科举法令和条规的实施，在实践中形成了锁院制、封弥制、誊录制、考场巡察等系列制度及措施，重视考前防范违规风险、考后重典惩处、全程制度保障，对当今防止研究生考试招生过程中的徇私舞弊行为具有一定的启示作用。观照国（境）外的研究生考试招生监督机制，在厘清责权关系、发挥技术治理作用、健全外部监督体系等方面，也具有一定的借鉴价值。

　　研究表明，我国研究生考试招生监督机制的发展过程，具有明显的阶段性演进特征，不同环节中的研究生考试招生监督过程存在差异化的风险和监督关键点，建立健全研究生考试招生监督机制，切实防范各种研究生考试招生风险，需要充分借鉴古代考试监督经验和境外有益的监督实践。笔者从准确把握新时代研究生考试招生监督的基本原则出发，认为我国研究生考试招生监督机制的优化策略主要包括：健全研究生考试招生的内部监督体系和外部约束机制；聚焦研究生考试招生的风险点，强化关键环节监督；加强研究生考试招生监督结果的有效运用，形成"防""治"结合的系统性监督机制。

目　录

绪　论

第一章　我国研究生考试招生监督机制的历史演变

第二章 研究生考试招生监督机制的运行逻辑

第三章 当前我国研究生考试招生风险关键点检视

第四章　我国古代科举考试作弊监督及其启示

第五章 国（境）外研究生考试招生监督的做法及其借鉴

第六章 我国研究生考试招生监督机制的优化对策

结　　语

参考文献

绪　　论

研究生教育作为高等教育的重要组成部分，在培养高素质创新人才、服务经济社会发展、推进国家治理体系和治理能力现代化等方面具有重大作用。研究生入学考试是国家高等教育体系的重要组成部分，研究生考试招生监督机制建设及运行是反映教育治理能力和水平的一个窗口，具有政治性、社会性、教育性等多重属性。

近 20 年来，我国研究生招生规模与数量整体呈稳步增长之势，尤其从 2017 年起增加了非全日制研究生招生后，我国研究生招生数量增长率进一步提升（见图 0-1）。研究生招生总数从 1999 年的 9.22 万人到 2021 年的 117.65 万人，增长了 108.43 万人，年均增长 4.93 万人，年均增幅 53.46%。其中，尤以硕士研究生增幅为大，其招生总数从 1999 年的 7.23 万人到 2021 年的 105.07 万人，增长了 97.84 万人，年均增长 4.45 万人，年均增幅 61.51%。相较而言，博士研究生招生规模与数量增幅较缓，其招生总数从 1999 年的 1.99 万人到 2021 年的 12.58 万人，增长了 10.59 人，年均增长 0.48 万人，年均增幅 24.19%。

研究生招生规模的扩大是报考研究生人数日益增多的集中体现。"考研"（专指报考硕士研究生）一词近年来也一度成为网络热词。硕士研究生报考人数屡创新高，据统计，"2021 年达到 377 万人，2022 年达到 457 万人，2023 年再创历史新高，达到 474 万人"[①]。"考研热"现象背后一方面反映了随着经济的发展，

[①]《全国各地硕士研究生招生考试报名人数》，https://www.eol.cn/e_ky/zt/common/bmrs/?params=lnrs。

国家与社会对高学历、高素质人才的需求进一步增长，另一方面也暴露出本科生就业压力日增、就业质量不高等问题。就目前仍旧低迷的就业形势而言，可以说许多学子选择在本科毕业后报考研究生，并不是或不仅仅是基于自身的兴趣与能力作出的最优选择，而是将提高学历作为在未来就业市场中区分自身与他者（本科生）的信号，以求获得更多优质且合适的就业机会。同样，"考博"（专指报考博士研究生）一词虽未有"考研"一词热度高，但近年来攻读博士学位的人数也有所增长。当然，应该注意到其中部分攻博生也可能是由于硕士毕业后心仪工作难寻，而投入考博大军之中的。

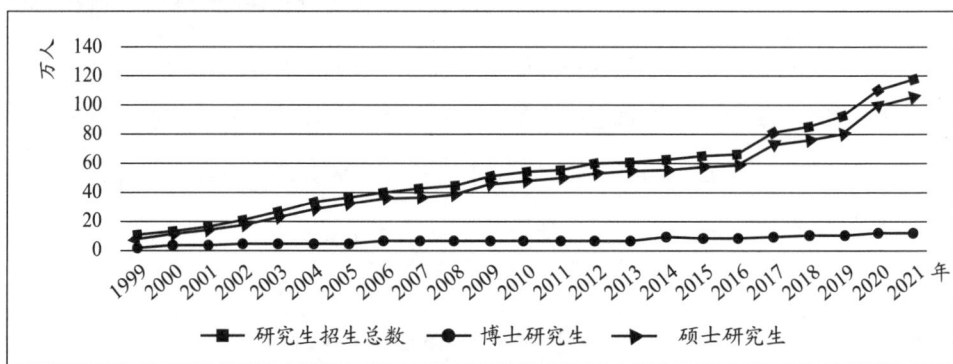

图 0-1　1999—2021 年研究生招生人数统计图

资料来源——根据教育部官网发布的 1999—2021 年《全国教育事业发展统计公报》整理。

而随着研究生学历的"水涨船高"，研究生报考人数与日俱增，高等院校的研究生招生工作也逐渐受到社会各界的高度关注。现如今，大约每年的 10 月考博生陆续向报考高校递交申请考核材料、12 月底考研生参加全国硕士生招生考试初试、次年开春两类考生陆续参加研究生招生复试等时段，是考研生、考博生备考最繁忙的时段，也是教育部相关单位及报考单位（高校、科研院所等）组织考试、处理考务工作最忙碌的季节。对于报考单位之一的高校而言，他们承担了大部分的考务工作。如何切实保障研究生考试招生环节的公平公正，为考生解决他们最担心的考试公平问题；如何科学有效地提高研究生考试招生工作的效率；如何监督与确保研究生考试招生工作的顺利开展，确保为国家选拔出适合从事科学研究的人才……此类问题对高校考试管理工作提出了更高的要求。

　　本书即在此基础上,尝试基于人才强国战略实施的背景,以监督机制为切入点,审视研究生考试招生制度的历史、现状,通过透视我国研究生考试招生监督机制的现存问题,厘清机制运行逻辑,结合案例精准识别研究生考试招生监督存在的风险点,进而提出相应优化对策,为有力保障我国研究生选拔培养工作有序高效进行,为实现第二个百年奋斗目标提供更优质的人才储备。在绪论部分,研究者概述了我国研究生考试招生监督机制的研究背景与意义,继而梳理了有关研究生考试招生违规问题、监督实践和监督机制的已有研究成果,总结其进展,指出其不足,进而提出研究的必要性和紧迫性,并简要陈述了本书的研究思路与方法。

一、研究背景与意义

(一)研究背景

　　人才强国是中国实现第二个百年奋斗目标的重要战略目标。人才的培养与选拔,离不开教育的发展。在人类发展史上,教育是一种较为特殊的存在,它不直接产生社会效益,却受到古今中外贤者能人的极力推崇,关于教育的内容、形式、阶段等的研究层出不穷,关于教育的改革发展研究也从未止步。步入工业化社会以来,教育与经济社会发展的关系越来越密切,经济社会发展为教育现代化提供物质基础和社会环境,教育为经济社会发展提供人才支撑和智力支持。在两者既相互制约又相互促进的基本关系中,教育不断走向制度化、体系化,其产生创新创造的特殊能力越来越强,对经济社会发展的贡献价值越来越明显。从世界发达国家的发展史来看,各国无不把教育改革发展作为国家发展战略的重要内容加以推进,尽管实行教育改革的理念、路径、内容或相似或相异,但联合国教科文组织提出的"教育先行"[①] 概念已经成为各个现代化国家的基本共识。

---

　　① 联合国教科文组织国际教育发展委员会编著《学会生存:教育世界的今天和明天》,华东师范大学比较教育研究所译,教育科学出版社,1996,第35页。

高等教育在教育体系中的地位十分重要，它以专门性教育为主要内容，以培养高级专门性人才为主要目标，是一个国家人才培养体系的重要内容，其发展程度和发展水平是一个国家文化教育实力的重要体现。20世纪80年代，美国学者约瑟夫·奈（Joseph Nye）提出"软实力"概念，此后，国民素质教育等被公认为是关系一个国家综合国力的重要因素。与之相关，受教育人口比例、平均受教育年限、高学历人口比重等也成为衡量各个现代化国家综合国力的关键性指标。中华人民共和国成立以来，我国高等教育规模不断扩大，质量不断提升，接受高等教育人口比例不断增多，高等教育已为改革发展提供了巨大的人才支撑和智力支持。据统计，中国共有高等学校3012所，普通本科在校生1893.10万人，在学研究生333.24万人。[1] 从20世纪70年代末恢复高考到现在的40余年间，我国高等教育发展经历了从精英化阶段到大众化阶段再进入普及化阶段的历程，迅速成为世界上最大规模的高等教育体系。

研究生教育处于高等教育的塔尖，是高等教育体系中以培养科学研究能力、高水平复合型人才为主要目标的教育层次，在高等教育体系和整个国家教育体系乃至人才培养体系中都具有特殊重要的意义。《中国教育现代化2035》提出，到2035年把我国建设成为学习大国、人力资源强国和人才强国[2]，总体实现教育现代化，迈入教育强国行列。现阶段，高质量发展成为我国高等教育发展的主题，贯穿高等教育的方方面面，其中就包括研究生教育。因此，实现研究生教育的高质量发展，要从研究生考试、招生、培养的每一个环节抓起。其中，研究生考试招生工作是研究生教育的前端，其规范程度对研究生教育高质量发展具有直接的影响。

加强研究生考试招生工作的规范性、公平性，是完善现代大学制度和治理体系的基本要求。近些年来，国家不断出台相关文件，如2014年2月印发的《关

[1]《2021年全国教育事业发展统计公报》，http://www.moe.gov.cn/jyb_sjzl/sjzl_fztjgb/202209/t20220914_660850.html。

[2] 刘昌亚：《加快推进教育现代化 开启建设教育强国新征程：〈中国教育现代化2035〉解读》，《教育研究》2019年第11期。

于加强学位与研究生教育质量保证和监督体系建设的意见》，9 月印发的《关于深化招生考试制度改革的实施意见》，均强调要完善招生规则和监督体系，确保教育公平。2017 年 1 月，教育部、国务院学位委员会印发《学位与研究生教育发展"十三五"规划》，规划提出要深入推进招生计划管理改革创新，扩大高校办学自主权、明确高校主体责任，加强事中事后监管。加强研究生招生工作的规范性、公平性已日益成为社会公众的期望。2023 年，我国研究生报考人数约为 10 年前报考人数的 2.5 倍，如此庞大的报考群体，使研究生考试招生工作备受社会瞩目，考生和社会公众对研究生考试招生的敏感度和关注度越来越高，其全过程监管是否到位有效已成为透视大学治理能力和水平的观测点。但研究生考试招生中"题目泄露""试题装错""题目与往年雷同""暗箱操作"等问题也屡屡出现，凸显出研究生考试招生监督研究的重要性和必要性。

理论是实践的先导。党的十九大报告专门指出："中国特色社会主义进入新时代，我国社会主要矛盾已经转化为人民日益增长的美好生活需要和不平衡不充分的发展之间的矛盾。"[①]党的十九届四中全会强调，"坚持和完善中国特色社会主义制度、推进国家治理体系和治理能力现代化，是全党的一项重大战略任务"，而"坚持和完善党和国家监督体系，强化对权力运行的制约和监督"是落实这一战略任务的重大制度安排。[②]监督是制约和保障权力规范运行的基本措施，也是完善国家治理体系、提高治理能力现代化水平的必然内容。研究生考试招生作为人才选拔的重要制度，应该加强监督制约，不断提高治理水平，主动适应新时代建设人才强国的目标任务。

我国教育体制改革无疑取得了很大的成就，招生体制改革也取得了明显的进步，但是在研究生考试招生的过程中仍然存在招生单位政策制定不规范、信息公开程度不够、自命题科目的试题命题和评卷规范性不高、复试环节自由裁量权滥用等各种各样的问题，引起了少数学生及其家长的不满，对招生工作的社会公信

---

① 《决胜全面建设小康社会 夺取新时代中国特色社会主义伟大胜利——在中国共产党第十九次全国代表大会上的报告》，《时事报告》2017 年第 11 期。

② 《中国共产党第十九届中央委员会第四次全体会议公报》，《共产党员》2019 年第 22 期。

度造成了一定的负面影响。为了进一步完善研究生考试招生监督机制的相关理论及其实践工作，有必要对研究生考试招生中存在的问题进行分析，查找原因、对症下药，为构建更有效更完善的研究生考试招生监督机制提供科学依据。笔者曾多次参与研究生考试招生录取监督工作，对研究生考试招生存在的问题、风险点等较为了解。本着理论与实践相结合的原则，笔者选取我国研究生考试招生监督机制进行了专题研究。

（二）研究意义

从目前已有的研究成果来看，学者多从是否符合经济社会发展、是否符合大众期望等角度切入探讨研究生考试招生制度，也有探讨招生考试中的违规违纪问题，但在研究生考试招生监督机制上，还缺乏一定系统性的、针对性的研究。本书试图贯通古今中西的考试招生监督实践，立足现阶段我国研究生考试招生监督中存在的问题，综合多学科研究方法，深入查找问题发生的原因，对构建新时代研究生考试招生监督机制提出对策建议。具体而言,本书的研究意义如下。

1. 为研究生考试招生监督工作提供历史与域外借鉴

考试监督在我国有着悠久的历史。从科举制创立以来，历代统治者为防止考试舞弊，确保考试公平，制定了越来越严密的考试条例，实施了越来越严格的防范举措。本书意欲通过对科举制从隋唐到明清监督机制演变进程的梳理，探讨科举制于当今研究生考试招生监督工作的有利借鉴。同时，研究者对国（境）外考试招生的监督方式、监督效果等进行深入研究，并将其与我国研究生考试招生监督工作进行比较，以期寻求域外的宝贵经验。总之，融汇古今中外考试监督机制的研究，笔者希冀助力人们客观理性地看待我国现行研究生考试招生监督机制，树立正确的考试观、人才观，从而为推动研究生考试招生工作的健康发展贡献力量。

2. 为新时代研究生考试招生监督机制建设提供学理依据

研究生考试招生体制机制是一个较为复杂的系统，其中的监督机制在风险防范和惩罚违规行为方面具有极其重要的作用。完善研究生考试招生监督制约机制，是现代教育改革的重要内容，对其进行系统的理论研究，能为进一步完善新时代考试招生监督机制提供学理依据。

3. 为研究生考试招生监督机制实践提供直接参考

目前，我国研究生招生规模逐年扩大，违规违纪问题时有发生，对之进行深入研究，查找问题发生的原因，有针对性提出对策建议，必然能为教育行政管理部门和研究生考试招生单位增强风险防范意识、提前部署工作、防范化解风险提供有价值的参考。

4. 为丰富党和国家监督体系研究提供视角并扩充内容

监督与被监督是现代社会治理中的重要关系，党和国家监督体系覆盖经济社会发展的方方面面，作为人才培养和选拔机制的研究生考试招生环节，必然是党和国家监督的重要内容。在实践中考察研究生考试招生监督机制运行效果，有利于丰富党和国家监督体系研究维度，充实党和国家监督体系研究内容，推动我国监督体系研究的具体化。

二、概念界定

通过界定相关概念有助于我们理解研究对象及其内外部特征，本书主要涉及"研究生与研究生考试招生""监督与监督机制""风险与风险防范"三组基本概念。

（一）研究生与研究生考试招生

当前人们通常所讲的研究生（postgraduate）是西方现代教育制度的产物。"研究生"一词最早写作"doctor"，意为"教学"[①]。19 世纪末，美国约翰·霍普金斯大学（The Johns Hopkins University）以增进科学研究为目标，把科学研究作为大学的使命，实施了分专业录取本科生、将本科生教育与研究生教育相结合、设立研究生院等一系列改革措施，在培养科学家、教授方面取得了令人瞩目的成

---

① 王燕：《发达国家研究生招生制度研究》，载袁振国主编《中国教育政策评论（2012）》，教育科学出版社，2012，第 86 页。

就，推动科学研究在继人才培养之后成为现代大学的第二大职能，在世界高等教育史上具有里程碑意义。经过霍普金斯大学的推动，研究生教育成为衡量现代大学综合实力的重要指标，研究生教育也成为比本科生教育更具科学研究能力的一种学历教育。

我国古代没有与西方现代教育完全相同的研究生教育，但有高低不同的教育阶段。在我国古代的教育学典籍《礼记·学记》中，有这样一段论述："一年视离经辨志；三年视敬业乐群；五年视博习亲师；七年视论学取友，谓之小成。九年知类通达，强立而不反，谓之大成。"即在官学中，每一个学习阶段都有不同的考核标准，由低到高依次分为五个阶段，一定程度上反映出我国古代教育体制的层级划分。据记载，在唐朝国子监中，只有极少数学生才有资格接受大成教育，而且这个教育阶段的学生可以享受一定俸禄，这可能是最接近现代研究生教育的一种形态。

我国现代意义上的研究生教育起始于清朝末年的学制改革。1902年，清政府模仿日本学制制定的《钦定学堂章程》（又称"壬寅学制"）中第一次提出"研究生教育"的概念，当时称为"大学院"。该院设在大学堂之上，以研究为主，不设具体年限，不立课程，不主讲授。[1] 1904年颁布的《奏定学堂章程》（又称"癸卯学制"）中将"大学院"改为"通儒院"，规定修业年限为5年，亦属研究院性质，但当时并没有真正招生。[2] 清末民初，圣约翰大学、震旦大学、东吴大学、齐鲁大学、沪江大学等教会学校开始招收研究生并授予部分学位。1929年，清华大学、北京大学建立研究生院并招收学生，开创了我国大学研究生招生的历史先河。

中华人民共和国成立后，1950年5月，教育部公布了《高等学校暂行规程》，明确规定"大学及专门学院……得设研究部或研究所"[3]。同年，颁布了第一个研究生招生文件——《关于高等学校1950年度暑期招考新生的规定》，研究生招生开始，至1966年废止。1977年，教育部和中国科学院联合下发了《关于1977

---

① 孙培青主编《中国教育史（第3版）》，华东师范大学出版社，2008，第346页。
② 刘海峰：《通儒院与大学院——中国近代的研究生教育制度》，《光明日报》1987年10月7日。
③ 国家教委高校学生司编《高等教育学历问题咨询手册》，首都师范大学出版社，1997，第13页。

年招收研究生具体办法的通知》，恢复了研究生招生工作。1980 年，《中华人民共和国学位条例》的颁布和实施，从法律上确认了硕士学位和博士学位，为研究生招生培养的恢复奠定了重要基础。一些大学还探索建立了研究生院。经过一个时期的发展，逐步确立了统考、推荐免试、单独考试等三类研究生招生选拔方式。

考试招生工作是研究生教育的重要环节，是许多高校招生制度的一部分，主要是指有研究生培养资质的单位（大学、科学研究机构）组织的以选拔具有一定从事科学研究工作潜力的人员进入研究生培养环节的工作，包括资格筛查（一般是具有本科学历和学士学位的人员）、能力筛选（笔试、面试）。经过选拔进入研究生培养单位的学生被称为"硕士研究生"或"博士研究生"。

目前以纸笔考试作为初试选拔人才的方式主要用于招收硕士研究生。在我国，硕士研究生考试招生工作日益受到社会各界的关注，可以说仅次于高考。有学者认为，硕士研究生考试可"堪称教育考试领域的'第二大考试'"，"考试招生作为硕士研究生教育的入口环节，不仅直接影响硕士研究生的生源规格、质量及后续培养工作，同时对于本科生的大学学习具有鲜明的导向性功能"。[①] 当下全国大部分有资格招收博士研究生的高校大多采用了"申请－考核"制，即以提交相关材料申请审核的方式代替初试用纸笔考试的方式。不过，招收博士研究生的多数学校在首轮筛选后，依旧会在复试阶段组织专业课、外语等的笔试，可见笔试依旧在博士生招收阶段占有一席之地。

通常，以考试（通常指笔试为初试）为主的研究生招生也常被称作"研究生考试招生""研究生招生考试""研究生招生"等。出于研究之需，本书中的"研究生"特指符合相关条件进入我国拥有硕士点、博士点的普通高等学校（研究机构）继续接受教育的人员，主要包括全日制的学术型、专业型硕士及博士研究生。相应地，研究生考试招生主要是指国家组织的、拥有硕士点和博士点的普通高等学校（研究机构）具体实施的考试、审核、评价、录取等招收研究生的一系列活动。

---

① 刘希伟：《按一级学科还是二级学科：教育学硕士考试招生模式探究——基于全国137所院校的统计分析》，《教育与考试》2023 年第 1 期。

（二）监督与监督机制

1. "监""督"与"监督"

从汉字词源上看，在我国，"监"字出现较早，在甲骨文中的"监"字形为
𝆄，酷似一人对着器皿照形。西周时期字形与字义逐渐发生变化，如西周晚期金
文的"监"字形为𝆁，器皿中盛着的水和人的眼睛成为"监"字的两个主要元素，
通过临水照容表达自上而下地察看、检视，并通过"照"这一动作整理自己的容
貌与衣冠。《说文解字》释"监"（繁体"監"）为"临下也"①。此外，"监"亦有
"察"之意，表示察看、检视。《尚书·酒诰》中记载，"古人有言曰：'人，无于
水监，当于民监'"②。这里的"监"有接受民众察看之意。所以，"监"的第一层
意思主要是察看、检视。"监"的第二层意思主要是指可以盛水使人正衣冠的器皿。
郭沫若在《三门峡出土铜器二三事》中论道："古人以水为鉴，即以盆盛水而照容，
此种水盆即称为监，以铜为之则作鉴。"③此处"监"即指水盆，若指铜镜，则称
为"鉴"。

"督"字出现较晚，始见于战国，《说文解字》的解释为"察也"④，本义是察
看，后又引申为察看并发现逾矩者或逾矩行为后进行纠正、责罚。如汉王充《论
衡·寒温》中"夫妻相督"⑤的"督"是纠正的意思。《管子·九守》中"修名而督
实"⑥的"督"即责罚之意。段玉裁《说文解字注》引《车千秋传》："督者，以中
道察视之。人身督脉在一身之中，衣之中缝亦曰督缝。"⑦这表明"督"一定要有
公正的价值立场，就好像人身上的督脉一样位于正中，也好像衣服的督缝一样在
衣服中间不偏不倚，所以，察看、检视一定要公正。

---

① 许慎：《说文解字》，徐铉校定，中华书局，2013，第 167 页。
② 孔子：《尚书》，冀昀主编，线装书局，2007，第 172 页。
③ 郭沫若：《三门峡出土铜器二三事》，《文物》1959 年第 1 期。
④ 许慎：《说文解字》，徐铉校定，中华书局，2013，第 67 页。
⑤ 王充：《论衡》卷十四，陈蒲清点校，岳麓书社，1991，第 223 页。
⑥ 管仲：《管子》，吴文涛、张善良编著，北京燕山出版社，1995，第 378 页。
⑦ 许慎：《说文解字注》，段玉裁注，上海书店，1992，第 133 页。

"监""督"二字本义都为察看，也常常合用为"监督"表示监视、督促。如《周礼·地官·乡师》载："大丧用役，则帅其民而至，遂治之。"郑玄认为其中的"治"就是监视、督促，注为："治谓监督其事。"[①]东汉著名政治家、战略家荀彧曾向曹操建言："臣闻古之遣将，上设监督之重，下建副二之任，所以尊严国命，谋而鲜过者也。"[②]这也说明派兵遣将必须设置制约权力的职务。可见，古人单用"监""督"或者合用"监督"，不仅仅把监视、督促作为"修身"的个人问题，还强调监视、督促涉及治国理政的大事。因此，我国古代为了巩固和捍卫皇权，自战国始专门设置监察官职，正所谓："惧宰官之不修，立监牧以董之；畏监督之容曲，设司察以纠之。"[③]经秦汉、魏晋南北朝、隋、唐、宋、元、明、清历代的演变，产生了御史监察制度、典签制度、中正人事监察制度、监司制与通判制、督巡制度等监察制度，这些制度在古代社会对监督各级官吏廉洁履职起到了一定的作用，也是认识我国古代监察文化的重要内容，对健全和完善现代监督体系具有一定的历史参考意义。

在英语语境中，监督多用"supervise"表示，拆分开来就是"super"和"vis"，即指在上面看、在上面巡视或监督。从词源上看，"supervise"与汉语中的"监"字同义。西方哲学家、思想家、政治家从"人性恶"演绎出"权力恶"的认识，认为权力是人的一种欲望，必须加以限制。孟德斯鸠认为，一切有权力的人，都容易滥用权力。意大利政治思想家和历史学家马基雅维利认为，政权是权力让渡的结果，本身就带有"恶"性。所以，西方资本主义国家诞生之初就把权力制约作为建设政权的一个必要因素，产生了"主权在民论""分权制衡论""法治论""有限政府论""自由监督观"等不同的学术思想或观点，在实践中形成了议会监督、政党监督、行政监督等不同模式。

在现代社会，监督是指"管理者以一定的权力，根据一定的标准或规则对被

---

① 孙诒让：《周礼正义》卷二一，王文锦、陈玉霞点校，中华书局，1987，第825页。
② 范晔：《后汉书》卷七十，李贤等注，中华书局，1965，第2290页。
③ 陈寿：《三国志》卷九，裴松之注，陈乃乾校点，中华书局，1959，第296页。

管理者的行为进行监察、督促、指导"①。在我国，最广义的监督是指党和国家监督体系（见图0-2），其主要以党内监督为主导，党内监督和人大监督、民主监督、司法监督、行政监督、群众监督、舆论监督以及审计监督、统计监督等专门领域的监督相互协调。较为狭义的监督仅指党内监督，即党内纪律检查机关的纪律监督、检察机关的监察监督和派驻监督、巡视机构的巡视监督。最狭义的监督仅指党的纪律监督，监督的对象包括各级党组织和党员干部，主要对象是党的主要机关和主要干部，特别是主要领导干部，以确保党的先进性和纯洁性。党的十九届四中全会决议明确提出，要把坚持和完善党和国家监督体系作为今后的重要政治任务，进一步强化了对权力运行的监督和制约，指明了党和国家监督体系在全面从严治党和依法治国、推进国家治理体系和治理能力现代化中的重要地位，也对增强对公权力和公职人员的监督全覆盖、有效性提出了实际要求。

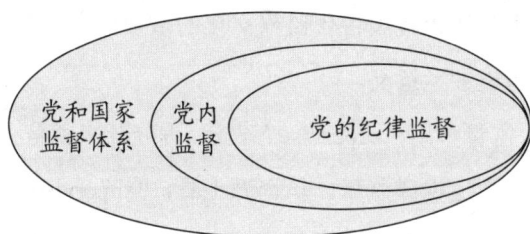

图 0-2　党和国家监督体系的范畴

　　本书中"监督"的含义是在坚持和完善党和国家监督体系的框架下，对我国高校研究生考试招生工作开展的一系列监督工作的统称，是以党内监督为主导的，包括群众监督、舆论监督等在内的各种监督方式。关于研究生考试招生的监督机制，本书第三章还将详细论述。

　　2. 监督机制

　　"机制"原本是物理学的一个概念，后广泛应用于生物学、经济学、社会学、政治学等多个学科领域，一般是指"特定对象整体的各个结构要素之间的相互联

---

① 杨伯亚、景祖堃：《社会主义经济管理学》，中国经济出版社，1989，第153页。

结和相互制约方式，以及依据特定目标实现整体功能的方式"[1]。鉴于机制包含了客观规律、内在结构、运行方式等三种不同含义，在社会科学领域，李松林建议对机制作如下定义："遵循和利用某些客观规律，使相关主体间关系得以维系或调整，实现预期的作用过程。"[2]该定义更加强调主体间关系的调整和作用发挥的过程性。

本书所指"监督机制"是在遵循坚持和完善党和国家监督体系的框架下，由不同监督主体共同实施的，采用不同监督技术手段，贯穿研究生考试招生考前、考中、考后全过程的一系列监督工作运行系统。

（三）风险与风险防范

风险一般是指在政策实施或管理过程中存在着一定的可预见性的或不可预见性的障碍、困难等，会对政策实施或管理的计划进程造成干扰，并影响预期结果的实现。在现代管理学中，风险管理是比较常用的一种管理手段，通常运用全面检测、控制同类型政策实施或管理过程，以及评估预期结果与实际结果之间的差距等方式，提高风险预测与评估的全面性、准确性，进而提出一定的防范化解策略，为下一次的政策实施或管理提供参考，以提高工作效率和实现预期目标。在廉政建设中，引入风险管理理念，对从制度建设、过程监督、群众反馈等不同渠道获取的信息进行研究分析，列出具有一定普遍性的、可预见性的风险内容。毕竟，减少人为干扰因素是加强监督的重要手段。

因此，本书所指"风险"即研究生考试招生中存在的影响招录公平的违规违纪问题；"风险防范"主要是指将防治招生腐败的关口前移，对研究生考试招生中可能存在的影响招录公平的违规违纪问题进行提前预防或采取一系列措施。

---

[1] 李松林：《体制与机制：概念、比较及其对改革的意义——兼论与制度的关系》，《领导科学》2019年第6期。

[2] 李松林：《体制与机制：概念、比较及其对改革的意义——兼论与制度的关系》，《领导科学》2019年第6期。

三、研究回顾与述评

由于世界各国在人才选拔理念、教育体制机制、考试方式方法等方面存在着巨大差异，故而在研究生考试招生制度上呈现出不同面貌，其监督机制方面也存在不同的理论与实践。我国学界关于研究生考试招生监督方面的专题研究起步较晚，总量不多，现有成果主要散存于研究生招生制度与政策、研究生考试和录取、研究生考试招生风险等相关学术领域中，在研究生考试招生违规问题、监督实践和监督机制研究等方面也形成了一定的研究框架和内容，这些都为本书的研究提供了有益的参考和借鉴。

（一）国外研究进展

1.关于研究生招生实践的研究

国外研究生教育相对国内来说起步较早，关于研究生招生制度的研究较为丰富。随着研究生入学率的上升，研究生招生实践不断受到学界的关注，自 20 世纪中期以来，布林（Brink）[1]、布内特（Burnett）[2] 等学者对相关主题的研究呈快速上升趋势。彭斯（Burns）等部分学者聚焦于研究生招生决策的分散性，对参与研究生招生过程的研究生教职员工进行调查，超过 70% 的受访者表示，研究生招生决策行为在他们所在的学校是不具有中心化特征的[3]。因此，与本科生招生相比，肯特（Kent）等人认为研究生招生具有分散的性质[4]。研究生招生决定通常由小部门或项目级别的委员会作出，而研究生院主要是作为检查者，以确保申请完

---

① Brink W J, "Selecting graduate students," *The Journal of Higher Education*, no.10 (1939): 425-430.

② Burnett C W, "Chapter III: Selection and training of school and college personnel workers," *Review of Educational Research*, no.24 (1954): 121-133.

③ Burns R L, *Graduate admissions and fellowship selection policies and procedures* (Educational Testing Service, 1970).

④ Kent J D, McCarthy T M, *Holistic review in graduate admissions* (Council of Graduate Schools, 2016).

整并满足研究生院的所有要求。阿西姆（Aasheim）[1]在深入了解了研究生申请系统的实施过程后发现，研究生项目通常要求申请人提交各种信息，以了解他们对研究生学习的学术准备情况、申请项目的兴趣、社交和情感技能等；但有学者的研究表明，不同的招生项目对各个组成部分的重视程度可能会有差异[2]，甚至对作出招生决定的招生委员会成员来说也往往没有明确说明[3]，这些申请材料对获得录取的价值没有统一标准。还有部分学者针对研究生招生中申请材料对于录取决定的影响进行了研究，发现少数科目挂科可能不会影响申请人的录取机会，但多次挂科经历和特定科目挂科（例如，在本科课程的最后两年内开设的专业课程、必修课程或高级课程）可能会影响申请人获得录取的机会[4]。昆赛尔（Kuncel）等人对推荐信的预测有效性进行了一项荟萃分析，发现推荐信与研究生院的平均成绩、成绩评定和博士学位等结果之间存在适度的相关性，但推荐信作为申请人的战略选择并非绝对具有预测有效性。[5]

除此之外，学者对于研究生招生中应该重点关注认知能力的测度考试成绩（例如 GRE，即研究生入学考试）还是对申请材料进行全面评估目前仍没有定论。当前，大多数美国院校都将 GRE 考试成绩作为研究生招生的标准之一[6]，克里格

[1] Aasheim C L, Williams S, Kemp J, Williams T, Spence L, "Implementing imaging technology in graduate admissions at Georgia Southern University," *Journal of the International Academy for Case Studies*, no.6 (2009): 41-50.

[2] Orfield G, "Realizing the promise of the civil rights revolution: Challenges and consequences for graduate education," *American Journal of Education* 120 (2014): 451-456.

[3] Posselt J R, *Inside graduate admissions: Merit, diversity, and faculty gatekeeping* (Harvard University Press, 2016).

[4] Landrum R E, "Graduate admissions in psychology Transcripts and the effect of withdrawals," *Teaching of Psychology* 30 (2003): 323-325.

[5] Kuncel N R, Kochevar R J, Ones D S, "A meta-analysis of letters of recommendation in college and graduate admissions: Reasons for hope," *International Journal of Selection and Assessment*, no.22 (2014): 101-107.

[6] Kuncel N R, Kochevar R J, Ones D S, "A comprehensive meta-analysis of the predictive validity of the graduate record examinations: Implications for graduate student selection and performance," *Psychological Bulletin* 127 (2001): 162–181.

（Klieger）[①]、施瓦格（Schwager）[②] 等学者都认为 GRE 成绩可以预测研究生的 GPA（平均成绩点数），但霍尔（Hall）[③] 和米勒（Miller）[④] 对 GRE 成绩的预测效用和实用性提出了批评，帕切科（Pacheco）认为 GRE 成绩和一般的标准化考试成绩不适合作为研究生考试成功的信息预测指标 [⑤]。此外，学者对研究生招生中采取的完整档案审查程序也有一定的研究。完整档案审查是指在审查申请人的档案时考虑其综合素质，包括认知素质和非认知素质。这一模式相较于其他侧重某一方面能力的招生标准，更加公平和全面，但面临的挑战之一是如何对大量申请进行细致审查。在这种情况下，招生委员会通常使用应用程序的定量组成部分（即 GPA 和 GRE 分数）来初步评估申请人的综合能力，以便简化流程和分级管理，其他审批委员会则可以对所有剩余的申请材料进行全面审查。然而，各种研究人员认为，这种做法与整体文件审查相悖，可能会与任何多样性相关的目标相冲突，而这些目标可能对研究生教育很重要。[⑥] 在这些情况下，GPA 或 GRE 指标并不是一个十分恰当的指标，而只是向教职员工发出信号，让他们先把注意力放在那里。

随着研究生招生制度的不足逐渐受到关注，部分学者提出可以从提高参与招

[①] Klieger D M, Cline F A, Holtzman S L, Minsky J L, Lorenz F, *New perspectives on the validity of the GRE® General Test for predicting graduate school grades* (*GRE Research Report No. GRE-14-03*) (Educational Testing Service, 2014).

[②] Schwager I T, Hülsheger U R, Bridgeman B, Lang J W, "Graduate student selection: Graduate record examination, socioe-conomic status, and undergraduate grade point average as predictors of study success in a western European university," *International Journal of Selection and Assessment*, no.23 (2015): 71-79.

[③] Hall J D, O'Connell A B, Cook J G, "Predictors of student productivity in biomedical graduate school applications," *PLoS One*, no.1 (2017): 121-169.

[④] Miller C W, Zwickl B M, Posselt J R, Silvestrini R T, Hodapp T, "Typical physics Ph. D. Admissions criteria limit access to underrepresented groups but fail to predict doctoral completion," *Science Advances*, no.1 (2019): 7550.

[⑤] Pacheco W I, Noel R J, Porter J T, Appleyard C B, "Beyond the GRE: Using a composite score to predict the success of Puerto Rican students in a biomedical PhD program," *CBE Life Sciences Education*, no.2 (2015): 141-216.

[⑥] Posselt J R, "Disciplinary logics in doctoral admissions: Understanding patterns of faculty evaluation," *Journal of Higher Education* 86 (2015): 807-833.

生环节的工作人员素质等方面入手来增强研究生招生的透明度和一致性。美国医学院协会不少学者强烈呼吁为参与研究生招生档案审查的教职员工提供培训[1]；研究生院委员会建议对所有委员会成员进行培训，以识别欺诈性申请。此外，评估国际证书需要特殊培训，因为迪米尼（Diminnie）指出审查非本国的成绩单在确保"学位对等、分级系统和机构质量"方面可能具有挑战性[2]。鼓励培训的另一个原因是，相关工作人员可能对招生环节的具体标准并非完全了解，例如，如何在分析申请人材料时使用 GRE 成绩或百分位排名[3]，如何审查申请人档案，需要关注个人陈述中的什么内容。如果没有培训，工作人员难免在招生决策中带有个人偏见。[4]

总体来说，国外对于硕士研究生招生制度的研究主要以录取标准和材料评估的公平合理性为主，很少涉及考试组织过程的具体环节，即便有所提及，也多是泛泛之谈，并没有对于研究生考试组织中的具体行为进行系统的、详尽的合理化分析，对各个环节在整场考试中作用的评析更是少之又少。

2. 关于研究生招生监管机制的研究

随着研究生考试招生由于监督不足带来的不透明性和不公平性受到广泛关注，部分国外学者还发现研究生招生体制中存在信息不对称、政治歧视、家庭背景歧视等监督不足问题。早在 2001 年，罗宾逊（Robinson）等人就调查了研究生录取机制中的信息不对称问题，并提供了一个理论框架来分析这一问题的原因和后果。他们认为，信息不对称问题主要是由录取过程缺乏透明度、申请人获取信息的机会有限以及大学披露准确信息的动机较弱等造成的，所以需要一种全面的方法，包括提高录取过程的透明度、增加申请人获得信息的机会、加强对大学

[1] Baggs T, Barnett D, McCullough K, "The value of traditional cognitive variables for predicting performance in graduate speech-language pathology programs," *Journal of Allied Health*, no.1 (2014): 10-16.

[2] Diminnie C, *An essential guide to graduate admissions* (Council of Graduate Schools, 2012).

[3] Posselt J R, *Inside graduate admissions: Merit, diversity, and faculty gatekeeping* (Harvard University Press, 2016).

[4] Gartner J D, "Antireligious prejudice in admissions to doctoral programs in clinical psychology," *Professional Psychology: Research and Practice* 17 (1986): 473-475.

提供准确信息的激励。国外研究生招生中的政治歧视问题也受到广泛关注。鲍恩（Bowen）和福克（Bok）的研究发现，在美国、英国、瑞典等国的研究生招生中，亚裔和非裔的申请者面临着政治歧视，这种歧视表现为申请者的成绩和背景被低估，他们被拒绝的概率很高[①]。不仅如此，比德森（Petersen）和其他学者还认为，政治歧视还会影响研究生的录取与奖学金分配。[②] 除此之外，由于研究生招生制度的不完善和监督机制的缺位，女性、少数民族、宗教群体和低收入人群都成了研究生招生系统中的弱势群体，面临歧视，甚至会遭受不公平待遇[③]。

基于研究发现的研究生招生机制中监督不足的问题，国外学者就其因素和后果进行了丰富的研究。甚至有学者，如施莱德（Shrader）[④]、比德森（Petersen）[⑤]提出应加强监督，以避免在招生中存在对某一性别、某一族裔、某一年龄段或者某一地区的申请者持有特殊偏见和歧视的问题。

针对研究生招生机制中的监督与管理问题，研究者普遍认为监督不足的主要原因包括管理制度不完善、监管部门职责不清、监督手段不够多样化等。从相关研究成果来看，国外研究生考试招生监督机制的问题主要体现在监督力度不足、招生标准不明确和招生程序不规范上。学校和政府部门在研究生招生过程中的监管力度不足导致一些不合格的学生被录取，而招生标准不够明确和招生程序的不规范容易引起学生和社会的不满。

3. 关于研究生招生机制优化的研究

国外研究生招生方式普遍为申请制，由申请者提交个人材料，招生单位进行

---

① Bowen W G, Bok D, *The shape of the river: Long-term consequences of considering race in college and university admissions* (Princeton University Press, 2016).

② Petersen T, Saporta I, "The Opportunity Structure for Discrimination," *American Journal of Sociology*, no.4 (2004): 852-901.

③ Moss-Racusin C A, Dovidio J F, Brescoll V L, Graham M J, Handelsman J, "Science faculty's subtle gender biases favor male students," *Proceedings of the National Academy of Sciences* 41 (2012): 16474-16479.

④ Shrader C B, "Diversity in Graduate School Admissions," *Journal of Diversity in Higher Education*, no.1 (2018): 17-28.

⑤ Petersen J C, "Geopolitics of graduate school admissions," *PLoS One*, no.7 (2017): 18-36.

审核、评价，并最终作出录取选择。为了满足研究生考试招生需求，各国的研究生招生体系也在持续地优化和改进。关于优化研究生考试招生机制的研究成果也在不断丰富，但多数都主张要提高招生过程的公平性和透明度。有学者对研究生招生体系优化的目的进行了阐释，如巴迪（Baty）和玛沃（Mawer）认为其目标是提高研究生质量和数量，促进高等教育的发展。[1]

基于对研究生招生机制优化的影响因素和最终目标的了解，当前国外已经有大量研究成果对研究生招生机制的优化方向和具体路径进行了研究。部分学者主要关注研究生招生体系的公平性，达洛奇奥（Dallocchio）认为研究生招生体系优化需要建立公平、公正、透明的选拔机制，建立明确的规章制度和操作流程，并加大监管执行力度，避免人为干预和腐败，保证招生程序的合法性和规范性。[2] 米勒（Miller）则就研究生选拔制度中存在的诚信和抄袭问题，强调应该建立诚信制度和抄袭检测机制，对申请者的诚信行为进行评估，并严厉打击抄袭现象。[3] 麦克唐纳（Macdonald）还提出研究生选拔制度应该更加注重考查考生的实际能力和个人素质，避免因个人特征和社会背景差异而产生的不公平现象。[4] 或者采用多种评估方式，包括学术成绩、个人陈述、推荐信等，以便更全面地了解申请者的实际水平和潜力。[5] 还有学者主要关注研究生招生机制的合理性。贝尔德（Baird）认为应该优化申请材料的评价体系，将申请人的个人陈述、推荐信、成绩单、工作经历等纳入评价体系，以便全面、客观地评估申请人的综合素质。[6] 其他学者则关注到了语言能力的重要性和选拔体系中相关评估的缺位，认

---

[1] Baty P, Mawer F, *Global comparison of masters and PhDs* (Times Higher Education, 2016).

[2] Dallocchio M, "Transparency and accountability in university admissions: exploring the impact of the bologna process," *Journal for Higher Education Management and Policy*, no.2 (2017): 1-15.

[3] Miller P, "Plagiarism detection and prevention in graduate education: establishing standards, promoting integrity," *Journal of Academic Ethics*, no.3 (2015): 227-241.

[4] Macdonald R, *The Pitfalls of the Graduate Admissions Process* (The Chronicle of Higher Education, 2016).

[5] Moy E K, "Graduate admissions: Balancing fairness and selectivity," *New Directions for Higher Education* 171 (2015): 21-33.

[6] Baird L L, *The diversity imperative*: *Managing education in higher education* (Routledge, 2016).

为考查申请人语言能力可以帮助评估其英语沟通和写作能力，应当将托福和雅思等语言测试成绩作为选拔研究生的重要依据之一。[①] 同样，还有研究认为研究生选拔制度中科研能力[②]、实践能力[③]、多元化背景[④]和社会服务经历[⑤]等的缺失和不一致都是优化研究生招生制度需要首先解决的问题。除了公平性、合理性，研究生招生制度的有效性也是受到广泛讨论的优化方向。关于笔试和面试的有效性和重要性仍没有定论，有研究认为笔试考核可以评估申请人的学术能力和学科基础，提高研究生选拔制度的公正性和准确性，因此是更加有效的考核方式。[⑥]霍夫曼（Hoffman）研究认为，面试测评更能全面地评估申请人的个人素质和能力，是一种更加合理和有效的考核方式。[⑦]哈维（Harvey）则提出引入技术手段，例如采用大数据技术客观地评估申请人的学术表现、科研成果和个人背景等，可以提高研究生选拔制度的有效性和准确性。[⑧]

总体来看，国外关于研究生招生机制优化的相关研究主要集中在提升研究生选拔制度的公平性、合理性和有效性上，并提出了许多有益的建议和措施。其中，采用面试测评、多元化评价方法、组织笔试考核、考察申请人的实践能力和科研能力、多元化考察申请人背景、允许申请人个人陈述等措施都被认为可以有效提高研究生招生的质量和效果。

[①] Hamp-Lyons L, *Assessing second language writing in academic contexts* (Routledge, 2019).

[②] National Research Council, *Research universities and the future of America*: *ten breakthrough actions vital to our nation's prosperity and security* (National Academies Press, 2012).

[③] Schneider C G, Shook C L, *Practical Transformation*: *Innovative Practice and Approaches in the Provision of Postgraduate Business Education* (Springer, 2018).

[④] Milem J F, Chang M J, Antonio A L, *Making diversity work on campus*: *A research-based perspective* (Association of American Colleges and Universities, 2005).

[⑤] Eckel P D, King J E, "Making sense of the complexity leadership framework," *International Journal of Leadership in Education*, no.3 (2017): 308-323.

[⑥] Winer L K. *The sage encyclopedia of teaching and learning* (Sage Publications, 2015).

[⑦] Hoffman J, *Evaluating applicants in the interview process*: *Using situational judgment tests and structured interviews to predict job performance* (Routledge, 2017).

[⑧] Harvey L, *Understanding the organizational culture of institutions of higher education* (Routledge,2015).

（二）国内研究进展

1. 关于研究生考试招生风险问题的研究

研究生考试招生是一项极其复杂的系统工作，在具体的实施过程中难免会出现一定的瑕疵或漏洞，甚至会出现违规问题，影响研究生考试招生的公平性和效率。客观辨识这些问题，有助于帮助人们查找原因，防范潜在风险演变为现实问题，增进研究生考试招生的权威性和公信力。纵观学界的已有研究成果，按照分析视角的不同，关于研究生考试招生风险问题方面的研究大致可以分为以下四个部分。

第一，从风险管理理论视角进行分析。研究生报考人数急速增加，考试组织难度增大[1]，相关利益主体多元化、相关利益网络多样化[2]，这是现在研究生考试招生的基本情况。具体到风险方面，有的学者认为在研究生考试招生中，主要存在政策、操作、项目、时效、培训及声誉六个方面的风险，其中，政策性风险是研究生考试招生中的首要风险，主要表现为实践中出现的工作人员泄题等。[3] 有的学者认为在执行招生计划、初试试题制定、推荐免试生、降分录取、破格录取的全过程都存在一定的风险[4]，特别是研究生招考的复试环节，其风险往往比初试环节的风险更高，无论是程序方面还是评判方面，都存在着一定的管理风险。这种从风险管理视角分析研究生考试招生各环节风险问题的方法值得借鉴，其对政策风险、过程风险的重视，显示了研究生考试招生制度设计对操作实践的全局性、系统性影响。

第二，从产生风险的环节进行分析。尽管学者普遍认为研究生考试招生存在一定风险，影响了教育公平，但也承认研究生考试招生的初试和复试中的风险有所不同。一般来说，初试中的风险主要存在于自命题环节中，因为自命题环节比

① 江莹：《研究生招生改革的理论思考与路径选择》，《江苏高教》2005 年第 3 期。
② 刘海峰、王鲁刚：《新高考改革网络中的利益博弈和治理策略——基于政策网络理论的视角》，《中国教育学刊》2020 年第 9 期。
③ 邓松：《基于风险管理视角的研究生招生风险及其规避》，《研究生教育研究》2013 年第 4 期。
④ 韦剑、邓珂：《硕士研究生招生工作中的风险点研究》，《教育现代化》2016 年第 32 期。

较多,操作难度大,安全性反而相对降低[1];复试中的风险主要集中在评判标准难统一、"走过场"的形式主义、自主权扩大易滋生腐败等方面。例如,汪基德等人指出,目前来说"面试+笔试"仍是最重要的复试形式,考试中对考生实践和研究能力的考核主要通过考生的自我介绍进行,不能有效反映考生的真实水平,部分复试程序有流于形式的问题。[2]张亚群、车如山的《中国研究生招生考试改革研究》是聚焦我国研究生招生考试制度的重要著作,其中对硕士研究生考试招生制度的变迁、特点进行了总结提炼,对学术型硕士研究生和专业型硕士研究生招生考试的改革重点、难点等及相关案例进行了深入分析,同时对域外硕士研究生的考试选拔情况进行了比较分析,特别指出在复试中存在命题标准不统一、各组评分标准不统一的情况,甚至存在复试走过场,有"条子""关系"的干扰等问题。[3]在研究生的录取工作上,邢大立等学者也作了深刻分析,指出在政策层面没有对破格录取的具体标准进行界定,存在"不严谨"问题,"造成了某些高校为了多录取第一志愿考生随意破格复试"[4];张宏则指出调剂录取存在"不确定性"和"随意性"[5],认为考生在填报调剂志愿和放弃被录取资格时存在一定的随意性,以致招生单位在组织复试工作和录取工作时产生了大量的成本浪费。上述研究对分析研究生考试招生中的主要风险提供了有益思考,有助于聚焦风险点进行深入分析,进而提出相应的防范策略。

第三,从产生风险的招生类别进行分析。根据学界的共识,研究生是指获得学士学位或同等学力进入硕士、博士培养单位继续参加科学研究知识教育和训练的人员。一般来说,根据划分标准不同,研究生可以分为不同的类别。例如,学

---

[1] 吴均、何其迅、肖萍、吴萍:《研究生招生考试安全保密体系建设的探索与实践》,《首都医科大学学报(社会科学版)》2012年增刊。

[2] 汪基德、韩雪婧、王孝培:《疫情期间硕士研究生招生网络远程复试:模式、问题与改进》,《电化教育研究》2020年第11期。

[3] 张亚群、车如山:《中国研究生招生考试改革研究》,广东高等教育出版社,2013,第184页。

[4] 邢大立、魏东初、梁汉钧:《政治监督在高校研究生招生录取中的实践研究》,《继续教育研究》2021年第12期。

[5] 张宏:《试析研究生复试工作存在的问题及对策》,《黑龙江科技信息》2010年第22期。

位可以分为硕士学位和博士学位；根据不同类型的学位，可以分为学术型和专业型研究生；按照培养方式不同，可以分为全日制研究生和非全日制研究生等。由于生源多样化，李满林认为，研究生考试招生中存在对同等学力既难以界定也难以操作的问题。①艺术类研究生招生也存在缺乏相应的内部监督和制约机制问题，比如考场管理不规范、漏洞多，给了考生或其他人员徇私舞弊的机会。在少数民族研究生招生中，也存在由于监督机制不完善、招生政策监督反馈机制缺位②、政策执行满意度较低、监评机制尚未健全而使得少数民族研究生招生政策得不到有效落实的问题③。博士研究生招生过程中也可能会出现各种风险，在近几年出现较多的关于"申请－考核"制招生方式的学术探讨中，不乏对其中可能存在风险的担忧。比如：郑若玲等研究发现，当考生放弃被录取资格后，由于缺乏补录制度，高校缺乏相应的应对机制，"导致学院和导师招生名额的双重损失"④；英语成绩与专业能力之间并不是正相关关系，"因英语成绩不合格与博士生入学资格失之交臂的案例屡见不鲜"⑤。李传波等人指出，在博士研究生招生中，院系、导师的招生自主权不断扩大，可能会导致"近亲繁殖"⑥，不利于培养具有科研潜质的人才，从而影响科学研究的创新发展；王倩等人则认为绝大部分采取"申请－考核"制招收博士研究生的院校既无具体招生实施规程，也无明确细则⑦，影响了招生的公平性。还有学者从博士研究生入学后的培养情况反思招生的科学性，如刘静波认为目前的"博士培养过程最不利于招生公平"，主要原因是培养环节中博士生

① 李满林：《我国硕士研究生报考条件中的问题及对策》，《教育探索》2009 年 6 期。
② 朱子义、崔延强：《照顾的逻辑与实践的偏误：我国少数民族研究生招生政策改进审度》，《清华大学教育研究》2018 年第 6 期。
③ 洪雷、张佩：《研究生招生民族优惠政策执行效果调查与分析》，《中南民族大学学报（人文社会科学版）》2015 年第 6 期。
④ 郑若玲、刘梦青：《博士生招生"申请考核制"改革探析——基于 X 大学的调查》，《复旦教育论坛》2017 年第 2 期。
⑤ 郑若玲、万圆：《我国博士生招生制度的改革与完善》，《中国高等教育》2014 年第 18 期。
⑥ 李传波、孙鹤：《构建博士生招生"申请－审核"制公平性保障机制》，《中国考试》2018 年第 5 期。
⑦ 王倩、田原晖、荆红、乔凯宏：《基于"申请－审核"制的博士研究生招生方法探讨》，《教育教学论坛》2018 年第 19 期。

被分流或淘汰的比例不高。[①] 除此之外，还有些研究成果以研究生招生工作中的风险点为主要内容，分别以专业型硕士研究生招生、学术型硕士研究生招生、非全日制硕士研究生招生、全日制硕士研究生招生、"退役大学生士兵计划"专项硕士研究生招生、工商管理类硕士研究生招生等为研究对象，相关研究成果都为本书的研究提供了较为有益的参考。在不同的研究生招生类别中，都不同程度地存在一定的风险，尽管表现形式不同，但深层的原因可能有共性。因此，分析风险背后的原因也是学者们致力于解决的问题。

第四，从产生风险的原因进行分析。基于系统结构的复杂性，研究生考试招生的风险因素是多种多样、相互交织的，但应看到，公职、公权是产生风险的重要因素。斯阳认为，在权力运行和资源配置中，以职务活动为核心[②]是比较明显的特征。在我国的研究生考试招生中，要坚持遵守职务活动的基本规则，无疑需要相关人员具备较高的政治素养和纪法意识。卿海群等学者指出，参与自命题的老师难过"人情关""利益关"[③]，容易产生泄题风险；另外，对政策学习不到位，不按规定操作等"责任心不强"[④]的问题等也是产生风险的重要内部因素。当然，在研究生考试招生实践中还有外部因素导致的风险，诸如信息管理手段落后，纸质评卷仍是主要方式，存在"无法实时监控评卷过程、进度及结果"[⑤]等弊端；招生计划不合理、督导工作不到位等[⑥]也会给研究生考试招生带来一定风险。张立迁等人认为，比起制度缺失或流程漏洞来说，监管不到位给自命题安全带来的风

---

① 刘静波：《博士招生"申请－考核制"的程序公正及其实现》，《南京理工大学学报（社会科学版）》2018年第6期。

② 斯阳：《廉政风险防控与现代大学治理》，《华东师范大学学报（教育科学版）》2016年第4期。

③ 卿海群、韦剑：《硕士研究生招生工作中的廉政风险及防范》，《科教导刊（下旬）》2016年第33期。

④ 宋宽、王干、高明国：《硕士研究生招生考试自命题工作风险防控探析——基于内部控制视角》，《教育教学论坛》2020年第9期。

⑤ 吴瑞华：《高校研究生招生的风险表征与规避路径》，《华南师范大学学报（社会科学版）》2021年第4期。

⑥ 刘红姣、黄姜燕：《PDCA循环视角下硕士研究生招生质量问题探析与对策建议》，《湖北招生考试》2021年第3期。

险更大，使硕士研究生考试招生的严肃性、科学性和公正性受到挑战。^①甚至还有学者从更加宏观的制度层面进行剖析，如黄德峰等批判我国现行的研究生考试招生制度出现了与市场经济和现代化教育制度不相适应的弊端。^②以上研究说明，在研究生考试招生中，产生风险的因素是多种多样的，必须客观地、充分地加以分析，并加强每个环节的管控。

2. 关于研究生考试招生监督对策的研究

对研究生考试招生加强监督管理，是世界各国防止出现各种风险的普遍做法。美国学者查理斯·戴维斯在《GRE 测验的管理》中指出，为了防止考生作弊和试卷泄密，考试中心应加强监考、清点试卷、保管试卷等环节的监管。^③在实践中，自恢复研究生招生以来，我国就对其中可能存在的风险逐步建立了相应的制约机制。在新时代背景下，加强研究生考试招生监督工作成了现代国家治理的重要内容，而有效监督才是高质量发展的题中要义。根据马雪松的研究，有效监督的重点包括"有效定位监督主体""有效识别监督对象""有效把握监督内容"以及"有效落实监督责任"^④。具体到研究生考试招生监督机制相关研究，则更加注重相关监督主体通过一定的监督措施和手段来使研究生考试招生规范有序运行。基于此，在众多涉及研究生考试招生监督对策建议的研究成果中，本书将重点介绍加强监督监管、信息公开和教育培训三个方面的研究进展情况。

第一，在加强监督监管方面。只要存在权力，就要进行监督管理，否则权力就会失控，以致产生谋私滥用的风险。"强化权力运行制约和监督机制建设，能够从源头上防治腐败。"^⑤例如，针对高风险的自命题环节，胡伟立等学者认为要

---

① 张立迁、白丽新：《硕士研究生招生考试自命题安全保密工作探究》，《中国考试》2016年第4期。

② 黄德峰、尹宗利：《"行政选拔"转向"专业选拔"——谈研究生招生考试制度改革》，《中国高等教育》2002年第19期。

③ 北京师范大学外国教育研究所编《美国和日本的研究生入学考试》，北京师范大学出版社，1987，第110—111页。

④ 马雪松、王慧：《党和国家监督体系中的有效监督机制构建》，《理论探索》2020年第3期。

⑤ 董瑛：《中国特色权力运行制约监督机制的三重逻辑》，《甘肃社会科学》2021年第2期。

推动建设自命题题库，减少命题环节的"人为干扰因素"[1]，不同高校之间的自命题在难度设置、考试重点上也差异较大，要进一步扩大统考的科目，在命题环节上为实现总体公平提供条件；田原晖等人建议重点构建命题集中、管理封闭的命题环境[2]。针对复试环节可能存在的复试"走过场"和"不透明"问题，邢大立等人建议要加强事前监督，对关键环节实行重点监督，健全工作规程和细则，规范操作程序，健全追责制度等。[3]针对自主招生存在的不规范问题，左治兴等学者指出，内部监督和社会监督同等重要，招生单位建立"结构合理、配置科学、程序严密、制约有效的自我约束监督机制"是规范自主招生工作的"前提条件和必然要求"。[4]针对出现的考生舞弊问题，吴瑞华提出不仅要多渠道防范舞弊，还要严惩相关人员，共同构建跨部门的安全考试环境。[5]甚至有学者呼吁在面向港澳台招生工作中，要重视"将更多优秀中华文化融入考试之中，提升中华文化对青年的吸引力与感召力"[6]。除了要加强研究生考试招生的制度建设，还要"加强对初试和复试各个环节的监督检查"[7]，以保障制度的有效执行。从研究生考试招生的具体环节入手，学者们分别提出了加强制度建设的不同对策建议，突出显示了研究生考试招生制度建设对具体实践工作的指导性、规范性和约束性。其中的一些意见建议具有一定的科学性和可行性，值得借鉴。

第二，在加强信息公开方面。信息公开是研究生考试招生工作中加强外部监

① 胡伟力、张立迁：《我国硕士研究生初试自命题工作的现实困境及对策研究》，《学位与研究生教育》2021 年第 2 期。

② 田原晖、王倩、荆红、乔凯宏：《基于管理视角的硕士研究生招生风险识别及规避》，《产业与科技论坛》2020 年第 14 期。

③ 邢大立、魏东初、梁汉钧：《政治监督在高校研究生招生录取中的实践研究》，《继续教育研究》2021 年第 12 期。

④ 左治兴、王丽萍：《进一步完善监督机制 不断扩大高校招生自主权》，《大学教育科学》2003 年第 2 期。

⑤ 吴瑞华：《高校研究生招生的风险表征与规避路径》，《华南师范大学学报（社会科学版）》2021 年第 4 期。

⑥ 陈捷：《内地高校港澳台考试招生：历史、挑战与展望》，《高教探索》2021 年第 3 期。

⑦ 黎振强：《专业学位硕士研究生招生全面质量管理机制建设研究》，《湖南理工学院学报（自然科学版）》2019 年第 4 期。

督的基本举措，也是防范风险的重要手段。但是，在当前研究生考试招生中还存在着多种形式的信息不对称的问题，主要集中在考生与招生单位、考生与学校招生工作人员、考生与研究生指导教师、本校考生与非本校考生之间，严重影响了研究生招生过程中的公平、公正、公开。[①] 例如，当前各个招生单位都会通过互联网发布招生信息，并自行确定信息发布时间以及报名时间，且截止日期含混、随意。何永怡认真统计了 60 所高校法学院公布的博士研究生报名起止时间，发现有的高校规定某一日截止报名，有的高校则规定某一日的某一时间点截止报名，如 00:00、12:00、9:00、18:00 等，各不相同，没有相对统一的规定，易给考生带来不便。[②] 信息技术对考试产生的影响日趋明显，我国教育考试信息化正面临着考试安全形势严峻和招生考试制度改革的挑战。[③] 因此，国内外的研究生考试招生都应加强信息公开工作，"防止相关人员利用所掌握的涉密信息谋求私利"[④]。从技术层面看，鉴于互联网的深入发展，可以运用微信公众号、官方微博，甚至开通网络直播进行信息发布，通过新型信息技术的应用，"进而整合研究生招生信息化管理服务系统，形成报名、考试、调剂、录取等全过程的监控管理流程"[⑤]。因此，学界普遍认为招生单位应主动公开相关考试招生信息，有利于打破信息壁垒，减少信息的独占性和不对称性，从而赢得公众的信任与支持。

第三，在加强教育培训方面。制度执行效果如何，关键看执行和参与的人，因此，加强研究生考试招生的公平性，离不开对相关人员的要求。一方面，对参加考试招生的工作人员而言，要加强廉政教育和业务培训，不断筑牢研究生招生工作人员的思想防线，熟知工作要求，牢记程序规定，提高各个环节的精准性。同时，畅通监督机制和投诉渠道，做到全方位、无死角的监督，做到监督常态

---

① 王沛：《研究生招生工作中信息不对称问题研究》，《教育教学论坛》2014 年第 43 期。

② 何永怡：《全国法学专业博士研究生招生简章研究》，《法治现代化研究》2021 年第 5 期。

③ 姜钢：《教育考试信息化面临的挑战和任务》，《中国考试》2017 年第 6 期。

④ 马春波、庞贵明、张栋梁：《美国 2019 年高校招生舞弊事件分析及对我国的启示》，《浙江大学学报（人文社会科学版）》2020 年第 1 期。

⑤ 冯艺佳、王兰珍、路燕：《互联网时代研究生招生宣传的实践与分析》，《高教论坛》2020 年第 10 期。

化。① 甚至，参与考试招生宣传的媒体工作者，也不能置身事外，要主动适应社会需要，满足公众需求，"不断改善自身的知识结构，提升专业素养与服务能力"②，发出"好声音"。另一方面，对参加考试的考生而言，要加强法治教育和诚信教育，严格组织考试，净化考试环境，"降低学生考试违纪舞弊的动机"③，保持对招生考试违法犯罪活动的高压处罚态势，使舞弊者得不偿失，更有效地保障招生的公平、公正、公开。④ 从目前的相关研究看，学界对加强研究生考试招生相关人员的教育培训持普遍支持态度。同时，还要认识到文化因素的影响，加强教育考试机构的文化建设，使组织内部人员"深刻理解并认同考试机构的价值观，清楚认识教育考试事业发展的方向与目标"⑤，通过"完善考试文化建设"⑥推动形成理性的考试观，这才有利于我国考试招生的长远发展。

3. 关于研究生考试招生监督环境的研究

研究监督机制的发展完善，要借鉴古今中外的实践经验，不能脱离研究生考试招生制度背景，也不能脱离我国研究生考试招生的实际。有的研究重点推介国（境）外相关经验，有的研究重点分析国内研究生考试招生制度设计的完善路径，有的研究则结合近两年出现的网络复试新情况展开讨论，总之，都给我们提供了很好的启示。

关于国（境）外考试招生的研究。比较国内外教育体制机制、借鉴国外有益经验是常用的研究方法之一。经过梳理，20世纪末的主要代表成果有：刘晖

---

① 邢大立、魏东初、梁汉钧：《政治监督在高校研究生招生录取中的实践研究》，《继续教育研究》2021年第12期。

② 张亚群、罗菊芳：《信息化时代招生考试媒体发展面临的挑战及对策》，《湖北招生考试》2021年第4期。

③ 薛文飞、高宏飞：《研究生招生考试中违纪舞弊现象分析及防范对策研究》，《社会科学论坛》2017年第6期。

④ 马春波、庞贵明、张栋梁：《美国2019年高校招生舞弊事件分析及对我国的启示》，《浙江大学学报（人文社会科学版）》2020年第1期。

⑤ 来启华、郑若玲等：《考试机构文化建设概论》，高等教育出版社，2016，第11页。

⑥ 张亚群：《考试文化的内涵、分类与选择——兼析"双减"政策下教育考试改革的导向》，《中国考试》2022年第1期。

的《二十国研究生教育》、冯增俊的《现代研究生教育研究》、王秀卿和张景安的《国外研究生教育》，这些著作均介绍了国内外研究生招生的相关体制机制。21世纪以来的集大成之作为刘海峰教授主编、郑若玲和覃红霞等参编的《高考制度变革与实践研究》丛书。该丛书讲述了我国考试制度的变迁、特征、理论与实践方面的重要内容，介绍了美国、加拿大、英国、澳大利亚、俄罗斯、新加坡、日本、韩国等国家高校招生考试制度的基本框架和主要特点，论述了考试招生中的自主权、信息公开等涉法内容，为国内外考试招生制度研究提供了重要参考资料。对某一国家考试招生制度进行深入分析的最新研究成果，有刘海峰和杨滢的《土耳其高校考试招生制度最新改革探究》、李欣和刘海峰的《加拿大顶尖大学招生考试的制度环境与运作机制》、李申申和王森的《中俄博士研究生教育比较》、张旭雯的《新西兰大学招考制度研究》、张秀三的《美国研究生招生选拔机制研究及启示》、马春波等人的《美国 2019 年高校招生舞弊事件分析及对我国的启示》、李木洲的《美国高校招生制度现代化历程及其启示》、胡永红的《日本高校招生考试制度的历史探源》、鹿雪莹等人的《中日两国大学入学考试制度及影响的对比研究》、张佳的《英国大学招生考试制度的变迁及启示》、肖凤翔等人的《英国工程博士研究生招生经验及其教育效果》等等。在国（境）外研究生招生考试方面的研究成果中，对考试制度和运行机制的分析，对全面认识国（境）外研究生考试招生制度的优势及缺点都有很好的启示，对此，下文还将详加论述。

关于我国研究生考试招生的制度设计研究。制度是研究生考试招生监督机制的重要组成部分，在我国实施教育改革的主流下，为避免在研究生考试招生中产生制度性不公平问题，覃红霞认为研究生考试招生改革还是存在科目设置上的公共性与专业性、考试组织中的统一与多样、招生公平与扩大自主权，以及考试公平与有效选拔人才这几方面的矛盾。[①]孟洁等学者认为，就我国研究生考试招生的现实状况来看，还存在招生计划管理制度不够完善、阶段考试选拔工作的行政成

[①] 覃红霞：《研究生考试招生改革中的两难问题》，《高教探索》2008 年第 2 期。

本相对较高、学校复试方案和程序尚待优化、多元选拔形式和标准等一系列问题。^①面对导师如何在研究生复试中更好发挥积极作用这样一个现实问题，王辉等人支持导师的主审地位，提倡导师参与研究生复试的具体实施办法制定、考生申诉处理等工作，同时也要"建立可把控、可监管的招生权力约束机制"^②。在这方面，处于教育改革背景下的高考也在不断进行优化，有些启示值得研究生考试招生工作加以参考。郑若玲指出，我国不同省份经济发展水平和社会文化历史差异较大，尽管高考改革在东部省份、经济发达地区先行试验，但须认识到"先行试验区的经验对其他省份而言不具有绝对的参考价值"^③，研究生考试招生也是如此，知名大学、热门专业的工作方案未必适用其他高校或其他专业，像一直处于小规模培养的工程博士，其考试招生模式至今"难以摆脱学术性博士考核模式的制度惯性"^④，为避免研究生培养的趋同性，因地因时因势进行改革方是可取之道。

对一些特殊类别或非统招方式的研究生招生制度也需要进行反思。有学者指出，非全日制研究生存在"招考机制的隐性失衡"，表现为"招生单位使用调剂机制将大量低分数段的全日制考生调为非全日制，隐性提高了应届生的考研录取率"^⑤，不符合非全日制研究生招收和培养应用型人才的目标任务。陈丽指出，可以参考美国非全日制研究生招生的多元考核机制，同时借鉴国内硕士学位研究生入学资格考试的经验，采取统考与选考相结合的方式，"强化实践能力考查"^⑥。另外，关于完善推荐免试研究生相关制度的部分观点也值得重视。从近些年来高

① 孟洁、史健勇：《中国研究生招生制度变革研究》，中国政法大学出版社，2013，第4页。

② 王辉、张淑林：《导师权力、约束机制与学术治理体系——关于研究生招生复试若干问题的断想》，《研究生教育研究》2020年第5期。

③ 郑若玲、庞颖：《高考综合改革系统性的基本要义、实践审思与完善路径》，《高等教育研究》2020年第3期。

④ 陈涛、卢铮松、陈冠云、张立迁：《工程类博士专业学位考试招生制度改革路径研究》，《天津大学学报（社会科学版）》2022年第3期。

⑤ 周文辉、曹镇玺：《非全日制研究生招生新形势、问题及对策》，《中国高教研究》2018年第1期。

⑥ 陈丽、袁雯静、卜佳俊：《非全日制研究生招生三题：变化、问题与借鉴》，《学位与研究生教育》2021年第2期。

校和人数两个指标的纵向对比来看，推免研究生占比不断扩大是我国恢复研究生招生以来的重大趋势之一[①]，但在统招硕士研究生报考上，存在报考地域、高校、专业三个方面的"聚集"或"拥挤"[②]现象；在推荐免试研究生的制度安排上，一些学校不愿意招收外来学校的学生，认为招收外来考生会对本校学生考研比例带来影响。[③] 在实际操作中，一些高校通过"变通手段"使得部分专业的推免招生比例远远超过 50%，甚至个别专业全部招收推免生，这种做法严重挤压了参加统考考生的选择空间，阻碍了外校学生的自主选择机会，如果能从制度层面阻断招生单位这种隐形保护主义行为，将有利于推荐免试的健康发展。

从目前的研究生考试招生实践来看，自命题还将继续存在。但对于大多数招生单位而言，本科阶段的培养成效与研究生录取比例之间存在较强的关联性，本校本科生报考本校研究生考试的人数越多、录取比例越大，说明进阶高端人才培养层次的学生人数比例就越大，就越能反映本校本科阶段培养的优质性。但也应看到，由于自命题方式的存在，造成不同层次院校授课标准不同，而自命题方式的存在会为本校或听过该校课程的学生带来先天的考试优势。[④] 因此，吴瑞华提倡程序公平，主要是为了"防止研究生招生中出现专断、擅断和武断"，从而有效验证和平衡高校自主招生的权力，降低高校自主招生的风险。[⑤] 邓志从法学视角分析研究生考试招生的相关问题时指出，"录而不到"现象频发，无法忽视考生对受教育权"默示放弃给社会教育公平与效率造成损害的实际情况"，因此，

---

① 秦国柱、孙志远：《改革开放 40 年来研究生招生选拔模式变革趋势、问题及对策》，《黑龙江高教研究》2019 年第 5 期。

② 米红、李小娃：《研究生招生考试报考中的"偏好误识"分析——基于公共部门理论的视角》，《中国地质大学学报（社会科学版）》2009 年第 4 期。

③ 罗敏：《我国研究生招生推荐免试制度的特征、矛盾及发展趋势》，《学位与研究生教育》2011 年第 12 期。

④ 张立迁、白丽新：《硕士研究生考试招生自命题安全保密工作探究》，《中国考试》2016 年第 4 期。

⑤ 吴瑞华：《高校研究生招生的风险表征与规避路径》，《华南师范大学学报（社会科学版）》2021 年第 4 期。

应该以法律形式加以约束。① 从宏观角度分析,古今中外的招生实践告诉我们,"依法治考"重点在"注意法律体系的协调性、规范教育考试管理权运行、健全教育考试法律救济机制"。②

关于网络远程复试的相关研究。2020 年以来,在新冠肺炎疫情的影响下,各招生单位结合实际情况,纷纷开展网上研究生考试复试,虽然积累了很多实践经验,但也存在很多实际问题。第一个问题,高速互联网在我国尚未全面普及的现实造成复试中很多正规程序并不能得到很好执行。同时,在疫情特殊时期,高校反应也比较仓促,考生在远程复试过程中,不可避免地会遇到一系列因网络设备问题而引发的意外情况,如网络拥塞、网络延迟、断网、死机,摄像头、麦克风设备突然失效等。可见,目前的网络通信设备还无法有效支持大规模网络远程复试的发展,甚至会影响复试工作的顺利进行,增加考生的心理压力,影响考生的正常表现。第二个问题,目前招生机构选择的复试平台(如腾讯会议、ZOOM 等)大多为远程会议软件平台,其设计开发不符合网上远程复试的标准,只能为会议办公提供必要的功能支持。例如语音视频、屏幕共享、录屏和云存储等,缺少远程网络测试所需的测试功能模块;例如系统管理、试卷管理以及评估管理等,未能满足网络远程验证的要求,会影响验证的效果。第三个问题,在线远程复试虽然采用双摄像头实时监控,记录整个复试过程,有据可查,但不能有效解决考生使用技术手段作弊等违纪问题。第四个问题,网络评分缺乏比较明确的考核标准和具体的量化指标体系,评分容易受到考官主观因素的影响,影响评分的公平性。

(三) 现有研究述评

通过梳理研究成果可知,研究生考试招生制度及监督管理已成为国际学术界多学科共同关注的焦点,中国、美国、英国、俄罗斯等国学者都有针对各国制度进行研究,并形成了众多研究范式。

---

① 邓志:《论公立高等学校"录而不到"的法律属性及其治理》,《时代法学》2020 年第 6 期。
② 张渝、邓亚秋:《"依法治考"——中外教育考试制度比较研究》,《西南政法大学学报》2017 年第 2 期。

总体上看，有关研究生考试招生的理论研究日益增多，研究内容不断丰富，研究深度不断拓展，研究理论基础不断多样，为本书提供了一定的研究基础。已有研究主要呈现几个特点：其一，理论上主要围绕公平理论展开讨论，认为招生程序不透明、招生试题泄露等舞弊行为有失公平，不利于国家选拔人才；从管理学的视角来看，激励机制和监督机制不健全，需要构建新的考试招生管理机制。其二，研究对象涉及硕士研究生、博士研究生，招生类型还涉及推免生和自主招生，可以说基本覆盖了研究生招生的类型。其三，研究方法主要聚焦在规范研究和部分实证研究上，基于研究结果也给出了总体的框架性对策和建议。但是，已有研究基本是就流程和过程进行风险排查，原因分析局限于制度层面，而风险点分析是提出针对性监督措施的前提，上述的研究成果对排查、梳理研究生考试招生中的风险点对于本书具有一定的借鉴价值。但就现有的研究成果而言，关于研究生考试招生监督的专门性研究仍较少，研究范畴还不够明确，研究方法还较单一，研究结论影响较小，整体处于探索阶段，亟须进行深入系统研究。基于此，本书将对研究生考试招生监督进行专门而系统的研究。

四、研究思路和方法

（一）研究思路

通过研究背景与意义的阐释、相关概念的界定、现有研究的回顾与述评，笔者进一步明晰了研究思路：即以学科交叉研究为基础，横向上采用教育公平与效率、多元监督主体协同治理的相关理论，以管理学的关键点控制理论为基础，采用鱼骨图分析法和案例研究方法诊断不同类型研究生招生考试的风险点；纵向上系统梳理研究生考试招生的系列政策，并进行文献分析和政策文本分析，在历史比较和实证分析基础上，构建契合教育改革和监督体系的研究生考试招生监督指标，进而提出加强研究生考试招生监督工作的对策建议。本书根据研究生考试招生监督的特殊属性，以我国为空间范围，以我国现代研究生考试招生制度建立至今为时间范围，把研究生考试招生监督机制作为研究对象，主要讨论了四个问题。

第一，充分解读我国研究生考试招生监督机制的背景和内容，透视其发展现状及其存在问题。通过阅读相关文献资料，系统梳理我国研究生考试招生监督机制的历史演变过程；又在对我国研究生考试招生制度演变特征进行深度剖析的基础上，对研究生考试招生监督机制进行深入研究，全面把握我国开展研究生考试招生监督的背景和内容，分析其现状及存在问题。

第二，理清我国研究生考试招生监督机制的运行逻辑。从研究生考试招生监督机制的生成机理、主体要素、对象范围和监督工具等入手，探索整理我国研究生考试招生监督机制的运行逻辑，结合当前该机制存在的问题，探究我国研究生考试招生监督机制的运行弊端，为进一步完善我国研究生考试招生监督机制提供充分的学理依据。

第三，精准识别我国研究生考试招生监督存在的风险点。通过梳理当前研究生考试招生的基本流程，结合相关案例，从近几年研究生考试招生中出现的常见违规违法问题出发，借助鱼骨图分析典型案例的主要表现，结合我国研究生考试招生监督机制的历史演变及其特征，检视我国研究生考试招生监督问题发生的风险点，为优化研究生考试招生监督机制提供理论借鉴。

第四，提出符合新时代研究生招生监督工作要求的监督机制优化策略。通过借鉴我国古代科举考试监督制度和国（境）外研究生考试招生监督机制的经验，针对我国研究生考试招生中的关键控制点进行分析，结合研究生考试招生风险点，在明确研究生考试招生监督机制优化原则的基础上，进一步提出符合新时代研究生招生监督工作要求的监督机制优化策略。

总之，本书以研究生考试招生监督机制为对象，按照"发现问题—透视机制—识别风险—优化制度"的脉络对以上四个研究问题逐项开展论述。本书的主体内容详见研究技术路线图（见图0-3）。

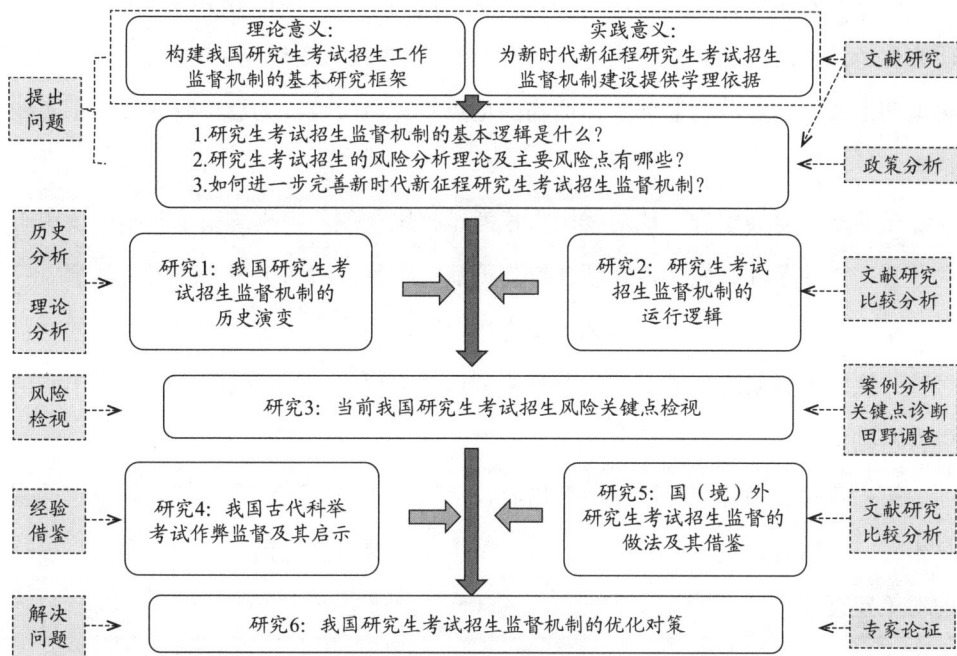

图 0-3　研究技术路线图

结合图 0-3，除了"结语"部分，笔者将其余各章节研究内容概述如下。

绪论，主要梳理和归纳了有关研究生考试招生风险及风险分析、风险防范等的已有研究成果，对研究生考试招生监督机制研究的理论依据、研究方法等进行了阐释，奠定了研究的理论基础。

第一章，综合运用历史研究方法，重点分析不同的历史时期的重大事件、重要文件，对我国现代研究生考试招生监督机制在不同历史时期的主要特点、运行状况等进行了归纳，并对我国研究生考试招生监督机制发展变迁进行了一定的历史分析。

第二章，在第一章的基础上，深入梳理研究生考试招生监督机制的变化规律和特征，析出其理论逻辑，形成对研究生考试招生监督机制的总体认识，为针对性地检视问题和提出对策建议奠定了理论基础。

第三章，采取交叉学科视角，对加强研究生考试招生监督进行理论论证，特别是结合教育学中教育公平理论、管理学中控制关键点理论等学科前沿理论，对研究生考试招生中的典型案例进行剖析，按照现阶段我国研究生考试招生的层次、类型和形式，客观分析监督工作面临的重点难点风险点，为后续研究提供了实践依据。

第四章，全面整理、比对我国古代考试招生制度，特别总结了科举制度中有关监督工作的条件、做法，客观评价其贡献与不足，增加了研究的历史厚度。

第五章，梳理欧美等国家和中国港澳台地区研究生考试招生监督机制的有益经验，比较现代研究生考试招生监督机制运行的优劣，为后续研究奠定了丰富的资料基础。

第六章，全面综合前部分研究内容，从历史逻辑、理论逻辑和实践逻辑的视角出发，为新时代进一步完善研究生考试招生监督机制提出了较为客观的、可行的对策建议。

（二）研究方法

本书以马克思主义的历史唯物主义和辩证唯物主义为基本方法论，坚持在历史发展中分析研究生考试招生监督的发展变化，客观分析现行研究生考试招生监督机制的历史进步性和局限性，并以系统思维分析监督在研究生考试招生中的作用，从全局出发权衡监督的整体效果，为提出较为客观的、可行的对策建议提供有力支撑。如研究生考试招生及其监督机制均是教育发展的具体内容，其演变与一定历史的教育治理水平相适应，因此要充分考虑历史的因素，避免主观臆测。又如监督只是研究生考试招生中的一个保障措施，不能以强化监督为由否定招生的总体科学性，甚至取代招生的关键环节。

在具体的研究方法上，论文将综合运用文献研究法、政策分析法、比较分析法、田野调查法、案例分析法、关键点诊断法等研究方法，同时围绕研究问题收集、整理必要的基础资料，并对之进行深入分析。

1. 文献研究法

文献研究法是学术研究中较为通用的一种研究方法，主要是全面收集涉及一定研究主题的文献资料，其意义在于：首先，为本书提供翔实的研究论据，从而逐步确立研究问题、研究逻辑、核心概念和研究方法等；其次，根据已有研究对本书观点、方法等进行前期验证。文献研究法贯穿全文，在文献述评部分，主要表现为对当前研究动态、重点、成就等的梳理，分析出当前相关研究的研究方向、研究水平，从而提出相关见解；在研究过程中，文献研究法主要表现为对论据的印证、说明；在研究结论部分，该研究方法主要对相关策略、路径的科学性、可行性进行再次审视。论文以研究生考试招生监督机制为主题，涉及研究生考试招生制度及其变迁，以及研究生考试招生监督机制的形成、实践、存在不足等内容，需要大量收集相关文献资料，对研究生考试招生的性质、内容、历史等进行分析，梳理现有研究成果的主要论据论点，分析其对本研究的主要理论支撑点，寻找研究生招生监督方面的理论生长点。根据研究需要，本书在搜集、整理文献时主要检索的关键词有"研究生招生""招生考试""研究生考试招生""考试监督""招生监督""推免""申请审核"等，主要涵盖以下几种类型：关于研究生考试招生方面的历史档案，如《北京市研究生招生工作资料》（5 册），对了解恢复研究生招生初期的相关政策和实践具有直接印证作用；关于研究生考试招生制度的学术文献，有代表性的如：刘海峰主编的"《高考制度变革与实践研究》丛书"、张亚群和车如山等合著的《中国研究生招生考试改革研究》、覃红霞独著的《高校招生考试法治研究》、郑若玲等合著的《国外高校招考制度研究》，对本书具有直接的理论指导作用。

2. 政策分析法

研究生考试招生是国家教育管理体制的重要内容，有关研究生考试招生的系列制度、文件、要求等都属于国家政策范畴，是本书的直接政策来源。全面查阅相关政策文件，是保证本研究顺利、科学实施的必要环节。因此，笔者首先主要从中国研究生招生信息网上查阅 21 世纪以来关于研究生考试招生方面的政策文件，如教育部历年印发的关于硕士和博士研究生考试招生方面的管理规定、招生考试公告、考场规则、调剂通知等，对其进行详细梳理，分析我国研究生考试招生政策的主要内容、程序设置、发展变化、价值导向等。另外，笔者还通过南京大学、复旦大学等国内"双一流"建设高校研究生管理部门网站查询其公开发布的招生信息、考试信息等，特别是对其"申请－考核"制博士研究生考试招生有关规定进行分类梳理、比较，以期为我国研究生考试招生制度变迁和监督机制特征分析提供更加全面的支撑材料。

3. 比较分析法

比较分析是综合分析的基础，一般通过比较两种及以上不同数值的方式来寻找差异，并从中找出反映现象的关联数据，如规模、速度、水平等数值。本书收集了 21 世纪以来我国研究生招生人数的变化数据，并制作了相应的图表。这些图表不仅清晰反映了当前研究生招生规模巨大的客观事实，同时也展现了研究生招生数量、结构、增速等方面的差异。笔者借助图表，结合政治、经济、社会等因素，说明了研究生考试招生监督机制发生变化的客观基础。文中，比较分析法对不同国家、地区的研究生考试招生制度及其历史文化基础进行了比较，如对美国实行分权制的研究生教育管理体制进行考察，发现其监督机制受联邦政府经费投入、科研项目审批，以及市场经济的影响；又如，俄罗斯实行中央集权的高等教育领导体制，博士研究生招生一般不设统一的入学考试。此外，比较分析法还能用来进行古今对比，如尽管我国古代没有现代研究生教育制度，但存在以科举制为主要形式的人才选拔机制，其监察考官制和防范考生作弊的一系列措施仍有一定的借鉴价值。因此，运用比较分析法主要用来审视我国古代科举制的监督做法和国（境）外的研究生考试招生监督经验，进而借鉴其有益做法和总结其历史意义。

4. 田野调查法

田野调查法是科学研究中常见的一种方法。笔者通过问卷调查、深度访谈等方式对组织和参加研究生招生的部分主体进行了解，有助于全面发现问题和分析问题症结。近三年，笔者对高校研究生考试招生工作开展多次监督检查，具体方式有组织相关人员进行座谈式调研、查阅学校和二级单位研究生招生工作简章和方案、对组织和参加研究生考试招生工作的有关人员进行个别访谈、直接进入考试现场进行非参与式观察等，还通过信访举报途径收集考生及其家长对有关问题的反映，获得了大量第一手资料。通过田野调查法，笔者对研究生考试招生的现实场景有了更加直接的体验，一定程度上加深了对相关理论的认识。但是，也需要认识到，由于研究生考试招生的程序、环节的复杂性和参与主体的多样性，我们并不能直接对田野调查中发现的有关现象、有关问题进行简单归因。

5. 案例分析法

也称个案研究法。案例是当前我国研究生招生违规违纪违法问题的直接表现，是研究生考试招生实际状况的一种反映，也是分析风险点的直接佐证。笔者除了在工作中广泛收集研究生考试招生违规违纪方面的真实案例外，还在互联网上即时收集新发生的相关案例。如此众多的案例不仅有助于对研究生考试招生的操作规程进行较为细致的剖析，还能帮助发现研究生考试招生制度中可能存在的漏洞，或者在实际操作过程中存在的组织、个人问题。当然，在案例分析法的具体使用中，还要结合关键点诊断法，进而深化对案例的认识。

6. 鱼骨图分析法

鱼骨图分析法，也称关键点诊断方法或"5M1E"，简称鱼骨图法，是根据鱼的骨刺的具体形状而提出的。鱼的很多小骨刺都紧密地排在一根主刺两旁，而主刺连接鱼的头尾。在管理过程中，事物的根源往往只是一个，管理活动的核心任务也是唯一的。但是为了确保任务的完成往往需要多部门、多主体协同合作，其中会涉及众多人物、事件。由于管理层级的存在，一层一层地分析就演变成了一个鱼骨图形状。借助鱼骨图，人们可以在短时间内明确主体及其职责。如果任务没完成或出现偏差，就可以依图去寻找原因。鱼骨图法是管理学中常用的查找问题的方法，研究生考试招生过程中存在大量的管理学问题，借用鱼骨图法可以比较直接、有效地找出相应风险，进而对优化监督提供有益借鉴。

第一章　我国研究生考试招生监督机制的历史演变

　　我国研究生考试招生监督机制以研究生考试招生制度为基础，因此，研究生考试招生监督机制的研究必须建立在对研究生考试招生制度的合理分析的基础上。在我国教育现代化的历史进程中，研究生教育从无到有，不断发展，走过不同的历史时期。有学者把我国硕士研究生招生制度的历史进程划分为制度模仿期、制度初建期、改革探索期、招考分离试点期和深化改革期等五个时期。[①] 现有的研究成果基本上把清朝末年作为我国研究生教育的起始时间，并按照政策变化将我国研究生教育的发展历程划分为四个历史阶段，主要是：第一阶段是从1902 年至1949 年，为研究生教育创制与探索时期；第二阶段从1950 年至1979年，为重建与恢复研究生教育时期；第三阶段从1980 年至1998 年，是研究生教育制度建立和调整发展时期；第四阶段从1999 年至2007 年，是面向新世纪深化改革与积极发展研究生教育时期。[②] 也有学者把中国共产党成立一百年来研究生考试招生的历史分为三个历史时期，其中，20 世纪20 年代至1948 年是奠定"为谁办考试招生"的萌芽初创期，1949 年至1977 年是探求"办什么样的考试招生"的恢复与探索期，1978 年至今属于聚焦"怎么办好考试招生"的大发展期。[③] 有

---

　　① 梁传杰、丁一杰：《我国硕士研究生招生制度：演变轨迹与演进逻辑》，《研究生教育研究》2021 年第4 期。

　　② 孟洁、史健勇：《中国研究生招生制度变革研究》，中国政法大学出版社，2013，第31—53 页。

　　③ 张立迁：《中国特色硕士研究生考试招生制度的百年探索与新时代改革创新思考》，《中国考试》2021 年第7 期。

鉴于此，本书在已有研究成果的基础上，认为我国研究生考试招生监督机制的发展变迁与研究生考试招生制度的发展变化紧密相连，也存在从无到有、从经验性向科学性发展的历史过程，大致可以分为四个历史时期。

第一节　中华人民共和国成立前研究生考试招生监督机制的萌芽

在我国，现代意义上的研究生考试招生制度始于清朝末年，时值各种教育思潮在我国传播之际，关于研究生考试招生制度的构想先后从日本、美国的教育体制中模仿而来。根据实践情况，可以把清朝末年至中华人民共和国成立前夕这一历史时期分为两个历史阶段。第一阶段，从清朝末年至中华民国成立前夕，可从"壬寅学制"和"癸卯学制"中获知当时研究生考试招生可能出现的大致情形；第二阶段是中华民国成立到中华人民共和国成立前夕，随着一些法令的颁布和北京大学、清华大学等高校的实践，我国在现代研究生考试招生方面作了一些探索，其中蕴含了一定的监督理念。由于我国研究生教育是建立在现代大学学科基础之上的，而"清末民初国立大学学科建制，与传统高等教育之间没有直接的继承关系"[1]，因此，我国研究生考试招生制度与古代科举人才选拔机制有巨大区别。

一、清朝末年研究生招生的构想与设计

第一阶段，是我国教育从古代向现代转型时期。晚清政府制定了《钦定学堂章程》和《奏定学堂章程》，其中关于研究生考试招生的内容基本处于构想阶段。

---

[1] 斯日古楞：《中国近代国立大学学科建制与发展史研究（1895—1937）》，中国社会科学出版社，2016，第301页。

"壬寅学制"是 1902 年以清朝政府名义颁布的第一个现代学制,主要包括蒙学堂、小学堂、中学堂、高等学堂和京师大学堂的相应章程,以及《考选入学章程》等六个文件,规定了主要的学段、课程、培养要求等。"壬寅学制"的主要制定者张百熙认为:家有塾,党有庠,术有序,国有学。比之各国,则国学即大学,家塾、党庠、术序即蒙学、小学、中学,等级盖甚分明。《礼记·学记》中记载的家塾、党庠、术序,代表了不同的学业阶段,各有其考核要求。欧美国家和日本等国家的教育制度中也有高低不同的学段,等级分明,这与我国古代教育制度基本相似,因此,无论古今中外,学以致用都是最终目的,在变革的时代培养人才要靠学校,制定新的学制符合变革的时代要求。[①]此外,其教育体系依旧与科举挂钩,至学生出身奖励,小学卒业,奖给附生;中学卒业,奖给贡生;高等学卒业,奖给举人;大学分科卒业,奖给进士。

在这样的主导理念下,"壬寅学制"规定在蒙学堂、小学堂、中学堂、高等学堂、大学堂之上,另设大学院为培养学术人才的最高级教育阶段,不设年限,不设课程,以研究学术为主,可以说是体现了我国现代研究生教育的基本构想。"壬寅学制"将教育大致分为以下几个阶段:第一阶段为初等教育,蒙学堂四年、寻常小学堂三年、高等小学堂三年,总计为十年;第二阶段为中等教育,是为进入高等学堂奠定基础的四年;第三阶段为高等教育,规定高等学堂或大学预备科三年,大学堂三年(政、文、商、农、格致、工艺、医七科),大学院以研究为主,年限不定。

值得注意的是,在 1896 年至 1911 年间,我国共有日本教育类译著 76 种,为译著日本教育类著作的历史高峰期。[②]学术界的思潮对清朝末年的考试招生制度影响很大,"壬寅学制"和"癸卯学制"就有明显仿照日本学制的特点。从所设课程和相关学术学科转型发展来看,"较系统广泛地传授了自然科学知识、社会科学知识和研究方法,使科学教育走向正规化"[③]。但是,"壬寅学制"并未真正实施就被"癸卯学制"所取代。"壬寅学制"对大学分科、预备科、速成科等

---

① 陈学恂主编《中国近代教育史教学参考资料 上册》,人民教育出版社,1986,第 527 页。
② 周谷平:《近代西方教育理论在中国的传播》,广东教育出版社,1996,第 17 页。
③ 张亚群:《科举革废与近代中国高等教育的转型》,华中师范大学出版社,2005,第 150 页。

的招生入学都有一定要求，却没有关于大学院招生入学的规定，更不存在如何监督招生入学的情况介绍，其实际操作也并未成形。

为了弥补"壬寅学制"的不足，清朝政府于1904年颁布《奏定学堂章程》。"癸卯学制"规定的教育体系为：蒙养院、初等小学堂五年，高等小学堂五年，中学堂五年，高等学堂三年，分科大学及大学选科三至四年，最后是通儒院五年。"癸卯学制"在规定蒙学堂、小学堂、中学堂和高等学堂的同时，还规定了最高等级的通儒院。通儒院虽与大学院相似，但明确规定了设置通儒院的主要目的，即以研究专门学问或科技发明为主，是谓"以中国学术日有进步，能发明新理以着成书，能制造新器以利民用为成效"①。癸卯学制不仅明确了通儒院的设置目的，还规定了进入通儒院的主要程序和条件，这比"壬寅学制"中大学院的规定要详细得多。

按照"癸卯学制"的规定，通儒院招生对象有两种，条件各不相同。第一种是分科大学的毕业生，须经过分科大学教员会议呈由总监督核定后，才能获得进入通儒院的资格；第二种是其他同等学力的学生，除经分科大学教员会议决定外，还需通过总监督考核，才能进入通儒院。②虽然"癸卯学制"对小学堂、中学堂、高等学堂的入学考试组织、形式、内容、监考等作了详细规定，但通儒院的招生规定中并没有严格意义上的笔试要求，更多的是面试考核，甚至"可以免试招收分科大学毕业生"③，可见，"癸卯学制"也还未较为完整地构设研究生考试招生制度。同时，从相关研究来看，当时"大学预备科及分科大学尚未兴办"④，京师大学堂于1910年3月举行分科大学开学典礼⑤，"癸卯学制"实施的时间也不长，到1911年便宣告停用。所以，"癸卯学制"所设想的通儒院实际上并未设立，也没有合格的学生可以招收。当时，我国大学的研究生考试招生还处于制度设计层

---

① 舒新城：《中国近代教育史资料 中册》，人民教育出版社，1962，第628页。
② 舒新城：《中国近代教育史资料 中册》，人民教育出版社，1962，第628页。
③ 胡向东：《民国时期中国考试制度的转型与重构》，湖北人民出版社，2008，第51页。
④ 舒新城：《中国近代教育史资料 中册》，人民教育出版社，1962，第629页。
⑤ 潘懋元、刘海峰编《中国近代教育史资料汇编 高等教育》，上海教育出版社，1993，第379页。

面，未走向实践层面，因此，当时也没有形成研究生考试招生监督机制。

二、民国时期研究生招生监督走向实践

相比较之下，中华民国时期的研究生教育理念已经初步形成。20 世纪 20 年代正是各种教育思潮在中国此起彼伏之际，其中杜威实用主义教育思想尤为盛行。在胡适、郭秉文、蒋梦麟、陶行知等从美国留学归来的教育学者的大力倡导下，我国教育革新从学习日本转向学习美国。杜威访华后，其著作在国内大量出版和传播，进一步推动了教育制度的革新。这一时期，我国已有学者专门研究大学教育的相关理论，较具代表性的有郑若谷的《明日之大学教育》、孟宪承的《大学教育》，他们引介了欧美国家高等教育家的主要理念、实践做法，推动了我国大学教育事业的发展。

在这样的教育思潮影响下，与教育相关考试观念和理论也出现了较大变化。在 1920 年至 1933 年的《教育杂志》《新教育评论》《中华教育界》等主要教育刊物上都出现过关于考试制度的论争，考试制度也日趋完备。在研究生教育实践方面，出现了《大学令》《学位授予法》等法规；在学位制度的支撑下，研究生教育也开始有了发展，研究生教育的实践探索也催生了研究生考试招生监督机制。

在实践层面，《大学令》《学位授予法》等法规的颁布，表明研究生教育与学位制相依发展。1912 年 10 月，中华民国北京政府颁布《大学令》。其中，第六条明确规定大学为研究学术之蕴奥，并设大学院。第七条规定大学院学生的入学资格"为各科毕业生或经试验有同等学力者"，意即大学各科毕业生和同等学力者为研究生院的招生对象。第八条规定大学各科之修业年限为三年或四年，预科三年，大学院不设年限。[①]大学院虽然不设置毕业年限，但需要经大学评议会审核合格者才可以获得相应的学位，其依据为第十一条的规定，即大学院学生在学习期间"有新发明之学理或重要之著述，经大学评议会及该生所属某科之教授会

---

① 陈学恂主编《中国近代教育史教学参考资料 中册》，人民教育出版社，1987，第 199 页。

认为合格者"①可以授予学位。1913年1月,中华民国北京政府颁布另一法规《大学规程令》,其中将大学院的性质表述为"大学院为大学教授与学生极深研究之所"②;对研究生毕业的要求是提交论文,然后由教授组成的专门性会议按照学位令有关规定进行审核是否授予其相应学位,内容与《大学令》授予学位的要求基本一致。这些规定既界定了大学院的研究性质,也框定了研究生招收的范围。

虽然《大学规程令》和《大学令》没有对大学院的入学考核作进一步规定,但是从《学生学业成绩考查规程》《中国大学试验规则》等法规的内容来看,大学分科学习期间,学业成绩相关的考试制度比较健全。各大学院重视平时成绩、积分成绩,一些著名大学考试频繁、纪律严格、规则细密③,能够顺利获得大学分科毕业资格实属不易,这也反映出大学院对招生入学的资格要求比较高。可惜的是,1924年2月,《国立大学校条例令》颁布实施,从组织结构上对大学作出与《大学令》不同的新规定,《大学令》被废止。直到1935年南京国民政府颁布《学位授予法》《学位分级细则》,才有了与《大学令》相匹配的学位授予制度。另外,1918年颁布的《研究所总章》中的第五条规定:"本校毕业生不得以自由志愿入研究所,本校高级学生得研究所主任之认可亦得入研究所。"④第六条又规定:"本校毕业生以外,与本校毕业生有同等之程度,而志愿入所研究者,经校长及本门研究所主任之认可亦得入研究所。"⑤由此可知,研究所实行的是申请制,申请者无须参加笔试,研究所主任具有录用决定权。也就是说,在此期间研究生考试招生是缺乏有组织的入学考试的。但可以肯定的是,此时期"各类高校多实行自主招生"⑥,主要考查申请者从事研究工作的潜力。

大学设研究院这一独立机构是1934年《大学研究院暂行组织规程》的内容

---

① 陈学恂主编《中国近代教育史教学参考资料 中册》,人民教育出版社,1987,第199页。
② 《大学规程令》,载王文杰编著《民国初期大学制度研究(1912—1927)》,复旦大学出版社,2017,第178—179页。
③ 胡向东:《民国时期中国考试制度的转型与重构》,湖北人民出版社,2008,第178—187页。
④ 北京大学编《北京大学日刊》,人民出版社,1981。
⑤ 北京大学编《北京大学日刊》,人民出版社,1981。
⑥ 张亚群:《中国近代高校自主招生考试的特点及其演变》,《教育与考试》2016年第1期。

之一，其所招学生称为研究生，招生对象为国内外大学毕业生，招考形式为公开考试，中华民国教育部实行审核备案制①，这些基本原则奠定了我国研究生考试招生的基本程序框架。

1935 年 4 月 22 日，南京国民政府公布的《学位授予法》，在第二条中明确规定了学位有学士、硕士和博士三个等级。据学者统计，从 1935 年《学位授予法》颁布到 1949 年南京国民政府统治结束，全国累计授予硕士学位 200 余个，博士学位未曾授予。② 1937 年，抗日战争全面爆发，我国经济社会遭到重创，高等教育事业遭遇破坏，特别是战区的大学基本到了停办的地步，出现了我国高等教育史上的"内迁"热潮。迫于流动办学的局面，为了稳定高等教育的实施，国民政府教育部于 1938 年颁布了《国立各院校统一招生办法大纲》，对各个地区的招生标准及相关规则进行了一定的规范。③ 国立高校施行统一考试、分开录取的招录方式。各大学一般通过报纸发布研究生招生信息，如《申报》《科学》曾发表过北京大学研究生招生办法，《科学》也曾公开刊登了北京大学、清华大学有关研究生招考的公告。根据学科不同，各所高校的各个研究所在考试科目成绩和论文写作要求上各有侧重，西南联合大学工科研究所还允许考生上交已有的论文或著作，其评定成绩在研究生入学成绩中占有一定比重。因受到战争影响，该时期研究生招生总量并不大。

需要说明的是，当时的教会大学如圣约翰大学、东吴大学、齐鲁大学、震旦大学、沪江大学等在中华民国成立前已有硕士研究生教育的相关记载，是在我国境内早期研究生教育的先行者。但由于教会大学的注册地不在我国境内，故暂不纳入本书的研究范围。民国时期的教育体制主要是仿照英美的教育体制，将研究生教育和学位授予制度相结合，推动了研究生教育的起步。但是受客观历史条件的限制，当时我国研究生教育无论是从规模上、质量上，还是持续时间上都受到了极大影响，而且没有招收过博士研究生。受研究生招生规模的限制以及社会环

---

① 中华民国教育部参事处编《教育法令汇编·第一辑》，商务印书馆，1936，第 123 页。
② 胡向东：《民国时期中国考试制度的转型与重构》，湖北人民出版社，2008，第 198 页。
③ 刘建业主编《中国抗日战争大辞典》，北京燕山出版社，1997，第 896 页。

境的影响，研究生考试招生监督机制才露端倪而无发展，因此，清朝末年和民国时期只能算是研究生考试招生监督机制的萌芽期。

第二节　中华人民共和国成立后研究生考试招生监督机制的框架性建立

中华人民共和国成立后，党和政府很快着手统筹规划教育事业，并把研究人员的培养作为重要内容，制定了一系列规章制度，对百废待兴的教育事业起到了重要的保障和促进作用。其中对研究生考试招生的对象、方式、组织形式等均进行了制度设计，形成了研究生考试招生监督机制的基本思路。应予说明的是，有的著作中将中华人民共和国成立至改革开放前的这一阶段称为"研究生教育的重建与恢复时期"[①]，本书摒弃了该论点，认为这一历史阶段的主要特点是在曲折中建立，理由是：其一，从政治体制上看，清末、中华民国时期、中华人民共和国成立以来的研究生考试招生制度的政治基础根本不同；其二，从教育体制上看，清末、中华民国时期的研究生考试招生制度是现代学制改革的内容之一，具有明显模仿欧美国家教育体制的特点，而中华人民共和国成立初期研究生考试招生制度则具有向苏联教育体制学习的特点，即与苏联教育体制存在"若即若离"[②]的关系。因此，无论是从政治体制上看，还是从教育体制上看，这一历史时期的研究生考试招生制度都不是在清末民国基础上的重建和恢复。中华人民共和国成立后的研究生教育是在接管和改造旧有的研究生教育基础上新建的，在学制上仿照了苏联提出的基本模式，并进行了实际招生和培养。总体而言，这一时期我国研

---

① 孟洁、史健勇：《中国研究生招生制度变革研究》，中国政法大学出版社，2013，第34页。
② 李均：《中国高等教育政策史（1949—2009）》，广东高等教育出版社，2014，第61页。

究生考试招生经历了曲折的发展，自主性还不强，对科研人才、创新人才培养的保障机制认识还不到位，但具有重要的奠基性作用。相应地，研究生考试招生监督机制也总体处于新建时期。

一、职能监督侧重入学资格审查

建立研究生考试招生监督机制，首先要有相对确定的招生制度，主要体现为有关招生条件、方式等规定、办法的制定和实施。在中华人民共和国成立初期，教育事业面临着许多问题，据统计，1949 年，全国的高等院校为 205 所，研究生总数为 629 人，全国高等教育的专任教师为 16059 人[1]，高等教育有着学校少、学生少、教师少等特点。为发展教育事业，1949 年 12 月 23 日，我国召开了第一次全国教育工作会议，时任教育部部长马叙伦在会议上指出："在我们的高等学校里就必须进行系统的并与实际相结合的科学理论的教育，并在此基础上，实行专门的科学技术教育。"[2]对高等教育的接管和改造，推动了研究生教育招生制度的建立。但是也必须看到，"苏联对我国建设的援助（包括人才培养），在高等教育上也是影响很深的"[3]，研究生考试招生也不例外。

1950 年颁布的《高等学校暂行规程》，明确大学应设立研究生机构，并于当年开始招生。其中第八条规定，经中央教育部批准，大学及专门学院可以设研究部或研究所，其目的是为培养及提高师资，加强科学研究工作。[4] 1951 年 10 月，《政务院关于改革学制的决定》颁布，其中关于高等教育的规定有："大学和专门学院得设研究部，修业年限为二年以上，招收大学及专门学院毕业生或具有同等学力者，与中国科学院及其他研究机构配合，培养高等学校的师资和科学研究

---

① 《中国教育年鉴》编辑部编《中国教育年鉴（1949—1981）》，中国大百科全书出版社，1984，第 936—973 页。

② 佘君、刘颖：《建国初期中共对接管与改造高等教育的思考》，《社会科学研究》2009 年第 3 期。

③ 李国钧、王炳照总主编《中国教育制度通史 第 8 卷》，山东教育出版社，2000，第 447 页。

④ 《中国教育年鉴》编辑部编《中国教育年鉴（1949—1981）》，中国大百科全书出版社，1984，第 777 页。

人才。"[①] 同年,《1951 年暑假招收研究实习员、研究生办法》印发实施,计划性的研究生招生工作开始实施。在 1951 年至 1962 年期间,由中央教育部和高等教育部印发的关于研究生教育方面的文件共 5 份[②],且都对研究生的招生、培养等进行了初步规定。

1953 年,《高等学校培养研究生暂行办法(草案)》颁布,其中对研究生报考条件作出了规定,在学历方面的要求如下:第一种是中央高等教育部选派的高校助教或毕业生,第二种是由中央一级机关、团体调派的高校毕业生或同等学力者,且须经中央高等教育部同意并通过考试及健康检查。这个时期,研究生招生的高校及招生计划均由中央高等教育部制定。[③] 但是该草案并没有对入学考试的内容以及考试形式作出明确的安排,而从实际招生的情况来看,研究生入学由机关团体选派者居多。同时,草案对培养单位、培养要求和目标等进行了较为明确的规定,指出培养研究生的主要目的是培养高等学校师资和科学研究人才,具体要求是研究生毕业后不仅能教授相关专业课程,还能从事一定的科学研究工作。[④]这项规定的基本内容一直延续到 20 世纪 80 年代。

1956 年,高等教育部进一步发布关于研究生招生的文件——《1956 年高等学校招收副博士研究生暂行办法》,对副博士(仿照苏联设置的一种相当于博士研究生的招生类别)入学考试科目作出了规定:"一、专业学科一般考一至三门,最多四门,由各校根据专业性质来确定;二、政治理论,工、农、林、医各专业考中国革命史,文、理各专业考辩证唯物主义和历史唯物主义,政法、财经各专业考政治经济学,未学辩证唯物主义和历史唯物主义或未学政治经济学的考生都

---

① 《中国教育年鉴》编辑部编《中国教育年鉴(1949—1981)》,中国大百科全书出版社,1984,第 686 页。

② 这 5 份文件分别是:《1951 年暑假招收研究实习员、研究生办法》《高等学校研究生部的现状及其调整意见》《高等学校培养研究生暂行办法(草案)》《关于今年招收 4 年制研究生的几点意见》和《教育部直属高等学校暂行工作条例(草案)》。

③ 《中国教育年鉴》编辑部编《中国教育年鉴(1949—1981)》,中国大百科全书出版社,1984,第 916 页。

④ 《中国教育年鉴》编辑部编《中国教育年鉴(1949—1981)》,中国大百科全书出版社,1984,第 916 页。

考中国革命史；三、外国语文，由报考人在俄、英、德、法四种语文中自选一种，但有特殊规定的专业指定必须考某种外国文者例外。"①

该办法第一条规定，高等教育部和卫生部负责确定高等学校副博士研究生的招生专业和名额，其中高等师范院校当年不收副博士研究生。第二条规定了报考研究生的条件，除了拥有中华人民共和国国籍、年龄在40岁以下外，还须满足下列条件之一：第一，高等学校本科毕业，并有2年以上科学技术工作、教育工作或其他与科学有关的实际工作经验的，报考医学临床各专业的必须有3年以上的工作经验；第二，高等学校本科毕业，未参加过实际工作或工作经验不满2年，但学业成绩优异，经原学校或本人工作单位证明的（此条不适用于报考医学临床各专业）；第三，未经高等学校本科毕业，有3年以上工作经验，经科学机关、高等学校或本人工作单位证明确实具有高等学校本科毕业的水平和从事科学研究工作能力的，未经高等学校本科毕业，报考医学临床各专业的必须有5年以上的工作经验。②

1957年6月20日，国务院印发的《关于今年招收四年制研究生的几点意见》指出，为保证招生质量，要从政治、学业、健康三个方面考查考生；由考生所在单位负责给出政治审查的结论性意见；招生单位负责根据政治审查标准进行再审；所有考生都必须参加入学考试，不允许免试。可见，该时期对考生的政治审查十分严格，同时更加注重考试在研究生考试招生中的地位，更多地采用考试制和推荐制相结合的方法。此外，还有规定指出："研究生一般是招收高等学校本科毕业并有二年以上实际工作锻炼的在职人员，但少数专业亦可招收本届部分优秀的高等学校本科毕业生和工作不满二年的本科毕业生。"③这些文件的出台推动

① 《1956年高等学校招收副博士研究生暂行办法》，《中华人民共和国国务院公报》1956年第28期。

② 《1956年高等学校招收副博士研究生暂行办法》，《中华人民共和国国务院公报》1956年第28期。

③ 《高等教育部关于1957年高等学校招收四年制研究生的规定》，《中华人民共和国国务院公报》1957年第33期。

了我国的研究生培养走向多样化[①]。从招生条件来看,当时的研究生考试招生很看重实际工作经验和科研能力。

综上可知,从 20 世纪 50 年代起,我国的研究生考试招生由中央高等教育部进行计划调控,但缺乏对研究生教育与经济社会、研究生招生与生源、师资、学校发展等多维度关系的深层次认识[②]。研究生考试招生工作的经验性总结较多,理论性指导偏少。研究生招生方式也逐渐多元化,即从根据国家发展需要进行调派选拔发展到同步实施考试制与推荐制。研究生的招生对象也逐渐从具有相关行业工作经历人员向高等教育本科毕业生倾斜,有助于本科教育与研究生教育的衔接。在当时的研究生考试招生中,对工作经历和政治状况的审查是招生单位职能监督工作的重中之重。这一历史时期的研究生考试招生监督工作主要依靠相关招生制度的有关内容进行,因此,相对独立的监督机制还未形成。

二、不同监督主体责任初步划分

1961 年,教育部组织起草的《教育部直属高等学校暂行工作条例(草案)》由中共中央批准试行。草案的第四章对研究生培养工作作出了指示,要求高校应该重视研究生的培养工作,选拔研究生要严格保证质量,坚持宁缺毋滥的原则,研究生在校学习年限变成了 3 年,在职研究生为 5 年。此外,针对少数具备一定条件的高校,经教育部批准可以试办研究院,以培养更多的研究生。[③]可见,当时的研究生教育非常重视质量与数量。同时,草案对研究生入学资格作出了更加详细的规定。研究生可从高等学校的毕业生、本校青年教师中选拔,也可以由其他单位选送,还可以选拔在校工作 2 年以上并且成绩优良的教师为在职研究生。草案还额外指出,研究生应该思想进步,身体健康,大学毕业或具有同等学力,

---

① 陈田香:《我国研究生教育的崛起和发展》,《中山大学学报(社会科学版)》1994年第3期。
② 孟洁、史健勇:《中国研究生招生制度变革研究》,中国政法大学出版社,2013,第36页。
③《中国教育年鉴》编辑部编《中国教育年鉴(1949—1981)》,中国大百科全书出版社,1984,第695页。

年龄一般在 35 岁以下。[①]草案对入学条件的规定也是研究生入学考试监督管理的重要内容。

1963 年 1 月，我国第一次全国性的研究生教育会议——高等学校研究生工作会议召开，这次会议讨论通过了涉及高等学校研究生培养、研究生培养方案制定原则、研究生马克思主义理论课程、研究生外国语学习和考试、研究生助学金以及学籍等方面的条例、规定等[②]。教育部于 1963 年 4 月 29 日印发的《高等学校研究生工作会议纪要》中还提到要严格入学考试，政治和外国语两门课程由教育部统一出题、统一考试。会议还肯定了 1962 年我国启动研究生招生工作的重要意义，标志着我国研究生培养工作进入了新阶段。值得注意的是，《高等学校培养研究生工作暂行条例（草案）》对研究生培养期间所学课程，已经没有学习俄文这一硬性要求，这或许是我国研究生教育走向独立发展的一个例证。

随着我国的研究生招收工作有了更进一步的发展，1963 年 4 月发布的《高等学校培养研究生工作暂行条例（草案）》对研究生考试招生作出了更为全面的规定。第一，教育部负责规定招收研究生的高校名单，以及高校招收研究生的专业和人数；第二，对研究生报考条件的基本要求是 35 岁以下、思想进步、业务优秀、身体健康；第三，有本科文化程度、2 年以上有关专业工作经验的在职人员，本人自愿、经招生单位审查同意的可报考脱产研究生；第四，所有报考人员必须参加考试，合格后才能被录取。

可见，研究生的入学资格的范围相比之前有所收缩，第一种是高等学校的应届本科毕业生，本人自愿申请，经招生单位审核通过后可报考。第二种是达到相应条件的在职人员，经招生单位同意后可报考。该条例还规定研究生入学考试科

---

① 《中国教育年鉴》编辑部编《中国教育年鉴（1949—1981）》，中国大百科全书出版社，1984，第 695 页。

② 具体包括《高等学校培养研究生工作暂行条例（草案）》和《关于高等学校制订理工农医各专业研究生培养方案的几项原则规定（草案）》《关于高等学校研究生马列主义理论课的规定（草案）》《高等学校研究生外国语学习和考试的暂行规定（草案）》《关于高等学校培养研究生的经费、人员编制和研究生的助学金及其他生活待遇问题的几点规定》《关于高等学校研究生学籍处理问题的几项暂行规定》等 5 个附件。

目为"政治理论课程、语文、外国语、基础课程和专业课程"[①]，从程序上看，各高校的研究生录取名单在经该校校长和校务委员会批准后，还要报教育部备案。

回顾《关于今年招收四年制研究生的几点意见》印发后我国研究生教育大发展历程，经过十余年的发展，到 1965 年，我国有高等院校 434 所，研究生数量达到了 4546 人[②]。由此可知，我国的研究生教育逐步走上了制度化的发展轨道，研究生的招收和培养方式也在逐渐多样化[③]。然而，在 1967 年 1 月，教育部《关于废除研究生制度及研究生分配问题的报告》指出："应立即废除现有研究生制度，并立即着手进行研究生分配工作。"[④] 1966 年，我国研究生招生工作被迫停止，研究生教育被迫中断。

纵观这一历史时期的研究生考试招生监督机制的面貌，总体处于新中国接管和改造高等教育的主流之中，对研究生考试招生条件、方式的设置受到了苏联模式的一定影响，但已经初步建立了监督的相关内容，且有相关的实践如更加注重对入学资格的审查和入学考试的规范，规定了招生单位的集体讨论事项和向教育部备案的具体要求，从程序上明确了不同层级教育主管部门和招生单位之间的制约功能，提出了集体讨论的监督机制，使各具备招生资格的高校校长和校务委员会成为招生的第一主体责任人，但研究生考试招生监督机制的科学性、系统性还有待加强。

---

①《中国教育年鉴》编辑部编《中国教育年鉴（1949—1981）》，中国大百科全书出版社，1984，第 918 页。

②《中国教育年鉴》编辑部编《中国教育年鉴（1949—1981）》，中国大百科全书出版社，1984，第 936—973 页。

③ 陈田香：《我国研究生教育的崛起和发展》，《中山大学学报（社会科学版）》1994 年第 3 期。

④ 梁桂芝、孟汇丽编著《中华人民共和国学位与研究生教育要事志：1949.10—1993.3》，西安交通大学出版社，1994，第 183—184 页。

第三节　改革开放后研究生考试招生
监督机制的制度化发展

在教育现代化的大背景下，回顾我国现代研究生教育发展的主要历程，可以看出现行的研究生考试招生制度的主要框架，特别是研究生考试招生监督体系是在改革开放后形成并不断健全的。改革开放以来，我国研究生考试招生恢复并迅速扩大发展，研究生考试招生工作不断走向制度化、规范化，并推动我国研究生考试招生监督机制快速发展。从四十多年来的相关制度中，提取研究生考试招生监督方面的内容，是本书论述的主要问题之一，也是研究当前我国研究生考试招生风险和提出发展思路的基本前提。

一、监督重点指向考试失泄密

解放思想，培养人才，首先要发展教育，这是改革开放以来发展教育的重要指导思想。"文化大革命"结束后，我国各项事业百废待兴，各行各业急需大量人才，研究生更是稀缺人才。为了解决人才紧缺问题，1977 年 10 月，国务院批转了《教育部关于 1977 年高等学校招生工作的意见》，其中的第二个附件《关于高等学校招收研究生的意见》对研究生的培养目标作出了明确的规定：在政治上，要求坚持又红又专，具有社会主义觉悟，熟悉马克思主义；在专业知识上，要求理论联系实际，具有系统而坚实的基础理论专业知识和科学实验的技能；在外语水平上，要求至少熟练掌握一门外国语；在身体条件上，要求身体健康；在综合能力上，要求能独立进行科学研究工作和马列主义理论研究；在就业方向上，要求研究生主要成为科研工作者和高校教师。

相应地，《关于高等学校招收研究生的意见》也从思想政治、学历、从业单位、年龄等几个方面对研究生报考条件进行了规定。其中，在思想政治方面，要求拥护中国共产党的领导，热爱社会主义，热爱劳动，遵守革命纪律，具有为革命而学习的决心，政治历史清白；在学历方面，要求具有大学毕业文化程度和一定的研究才能、专业特长，或没有学历限制但须有同等文化程度和一定专业特长、研究才能的工农兵、在职职工；在从业单位类别方面，要求是从工厂、农村、学校、部队、机关、企事业单位和科研单位选拔出的；在例外条件上，经学校推荐的成绩特别优良、确实具有研究才能的高中学生和在校大学生，也可拥有报考资格；在年龄方面，应届大学毕业生一般不超过 30 岁，其他人员一般不超过 35 岁。根据意见规定，研究生考试招生主要分为四个环节，依次为自愿报名环节、单位推荐环节、文化考试环节和择优录取环节，各省、市、自治区招生委员会是考试招生的领导机构和批准录取机构，政治审查主体单位是招生单位。[①] 同时，1977 年研究生考试招生初步确立了"初试＋复试"的考试新模式，并规定了初试考试科目。同时，特别强调要坚决抵制"走后门"等不正之风。入学后，三个月内发现不合格者，要耐心细致地做好思想政治工作，并坚决退回选送单位。

1977 年恢复高考是我国高等教育发展史上具有里程碑意义的事件，同年 10 月，国务院批转教育部《关于高等学校招收研究生的意见》，标志我国研究生考试招生制度得以恢复确立。1978 年，全国研究生计划招收总人数为 8986 人；[②] 27 所院校招收二年制研究生，15 所院校招收二、四年制研究生；[③] 中国科学技术大学研究生院（现中国科学院研究生院）建立，我国研究生教育在中断 12 年后回到了正轨。

① 《教育部关于 1977 年高等学校招生工作的意见》，载何东昌主编《中华人民共和国重要教育文献（1976—1990）》，海南出版社，1998，第 1581 页。

② 北京市高等学校招生委员会办公室编《北京市研究生招生工作资料（1978—1982）》，内部资料，1987，第 11 页。

③ 孟洁、史健勇：《中国研究生招生制度变革研究》，中国政法大学出版社，2013，第 36 页。

表1-1 1977年至1979年关于研究生考试招生的重要文件

颁布时间	文件名称	相关内容	意义
1977年11月3日	《关于1977年招收研究生具体办法的通知》	本人志愿申请报考，经所在单位介绍，向招生单位办理报名手续，经过严格考试，择优录取；所有考试科目均由招生单位自行组织命题。	再次确立"招生单位自主考试"。
1978年1月10日	《教育部关于高等学校1978年研究生招生工作安排意见》	考试分初试、复试，初试考政治、外语、基础课、专业课；报考省内学校的复试在招生学校进行，报考省外学校的复试按大区设点进行。	首次将考试分为初试和复试两个阶段。
1978年10月4日	《全国重点高等学校暂行工作条例》（试行草案）	重申《教育部直属高等学校暂行工作条例（草案）》相关规定。	全面恢复研究生招生。
1979年1月26日	《教育部关于1979年研究生招生工作安排意见》	考试科目为政治理论课、外国语、基础课、专业基础课、专业课；招生单位自行命题，一般为闭卷考试；不举行复试。	取消复试，明确规定初试为闭卷考试。

资料来源——李海萍、郝显露：《硕士研究生招生考试制度改革：回顾、反思与应对》，《教育文化论坛》2021年第2期。

此外，政府要求各大高校要积极响应国家号召招收研究生，我国研究生数量在短时间内得到了快速增长，据统计，在1978年时研究生总数就达到了10934人，比1965年的4546人多了两倍多。[①]此后，在1977年至1979年间，研究生考试招生制度的主要内容基本上都是以考试招生的方式、内容、流程等为主，其中较

---

① 《中国教育年鉴》编辑部编《中国教育年鉴（1949—1981）》，中国大百科全书出版社，1984，第963页。

具代表性的有《关于 1977 年招收研究生具体办法的通知》和《教育部关于高等学校 1978 年研究生招生工作安排意见》等（见表 1-1）。

值得一提的是，这一时期的研究生入学考试确立了"初试＋复试"的基本模式，规定了公共课、基础课、专业课的基本考试科目框架。1978 年恢复研究生考试招生时，初试科目为政治、外语、基础课和专业课，其中基础课和专业课考试不超过 3 门，专业考试科目由招生单位自行组织命题，与公共科目一起考试[①]。

在恢复招生的前几年，随着考试的大范围推行，试卷命题、印刷、保管等环节的保密工作成为研究生考试招生监督的重点和难点。在 1979 年的研究生入学考试中专门强调了保密教育、专人保管和印刷试卷的重要性，并指出"凡是直接或间接泄露命题原则、出题范围、具体内容、比例等，要给予纪律处分"[②]。当时，研究生考试招生制度比较健全的北京市各高校就制定了关于招生重要环节的内部制度，如：中国人民大学制定了《关于命题工作的意见》《关于评卷工作的几点意见》《关于复试工作的几点意见》等，钢铁研究总院制定了《1983 年招收硕士研究生有关命题及评卷工作的规定》《1983 年招收研究生命题保密公约》等，中央民族学院（今中央民族大学）制定了保密制度，加强对命题人员的保密教育和纪律教育。[③]上述高校很早就意识到命题是研究生考试招生中的高风险环节，因此在实践中特别重视加强保密教育以防范试题泄露。

在我国恢复研究生招生初期，尽管也从具有一定工作经历的人员中招收硕士研究生，但出现了三个方面的新特点：面向大学本科应届毕业生招生成为主流，通过考试方式进行选拔成为主流，笔试成为主流。因此，在笔试规模化发展的背景下，防止试卷失泄密成为研究生考试招生监督的重要内容，这是这一时期研究生考试招生监督机制的主要特点。

---

① 孟洁、史健勇：《中国研究生招生制度变革研究》，中国政法大学出版社，2013，第 37 页。
② 北京市高等学校招生委员会办公室编《北京市研究生招生工作资料（1978—1982）》，内部资料，第 60 页。
③ 北京市高等学校招生委员会办公室编《北京市研究生招生工作资料（1978—1982）》，内部资料，第 149 页。

二、各类监督衔接制度性确立

改革开放后，快速发展的社会对人才培养有了更加强烈的需求，客观上推动了研究生招生规模的不断扩大。据统计，1978 年全国录取硕士研究生 1 万余人；1981 年全国录取博士研究生仅 403 人；1998 年全国硕士研究生录取人数为 5.5 万人，博士研究生录取人数为 1.49 万人，均有较大增幅。[①] 稳定的政治经济环境也为发展研究生考试招生监督机制提供了良好的客观条件。同时，各高校从一开始就确立了加强监督是保障研究生考试招生规范有序、提高生源质量的理念，并将其贯穿在研究生考试招生制度的方方面面，这对推动研究生考试招生监督机制的健康发展起到了非常重要的作用。

改革开放之初，我国研究生考试招生对象更倾向于有工作经验的人员。1980年 2 月，《中华人民共和国学位条例》（以下简称《条例》）颁布实施，其中对研究生学位授予的要求是："在本门学科上掌握坚实的基础理论和系统的专业知识；具有从事科学研究工作或独立担负专门技术工作的能力"[②]。此《条例》的颁布实施标志着我国研究生考试招生学位授予制度的确立，也为我国研究生考试招生提供了法律依据和保障。

1982 年 7 月颁布的《教育部关于招收攻读博士学位研究生的暂行规定》对博士研究生考试招生的方法进行了规定，招收博士研究生采取考试与推荐相结合的办法，考试又以笔试与口试两种方式进行，考试科目一般包括政治理论课、外国语和业务课，招生单位可以自行确定具体考试时间、业务课的考试门数，甚至可以采取其他测验方式进行加试。[③] 这标志着我国硕士、博士两个研究生教育层次基本确立。尤其需要指出的是，该规定明确了对研究生考试招生的监督管理：

---

① 教育部高校学生司编《"十五"期间研究生招生政策与实践》，北京师范大学出版社，2006，第 381 页。

②《中华人民共和国学位条例》，《中华人民共和国全国人民代表大会常务委员会公报》2004年第 6 期。

③《教育部关于招收攻读博士学位研究生的暂行规定》，《中华人民共和国国务院公报》1982年第 15 期。

"各省、市、自治区高教（教育）厅（局）、高等学校招生委员会和各主管部委有监督检查的责任和权力"①。

1984 年 8 月，《关于在部分全国重点高等院校试办研究生院的几点意见》印发，指出可以在具有一定学科基础、师资力量、办学经验和软硬件条件的高校试办研究生院，作为高校内部独立负责研究生教学的行政管理机构。经教育部批准，北京大学、清华大学、中国人民大学等 22 所高校试办研究生院，为我国研究生教育的稳定和发展提供了基本保证。

1988 年，国家教育委员会、国家计划委员会、财政部、人事部联合印发了《关于进一步改进研究生招生工作的几点意见》，文件强调要"扩大招收有实践经验的优秀在职人员"②，后来，国家又通过"限定招收应届本科毕业生"和"由高等学校推荐与招生单位组织考试"③等方式对在职人员报考研究生进行政策保障，这对高考恢复初期选拔人才起到了一定积极作用。但随着经济社会发展，在基础教育、中等教育和本科教育大力发展的背景下，研究生教育呈现出多类招生方式并行发展、不同招生层次同步扩大的态势。同时，为了更好适应经济社会发展，研究生考试招生制度主动求变，出台了很多框架性的政策文件（见表 1-2），从研究生考试招生规模、速度、结构、质量、基地、评估和加强领导等方面提出了改进措施。

表1-2 改革开放后研究生考试招生文件中监督内容的对比

颁布时间	文件名称	监督相关内容
1982 年 7 月 17 日	《教育部关于招收攻读博士学位研究生的暂行规定》	各省、自治区、直辖市 高教（教育）厅（局）高等学校招生委员会和各主管部委有监督检查的责任和权力。

---

① 《教育部关于招收攻读博士学位研究生的暂行规定》，《中华人民共和国国务院公报》1982年第 15 期。

② 孟洁、史健勇：《中国研究生招生制度变革研究》，中国政法大学出版社，2013，第 39 页。

③ 孟洁、史健勇：《中国研究生招生制度变革研究》，中国政法大学出版社，2013，第 40 页。

续表

颁布时间	文件名称	监督相关内容
1982 年 10 月 8 日	《1983 年国内攻读硕士学位研究生和出国预备研究生招生工作的规定》	发扬党的优良传统和作风，坚决反对和抵制徇私舞弊和"走后门"等不正之风。发现有弄虚作假、泄露机密以及"走后门"的，要认真调查，严肃处理，情节恶劣的，应给予纪律处分，直至依法惩办。
1996 年 11 月 5 日	《国家教育委员会关于印发招收攻读硕士学位研究生管理规定及其实施细则的通知》	各省级高校招生办对招生单位的录取工作进行监督检查。对在招生工作中违反有关规定，徇私舞弊或者给招生工作造成损失的人员，由主管的教育行政部门或者其所在单位给予处分，情节严重构成犯罪的依法追究刑事责任。

在具体招生要求方面，1981 年的硕士研究生报考条件与 1978 年至 1979 年间的相比发生了一定变化，大学本科应届毕业生成为主要的招考对象。1983 年，硕士研究生考试招生全面设置复试，具体复试要求、方式、内容由招生单位负责。1986 年，为了体现初试和复试的差别和有无马克思主义学科扎实基础的差别，国家对政治理论课考试进行了改革，另增加了英语听力。1987 年的硕士研究生考试恢复了政治理论课的统一考试，并把部分专业基础课改为全国统一考试，由教育部统一命题（农学个别专业由农牧渔业部统一命题）。

应该说，在这个历史时期，研究生考试招生的各个环节都有着较为明显和强烈的计划色彩，很难兼顾不同学科专业、不同地区的特殊性。然而这一历史时期的研究生考试招生制度在逐步健全，并在招生方式、招生程序、招生结构等方面为后来的研究生考试招生制度奠定了扎实的基础，也促进了我国的研究生教育的发展随着研究生招生规模逐年递增，研究生招生学科增多，研究生招生方式日益多样，招生监督机制的重点在监督主体责任方面也发生了一定变化。

对比改革开放后研究生考试招生相关文件可发现，20 世纪 80 年代初的相关文件规定了"谁监督"的问题，明确负有监督检查责任的是各省级教育行政部门、招生单位的招生委员会及其主管部门；指出了"监督什么"的问题，主要针对各种徇私舞弊和"走后门"等不正之风进行监督同时，也存在用目的性规定、原则性规定代替具体监督规范条款的情况。到了 20 世纪 90 年代末，研究生考试招生相关文件对研究生考试招生中的违规问题作了可以追究刑事责任的规定，监督追责机制有一定进步。总体来说，在改革开放后，我国研究生考试招生监督机制在制度建设方面取得了发展，初步形成了行政监督与法律监督衔接的链条，为接下来的研究生考试招生监督机制改革发展打下了坚实基础。

第四节　21 世纪以来研究生考试招生监督的法治化改革

从宏观上看，研究生考试招生制度的改革是与我国的经济社会改革总形势，特别是高等教育体制机制改革总方向是一致的。[①] 从中观上看，研究生教育是高等教育的重要组成部分，其发展变化与高等教育的发展变化息息相关。从微观上看，研究生考试招生监督机制的改革离不开研究生教育和研究生考试招生制度的改革。20 世纪末，我国高等教育进入大众化阶段，高校各类招生规模进入迅速扩大时期，研究生招生规模不断扩大，研究生考试招生制度快速发展，研究生考试招生的纪律监督、监察监督和法律法规不断完善，这些从客观上推动了研究生考试招生监督机制的改革。

一、硕博扩招细化监督内容

根据国家发展的需求，我国研究生招生规模自 1997 年就开始呈现扩大的趋势。教育部在《关于做好 1999 年全国研究生录取工作的通知》中指出，招生单位要相

---

① 章小辉、李国红：《我国研究生招生体制改革初探》，《现代教育科学》2003 年第 3 期。

应地作出招生计划或规模的调整，这是扩大研究生考试招生规模的开始。[①] 研究生招生规模的调整，除了受国家宏观调控政策影响外，还暗藏着招生单位自身发展的内在需求。从本质上看，"我国研究生教育扩张的逻辑是在国家规划和经济社会发展需求软约束之下由政府应急调整和学术漂移联合驱动"[②]。

在扩招政策的影响下，我国研究生考试招生规模呈倍数增长。如图 1-1 所示，1999 年，全国招收研究生 9.22 万人，其中博士生 1.99 万人，硕士生 7.23 万人。2011 年，全国招收研究生 56.02 万人，是 1999 年研究生考试招生人数的 6 倍之多。其中，招收博士生 6.56 万人，招收硕士生 49.46 万人，扩招后的硕士研究生招生人数的增速明显大于博士研究生招生人数的增速，但博士研究生的招生规模也持续在扩大。

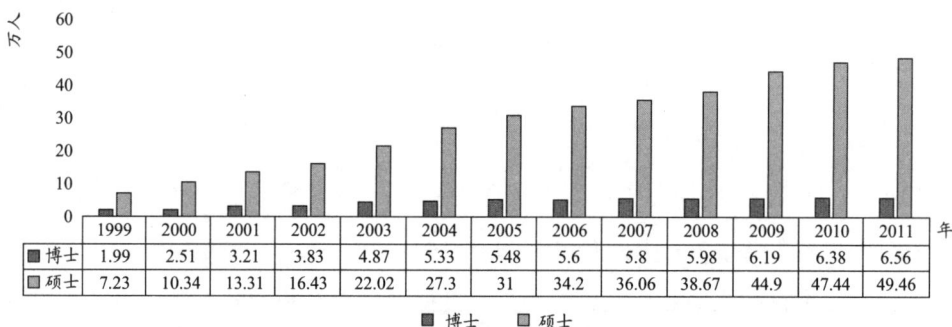

年	1999	2000	2001	2002	2003	2004	2005	2006	2007	2008	2009	2010	2011
博士	1.99	2.51	3.21	3.83	4.87	5.33	5.48	5.6	5.8	5.98	6.19	6.38	6.56
硕士	7.23	10.34	13.31	16.43	22.02	27.3	31	34.2	36.06	38.67	44.9	47.44	49.46

图 1-1　1999 年至 2011 年全国研究生考试招生人数统计图

再比较 2012 年至 2022 年的数据（见图 1-2）也可发现，近些年来我国研究生报考人数整体仍呈现较快增长趋势。从图中可以看出，除 2014 年与 2015 年硕士研究生报考人数有所降低外，其余年份都是呈现递增态势，特别是 2016 年以来，硕士研究生的报考人数增速明显高于往年。现在，研究生入学考试已经成为备受关注的国家级考试，研究生考试招生工作也成为较为热门的话题之一。

---

① 孟洁、史健勇：《中国研究生招生制度变革研究》，中国政法大学出版社，2013，第 41 页。
② 李永刚：《我国研究生教育规模扩张的动力、影响与发展方略》，《中国高教研究》2021 年第 2 期。

万人

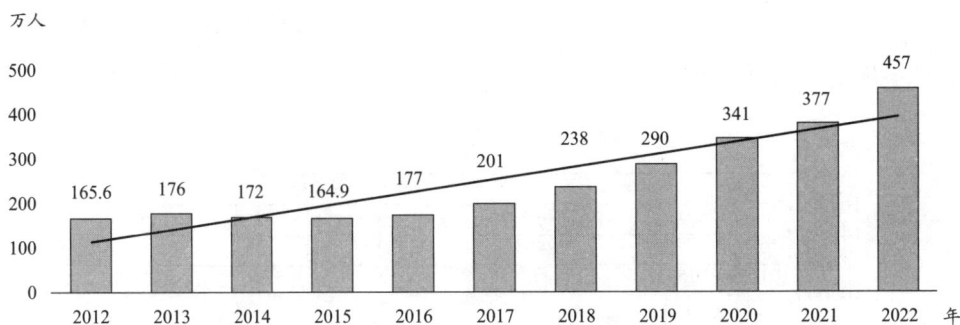

图 1-2　2012 年至 2022 年我国硕士研究生报考人数统计图

专业学位研究生考试招生规模扩大也是这一时期的显著特点。2017 年，我国专业学位硕士研究生考试招生 40.2 万人，占硕士研究生考试招生总数的 55.7%，首次超过学术学位研究生考试招生人数。专业学位博士研究生方面，2020 年招生人数几乎是 2012 年招生人数的 8 倍；专业学位硕士研究生方面，2020 年招生人数是 2012 年招生人数的 3 倍（见图 1-3）。

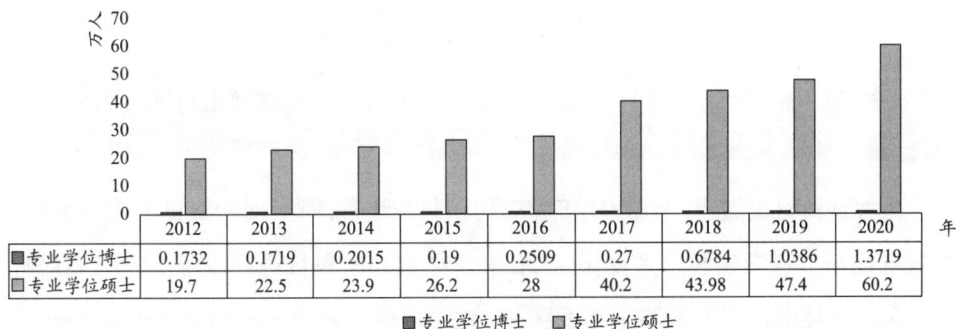

	2012	2013	2014	2015	2016	2017	2018	2019	2020	年
专业学位博士	0.1732	0.1719	0.2015	0.19	0.2509	0.27	0.6784	1.0386	1.3719	
专业学位硕士	19.7	22.5	23.9	26.2	28	40.2	43.98	47.4	60.2	

■ 专业学位博士　■ 专业学位硕士

图 1-3　2012 年至 2020 年我国专业学位研究生考试招生人数统计图

在实现高层次人才自主培养的基础上，我国还面向全世界招收博士研究生和硕士研究生，成为"亚洲最大留学目的地国和亚太区域研究生教育中心"[1]。教育

---

[1]　洪大用：《深入落实全国研究生教育会议精神　加快培养德才兼备的高层次人才》，《中国高等教育》2020 年第 21 期。

部公布的统计数据显示，自 2012 到 2019 年，每年来华留学生人数都在不断增加，总体呈现增长态势（见图 1-4）。

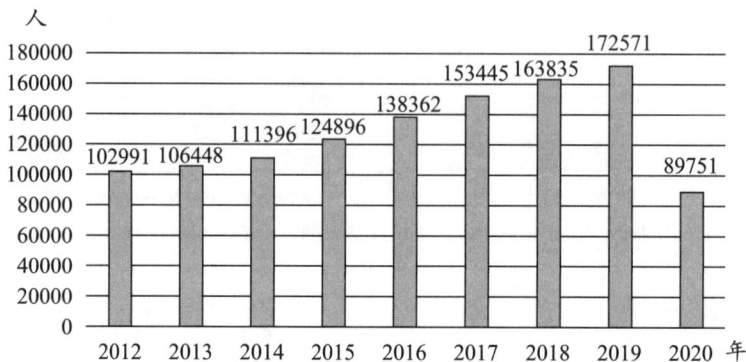

图 1-4　2012 年至 2020 年来华留学生人数统计图

二十余年来，国家相关部门几乎每年都会根据实际情况出台研究生考试招生的相关政策，研究生考试招生方式趋向多元化。如在初试考核方式上，形成了全国统一考试、联合考试、单独考试和推荐免试等多种方式并存的研究生考试方法。其中，硕士研究生考试招生方式于 2006 年增加了"少数民族高层次骨干人才计划"，参加中国青年志愿者研究生支教团活动成为推荐免试硕士研究生的常态化形式。

在考试科目设置上，从 2003 年起对初试科目进行改革，对初试试卷进行优化，加强复试环节科学性和分数权重。[1] 后来，又对外语科目进行改革，先将英语听力放在初试环节，后又调整至复试环节；政治理论的考试也放到复试环节进行。[2]

在考试方式上，结合不同学科培养要求的差异性，对不同学科的招生方式和具体要求进行适当调整。如 2007 年对教育学、历史学和医学三个学科门类的初试科目和内容率先进行改革，适度扩大免试单位范围和增加免试名额。2008 年对农学门类的研究生考试的初试科目和内容进行优化调整和联合命题；2009 年，

---

① 《教育部关于调整全国硕士研究生入学考试科目的通知》，《教育部政报》2002 年第 6 期。
② 《教育部关于做好 2005 年招收攻读硕士学位研究生工作的通知》，《中华人民共和国教育部公报》2004 年第 11 期。

计算机科学与技术学科的初试科目被纳入全国统考范围。[①]

在录取政策上，1999 年印发的《教育部关于做好 1999 年全国研究生录取工作的通知》，确立了按招生单位地区类别、学科门类以及考生群体设置不同复试线的措施，体现了研究生考试招生中不同地区、学科及考生群体之间的差异，是考试招生制度对教育公平理念的一种回应。2002 年 9 月，教育部印发《教育部关于做好 2003 年招收攻读硕士学位研究生工作的通知》，指出要加大研究生复试差额比例，同时明确了 34 所高校为自定复试分数线的改革试点高校，并对高校接收本校推免生的比例进行了规定。

我国研究生考试招生人数持续增加的有关研究表明，改革开放以来，研究生考试招生制度开始表现出"分类考试、综合评价、多元录取"[②]的倾向，特别是在扩招以后，研究生考试招生体制机制的系统性得到了较大发展。经过多年的发展，我国研究生考试招生制度基本定型，招生方式和程序框架趋向成熟，为我国研究生教育发展提供了有力保障，这也成了研究生考试招生监督工作的重要政策依据。随着研究生招生从量向质的转变，研究生培养过程也更加注重学生的创新精神、解决问题的实际操作能力，这对研究生考试招生监督工作也提出了更加细致的要求。

以这个时期中三个不同时间发布的相关文件为例（见表 1-3），对比其中关于研究生考试招生监督工作的具体内容，我们可发现，在扩招后的一段时期内，关于研究生考试招生"谁监督、怎么监督、监督什么"等要求，尽管较之以前有所细化，但还比较笼统、抽象，原则性规定较多。随着对监督工作认识的深化，教育行政部门、招生单位、不同人员的责任内容也相对细化。其中，2019 年发布的《教育部办公厅关于进一步规范和加强研究生考试招生工作的通知》提出了五个方面的监督重点，分别是自命题环节、复试环节、调剂环节、录取环节和信息公开工作，充分体现了我国研究生考试招生监督工作在充分把握研究生考试招

[①] 李海萍、郝显露：《硕士研究生招生考试制度改革：回顾、反思与应对》，《教育文化论坛》2021 年第 2 期。

[②] 陈宝生：《中国教育：波澜壮阔四十年》，《人民日报》2018 年 12 月 17 日。

生工作中出现的新问题、新风险时更加重视主动预判、主动防范、主动监督。

表1-3　扩招后研究生考试招生文件中的监督内容对比

颁布时间	文件名称	监督相关内容（节选）
2008年9月4日	《教育部关于做好2009年招收攻读硕士学位研究生工作的通知》	保证研究生招生公平公正是各级招生考试机构和招生单位的重要职责。要加强对下一级管理部门的指导、检查、监督和考核，对发现的问题要限期整改，对业务上不合格的人员要经进一步培训合格后才能上岗。要严肃处理招生违规单位和人员，严肃工作纪律，加强队伍自律，树立研究生招生系统良好形象。
2013年8月26日	《教育部关于做好2014年全国硕士学位研究生考试招生录取工作的通知》	各省级教育行政部门、教育招生考试管理机构和各招生单位要高度重视招生录取工作，进一步加强规范管理，严明工作纪律，确保招生录取工作平稳有序，公平公正。各招生单位研究生招生工作领导小组要加强统筹协调，保证招生录取工作领导有力，组织有序。各招生单位要进一步完善复试录取工作制度，健全导师集体决策和监督机制。
2019年2月26日	《教育部办公厅关于进一步规范和加强研究生考试招生工作的通知》	省级高校招生委员会是监管本行政区域内所有招生单位研究生考试招生工作的责任主体。招生单位是本单位研究生考试招生工作的责任主体，主要负责同志是第一责任人，分管负责同志是直接责任人。要对所有人员进行政策、业务、纪律等方面的培训，使其明确工作纪律和工作程序、评判规则和评判标准。要充分发挥和规范导师的作用，明确招生导师在复试工作中的权利、责任和纪律要求。招生单位是研究生招生信息公开工作的责任主体。

把好"质量关"，一开始就要把好"入口关"。教育行政部门每年印发的研究生考试招生相关文件都会强调要加强监督检查，把监督作为与研究生考试招生工作同计划、同部署、同落实的重要内容，并逐渐呈现出多部门参与、全过程控制、关键环节监督、加大责任追究力度等特点。相比上一个历史时期，扩招后的研究生考试招生监督工作更加细化，监督责任更加明确，这在研究生考试招生实

践中形成了比较好的传统，并一直延续到现在。

二、法律监督强化追责效力

"为规范研究生培养，要制定必要的法规、条例，加强质量管理和监督"[①]，20世纪80年代初期，刚恢复研究生考试招生之际，监督就成了研究生考试招生制度的重要内容。北京市高等学校招生委员会于1981年专门制定了《关于坚决制止研究生考试招生中不正之风的几项规定》[②]，但这一时期对研究生考试招生中的监督政策依据还主要停留在教育行政部门和各招生单位内部的规章制度上。

目前，研究生考试招生监督工作的政策依据主要是教育部印发的办法、规则等（见表1-4），以及各招生单位制定的具体办法。

表1-4　当前研究生考试招生监督的相关政策依据

性质	名称	时间
部门文件	《教育部关于实行高等学校招生工作责任制及责任追究暂行办法》	2005年3月公布
	《全国普通高等学校推荐优秀应届本科毕业生免试攻读硕士学位研究生工作管理办法（试行）》	2006年6月公布
	《教育部办公厅关于进一步加强推荐优秀应届本科毕业生免试攻读研究生工作的通知》	2013年9月公布
	《教育部办公厅关于进一步完善推荐优秀应届本科毕业生免试攻读研究生工作办法的通知》	2014年7月公布
	各年全国硕士研究生招生考试考场规则	当年发布
	各年招收攻读硕士学位研究生管理规定	当年发布
	各年招收攻读博士学位研究生工作的通知	当年发布
招生单位文件	各年招收研究生的招生简章、实施细则等	当年发布

2002年12月，教育部办公厅转发中共中央保密委员会办公室、国家保密局《关于进一步加强国家统一考试保密管理工作的通知》，文件指出，按照"谁主管谁

---

① 李国钧、王炳照总主编《中国教育制度通史　第8卷》，山东教育出版社，2000，第449页。
② 北京市高等学校招生委员会办公室编《北京市研究生招生工作文集》，内部资料，1983，第58页。

负责"的原则,国家统一考试的保密管理工作由组织考试的主管部门负责。① 此外,根据《中华人民共和国保守国家秘密法》有关规定,招生单位要制定相应的保密工作实施细则,结合实际对研究生考试招生中的保密工作提出详细要求。其中,招生单位需要明确保密工作相关责任人、重点区域如保密室的管理、试题命制和试卷印制发放和阅卷组织等一系列环节的管理措施。应该说,招生单位制定的《研究生考试招生保密工作实施细则》是研究生考试招生安全保密体系建设的核心与基础,② 是保障招生单位顺利实施研究生考试招生工作的重要一环。

进入 21 世纪以来,主要受扩招的影响,研究生考试招生的社会覆盖面越来越广,违规问题的负面影响也越来越大,推动了国家在继续加强教育行政部门监督和纪律检查监督的同时,也从立法层面规制考试违规问题。比较典型的有2004 年出台的《国家教育考试违规处理办法》,它在《中华人民共和国教育法》《中华人民共和国高等教育法》框架下,以部门规章形式,规定了考生、考试组织机构及其工作人员出现相关违规问题后的认定主体、处理程序和处理依据。该办法于 2011 年 12 月经教育部部长办公会议重新修订后,于 2012 年 4 月 1 日起施行,对加强试题保密保管、命题教师队伍的教育和管理、考场建设、监考人员管理和教育、违纪考生记录档案建立等工作起到了重要推动作用。2014 年 7 月,《普通高等学校招生违规行为处理暂行办法》颁布实施,再次以部门规章形式规范招生考试工作。

同时,针对招生考试中社会危害性大、损害招生公平的作弊行为,《中华人民共和国刑法修正案(九)》确定了相关罪名,如组织考试作弊罪、非法出售或者提供试题答案、代替他人参加考试或让他人代替自己参加考试罪。最高人民法院、最高人民检察院于 2015 年 10 月 30 日发布《关于执行〈中华人民共和国刑法〉确定罪名的补充规定(六)》,对考试招生中的违法行为适用刑法的部分罪名进行了补充或修改。刑法第二百八十四条之一规定了"组织考试作弊罪""非法出售、

① 刘亮:《高考命题的历史与理论研究》,厦门大学博士论文,2018。
② 吴均、何其迅、肖萍、吴萍:《研究生招生考试安全保密体系建设的探索与实践》,《首都医科大学学报(社会科学版)》2012 年增刊。

提供试题、答案罪""代替考试罪"①（见表1-5）。

表1-5　《中华人民共和国刑法》第二百八十四条之一

罪名	条文
组织考试作弊罪	在法律规定的国家考试中，组织作弊的，处三年以下有期徒刑或者拘役，并处或者单处罚金；情节严重的，处三年以上七年以下有期徒刑，并处罚金。 为他人实施前款犯罪提供作弊器材或者其他帮助的，依照前款的规定处罚。
非法出售、提供试题答案罪	为实施考试作弊行为，向他人非法出售或者提供第一款规定的考试的试题、答案的，依照第一款的规定处罚。
代替考试罪	代替他人或者让他人代替自己参加第一款规定的考试的，处拘役或者管制，并处或者单处罚金。

资料来源——法律出版社法规中心编《中华人民共和国刑法注释本》，法律出版社，2017，第251页。

在实践中，北京首例考研替考入刑案就适用了该条款的规定。2015年10月，虎某联系侯某，让其代为参加2016年全国硕士研究生考试。2015年12月26日，监考人员当场发现侯某的代考行为。被公安机关抓获后，侯某如实交代了犯罪事实。后来，经北京市海淀区人民法院审判，侯某、虎某代替考试罪名成立，二人均被判处拘役1个月。该案是《中华人民共和国刑法修正案（九）》将"替考"入刑并施行后，北京法院审结的首例考研替考入刑案。②

另一方面，党的十八大以来，党内法规体系快速发展，在党章之下加强了监督保障法规制度建设，特别是制定、修订了《中国共产党纪律处分条例》《中国共产党纪律检查机关监督执纪工作规则》等，对党组织和党员干部的约束做到了有规可依（见表1-6）。

---

① 法律出版社法规中心编《中华人民共和国刑法注释本》，法律出版社，2017，第251页。
② 《北京审结首例考研替考入刑案，"考生"和"替考"被判处拘役1个月》，https://yz.chsi.com.cn/yzztt/waringtk2015。

表 1-6　当前研究生考试招生监督的相关党内法规依据

性质	名称	时间
党内法规	《中国共产党党章》	2017 年 10 月 24 日,通过关于《中国共产党章程(修正案)》的决议,同日发布实施
	《中国共产党纪律处分条例》	2018 年 7 月 31 日,中央政治局对《中国共产党纪律处分条例》进行修订,2018 年 10 月 1 日起实施
	《中国共产党问责条例》	2016 年 6 月 28 日审议通过,并于 2019 年 9 月 4 日修订发布
	《中国共产党纪律检查机关监督执纪工作规则》	2019 年 1 月公布施行
	《监察机关监督执法工作规定》	2019 年 7 月公布施行

　　但仅对党组织和党员干部进行规范,还不能涵盖可能参与和涉及研究生考试招生的全部主体,非中共党员的国家公职人员在研究生考试招生中也可能存在违法违纪的行为,需要加大监察力度。如 2012 年湖南发生考研泄题案,在研究生英语考试结束当晚,就有不少人在网络上反映收到了研究生英语试题答案和作文题目,有些考生还收到了和试题内容有关的短信,引发了社会的强烈关注。经公安部门调查,相关人员为谋取个人经济利益,利用职务之便,窃取了研究生入学考试的英语试卷,并进行转卖。2013 年 2 月底,涉案人员均以非法获取国家秘密罪获刑,其他相关人员也分别受到了党纪政务处分。[①] 2016 年,北京市、山西省和浙江省率先开展国家监察体制改革试点工作;2017 年,全国推行国家监察体制改革;2018 年 3 月,《中华人民共和国监察法》颁布实施,把所有行使公权力人员纳入统一监督的范围,在解决过去党内监督和国家监督不同步、部分行使公权力人员处于监督之外的问题上迈出了历史性一步;2020 年 7 月,《中华人民共和国公职人员政务处分法》正式实施,对公职人员违法的惩戒有了明确的法律依据,自此,研究生考试招生过程中的所有工作人员因具有招生公权力而被纳入监

---

①《考试院科长偷试卷转卖 考研泄题案4人被批捕》,http://edu.sina.com.cn/kaoyan/2012-05-11/1128337699.shtml。

督范围，研究生考试招生监督的法规依据更加健全了（见表1-7）。

表1-7　当前研究生考试招生监督的相关法律法规依据

性质	名称	时间
法律法规	《中华人民共和国教育法》	2021年4月29日，第十三届全国人民代表大会常务委员会第二十八次会议通过《关于修改〈中华人民共和国教育法〉的决定》，同日发布实施
	《中华人民共和国高等教育法》	2018年12月29日，第十三届全国人民代表大会常务委员会第七次会议通过《关于修改〈中华人民共和国电力法〉等四部法律的决定》，同日发布实施
	《中华人民共和国监察法》	2018年3月20日，第十三届第一次会议通过，同日发布施行
	《中华人民共和国公职人员政务处分法》	2020年6月20日，第十三届全国人民代表大会常务委员会第十九次会议通过，自2020年7月1日起施行
	《中华人民共和国刑法修正案（九）》	2015年11月1日实施
	《普通高等学校招生违规行为处理暂行办法》	2014年7月公布施行
	《国家教育考试违规处理办法》	2011年12月教育部部长办公会议通过《教育部关于修改〈国家教育考试违规处理办法〉的决定》，2012年4月1日起施行
	《事业单位工作人员处分暂行规定》	2012年8月公布施行
	《行政机关公务员处分条例》	2007年6月1日起施行

总之，研究生扩招是研究生考试招生监督机制不断完善的直接推动力，并使研究生考试招生成了国家法治、党内监督、行政监察的重要内容。与此同时，研究生考试招生监督机制的不断完善又促进了我国研究生考试招生工作的规范开展和深刻变革。

第五节　我国研究生考试招生监督机制的演变特征

我国的研究生考试招生监督机制经历了从薄弱到加强、从相对简单到体系化建设的发展历程，通过剖析研究生考试招生监督机制的主要特征，可以发现我国研究生考试招生监督机制从监督理念、监督主体、监督决策等都发生了重要变化，分析这些变化有助于加深对研究生考试招生监督现状的认识。

一、监督理念：从重结果轻过程向过程结果并重转变

研究生考试招生是提高研究生教育质量的重要入口关，我国历来重视研究生考试招生入口关。从不同历史时期研究生考试招生监督工作的变化发展来看，我国研究生考试招生监督工作以维护研究生考试招生公平、确保研究生考试招生质量为直接目标，并不断从重公平、质量的结果，逐渐走向通过科学合理的程序追求高质量招生。

把质量放在第一位，是我国恢复研究生考试招生伊始就坚持的基本原则，在研究生考试招生恢复的前几年，招生原则可概括为"宁缺毋滥，保证质量"。例如，北京市高教局副局长李煌果在 1983 年北京市研究生考试招生工作总结座谈会上讲道："不能光凭一条分数线，要全面衡量，使真正符合国家录取标准的考生录取进来。"他还举例说一个考生是"三好学生"，但政审表上写了"有错误言论"，工作人员进行实地调查发现原来是张冠李戴，最后这个学生被录取了，这是结合实际和贯彻党的政策的结果。① 又如，一名考生接到未录取通知后，反映成绩可

---

① 北京市高等学校招生委员会办公室编《北京市研究生招生工作文集》，内部资料，1983，第 13 页。

能有错，虽有"入学考试成绩不公布，试卷不准查阅"的规定，但其所报考的高校认为考生讲得合情合理，于是对其成绩进行了复查。高校复查后发现，统计错误导致该生的总分少了 34 分，然后向考生道歉，并按规定予以录取。[①] 上述例子说明，在我国研究生招生考试的历史中，曾允许通过调查了解来补充或纠正按照招生程序了解不到的情况，这是确保招生质量的一种补救措施。

为了扩大研究生生源，同时适应国家经济建设发展需要，1991 年，全国研究生工作座谈会上提出要增强质量意识，为 21 世纪的到来做好准备。[②] 1995 年，《国家教育委员会关于进一步改进和加强研究生工作的若干意见》印发，文件指出，国家将加强对研究生入学水平的检查与培养质量评估，监督各培养单位的招生与培养质量。2013 年起，研究生教育开始进入"质量时代"[③]。《关于加快新时代研究生教育改革发展的意见》强调，要牢牢把握"立德树人、服务需求、提高质量、追求卓越"的工作主线，而要深化研究生教育改革，必须把好研究生考试招生这一重要"入口关"。"坚守质量生命线，完善研究生生源保障体系，包括优化招生计划配置等，建立优质生源激励机制"[④]，既是研究生教育发展的现实需求，也是建设党和国家人才体系的重要要求。

提高质量一直是贯穿我国研究生教育的主线。为确保招生质量，研究生考试招生就必须坚持"按需招生、全面衡量、择优录取和宁缺毋滥"的原则。深刻领会研究生教育发展的本质要求，客观辨别招生中的模糊问题，对有违招生管理规定的问题坚决予以纠正，这是研究生考试招生监督工作的重要遵循。

"高等教育综合改革必将是一场公平而有质量，有教育关怀也有标准目标的

---

① 北京市高等学校招生委员会办公室编《北京市研究生招生工作文集》，内部资料，1983，第 83 页。

② 朱开轩：《以崇高的历史责任感把研究生教育提高到一个新水平——在全国研究生教育工作座谈会上的讲话》，《中国高等教育》1995 年第 12 期。

③ 刘延东：《在全国研究生教育质量工作会议暨国务院学位委员会第三十一次会议上的讲话》，《学位与研究生教育》2015 年第 1 期。

④ 洪大用：《深入落实全国研究生教育会议精神 加快培养德才兼备的高层次人才》，《中国高等教育》2020 年第 21 期。

质量追求。"① 如果说质量理念是推动研究生考试招生改革发展的内在本质要求，那么，公平理念则是推动研究生考试招生走向规范化法治化的外在要求。"加强监督、制衡权力，是有效防止高等学校权力腐败滋生的重要保障。"② 那么，怎样才能高效精准地监督呢？我国高等教育进入大众化阶段后，给巩固和提高研究生教育质量带来了巨大的挑战，人们在很长的一段时间内把招生数量的增加看作是培养质量下降的主要原因，其实，"导致研究生教育质量滑坡的症结，不是规模扩大本身，而是与追求卓越的教育思想相左的教育观念和与培养精英人才格格不入的社会氛围"③。为改变这种状况，党和政府一方面大力建构内外结合的研究生教育质量监督体系，另一方面着眼于全党和全社会的长远发展，在推动纪检监察体制机制改革中，不断推动研究生考试招生监督走上法治化道路。

法治化包括两个层面的含义。第一层含义是限权，即对研究生考试招生相关组织部门和人员的公权力进行制约。从促进教育公平的角度讲，研究生考试招生的法治化更重要的是"管理者及其权力也将被纳入法治的范围"④。2005 年以来，我国陆续出台多部涉及研究生考试招生的法律法规和政策文件（前文已述），还从综合治理的角度加大整治力度。如《2012 年招收攻读硕士学位研究生管理规定》指出，第一要加强对考试环境的综合治理，第二要营造规范考试的氛围，第三要加大对舞弊行为的惩处力度。《关于深化研究生教育改革的意见》指出，要加强对考试招生工作的管理和监督，强化考试安全工作，同时要改革评价监督机制，即要强化培养单位质量保证的主体作用、完善外部质量监督体系、建立质量信息平台，禁止研究生培养单位举办课程进修班。在推动研究生考试招生监督向全方位、全过程转型的过程中，我国的研究生考试招生质量也在稳步提高。2017 年，教育部、国务院学位委员会印发《学位与研究生教育发展"十三五"规划》，文

① 史秋衡、康敏：《深化高等教育综合改革的历史责任与结构设计》，《中国高等教育》2018年第 10 期。
② 毕宪顺主编《决策·执行·监督：高等学校内部权力制约与协调机制研究》，教育科学出版社，2013，第 115 页。
③ 刘鸿：《我国研究生培养模式研究》，中国海洋大学出版社，2007，第 160 页。
④ 刘海峰等：《高校招生考试制度改革研究》，经济科学出版社，2009，第 131 页。

件针对提高研究生教育质量提出了四点要求：要结合实践发展，通过对法规和规范性文件的废改立释，对学位制度进行系统性的法律体制构建；要把整体质量作为研究生教育的中心，对研究生教育制度进行完善；要树立全面质量观，使研究生教育的体制机制走向成熟定型；要加大高校党委在研究生教育中的责任落实，把研究生培养作为大学章程的重要范畴。[①]

法治化的另一层含义是赋权，即向研究生考试招生相关组织部门和人员进行科学的公权力赋予，这是较少被人们关注的。实质上，限权与赋权是辩证统一的，科学赋权是有效限权的前提和结果，也是合法化的必要和重要内容，它往往以制度、规则、办法等形式出现。在研究生考试招生中，每年出台的管理规定都会分别对国家教育部门、地方各级教育主管部门和招生单位在职责上作出规定，这是赋权的一种基本形式。如在 2022 年的研究生考试招生中，教育部有 9 项工作职责，省（区、市）高等学校招生委员会有 14 项工作职责，招生单位有 15 项工作职责，三者的职责不可混淆和逾越。从中可以看出，国家层面主要是对研究生考试招生享有管理权；招生单位享有依法依规制定具体工作细则、方案的权利，是招生单位享有招生自主权的直接体现。尽管对招生单位是否应该享有一定的自主权以及应享有哪些自主权还存在一定争议，但说到底都"只能是国家管理与社会监督下的招生自主权"[②]。

"作为对学术的坚守，实体公平以实现科学选拔为目标；作为对权力的规范，程序公平以保护考生利益为导向。"[③] 对于纪检监察机关而言，不仅要综合参考各种法律法规，还要严格执行《中国共产党纪律检查机关监督执纪工作规则》《监察机关监督执法工作规定》以及《纪检监察机关处理检举控告工作规则》中的有关规定，做到"事实清楚、证据确凿、定性准确、处理恰当、手续完备、程序合

---

① 《教育部印发〈学位与研究生教育发展"十三五"规划〉的通知》，http://www.gov.cn/ xinwen/2017-01/20/content_5161660.htm。

② 覃红霞：《高校招生考试法治研究》，华中师范大学出版社，2007，第 137 页。

③ 李海萍、郝显露：《硕士研究生招生考试制度改革：回顾、反思与应对》，《教育文化论坛》 2021 年第 2 期。

法"①，既最大程度地保障了研究生考试招生的公平公正性，又保障了监督机关在程序上的合理合法性。我国研究生考试招生数量庞大，环节复杂，涉及人员众多，潜在的风险因素仍然存在，研究生考试招生监督工作仍面临着不少的挑战。

研究生考试招生监督法治化还体现在监督工作原则的变化上。《国家教育考试违规处理办法》规定："对国家教育考试违规行为的认定与处理应当公开公平、合法适当。"《普通高等学校招生违规处理暂行办法》规定："对高校招生违规行为的处理，应当事实清楚、证据确凿、依据明确、程序合法、处理适当。"同时，该办法对高校可能存在的七种违规行为、招生考试机构可能存在的七种违规行为、省级教育行政部门可能存在的五种违规行为、招生工作人员可能存在的九种违规行为、考生可能存在的四种违规行为均进行了规定，对责任认定和处理的法定依据进行了列举，为处理研究生考试招生违规违法问题提供了法规依据。

研究生考试招生方式的变革是促使研究生考试招生监督方式发生相应变革的主导力量，特别是研究生考试招生对象分类化、招生类型多样化、考核方式标准化、招生规模扩大化对监督提出了新挑战。我国纪检监察体制机制改革，是促使研究生考试招生监督方式发生相应变革的根本保障，主要体现在监督机构科学化、监督力量多元化、监督方式多样化、监督内容精准化等方面。简而言之，从经验性向科学性转变，从内容要求转向程序控制，是研究生考试招生监督工作适应现代管理从粗放式向精细化转变的必然趋势，也是法治化的必然要求。

二、监督主体：从单一的行政性向多元的整合性转变

研究生考试招生工作本质上是国家教育行政权力的执行过程，应当受到监督，以保证公权力始终姓"公"。监督主体是指实施监督的相关组织和个人。研究生考试招生的监督主体并不是一成不变的，它是随着我国监督体系的发展而变化的。概而言之，我国的监督体系是在人大监督、行政监督、司法监督、党内监督的基

---

① 中国纪检监察报社编委会编《以案说纪：党内重要法规解读及"六项纪律"典型案例评析（修订版）》，中国方正出版社，2018，第99页。

础上逐步健全和完善的。

中华人民共和国成立之初，确立了人民代表大会制度，其主要目的之一，就是从制度上用人大监督制约其他国家机关行使权力。经过多年的发展，人大监督有《中华人民共和国各级人民代表大会常务委员会监督法》作为法律保障，有全国人大监察和司法委员会作为组织保障，在实践中发挥着越来越重要的监督作用。

行政监督是以监督国家行政机关和公务人员是否违法失职为依据的一种监督类型。在我国，1949 年成立了政务院人民监察委员会，1954 年改设为监察部，1959 年监察部撤销，1987 年国家监察部恢复成立，1997 年起实施《中华人民共和国行政监察法》，我国行政监察走上了法治化道路，其职能也越来越多。与行政监督由各级监察部门行使职权不同的是，审计监督、统计监督和财会监督分别由审计、统计、财会机关执行，但本质上，审计监督、统计监督和财会监督也是行政监督的组成部分。

司法监督也是国家监督体系的重要组成部分，主要是由检察机关、审判机关对行使公权力的国家行政机关进行监督。1952 年，我国颁布实施《中华人民共和国惩治贪污条例》，对国家机关、企事业单位的工作人员贪污罪的情节、处罚进行规定。改革开放后，刑法把贪污罪、渎职罪列为分则内容，在打击职务违法犯罪方面发挥了不可替代的作用。

近些年来，党中央为了健全和完善党和国家监督体系，推行纪律检查体制改革、国家监察体制改革、纪检监察机构改革，已经形成了符合我国特色的"多维立体协同"监督结构模式（见图 1-5），具体由党内监督、人大监督、国家监察、司法监督、审计监督、统计监督、财会监督、民主监督、群众监督、舆论监督等构成。其中，党内监督属于第一层级，人大监督、国家监察、司法监督、审计监督、统计监督和财会监督属于第二层级，民主监督、群众监督和舆论监督属于第三层级。

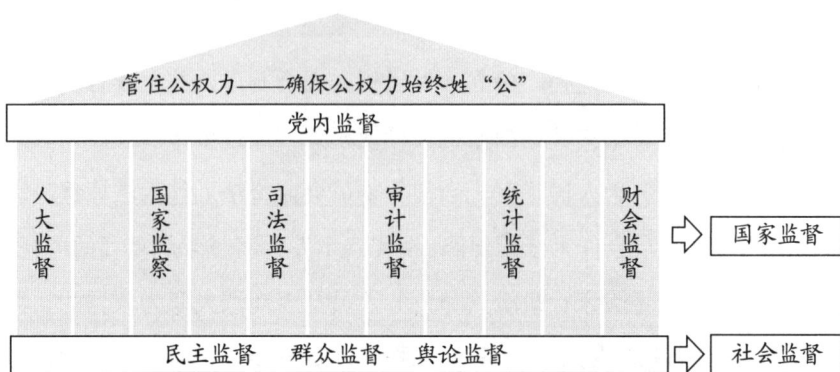

图1-5 "多维立体协同"监督结构模式

资料来源——张玉玲:《新中国成立以来党和国家监督体系研究》,东北师范大学博士论文,2021,第43—72页。

党和国家强调以系统思维观念推行监督全覆盖,在这样的背景下,研究生考试招生监督的主体更加趋向多样化,即要从不同领域、不同角度对研究生考试招生进行监督。具体而言,主要分为以下六类。

第一,教育行政及其他相关主管部门。它们主要承担的是主管业务范围内的职能监督责任,一般而言由教育行政部门承担主要监督职责,主要涉及教育部、省(区、市)高等学校招生委员会和招生单位主管部门。如《2021年全国硕士研究生考试招生工作管理规定》指出,教育部负责"监督、指导全国统考、联考科目的命题工作和全国硕士研究生考试招生的组织实施工作",省(区、市)高等学校招生委员会负责"指导招生单位做好自命题试题的命制、保密、保管工作,并开展监督检查","协调并监督检查招生单位和报考点的考试招生工作,对招生单位录取结果进行政策审核"。同时,招生单位主管部门主要负责"对所属招生单位的考试招生工作进行监督管理,根据有关规定调查处理本部门所属招生单位在招生工作中发生的问题,并依法依规追究相关部门和人员的责任"。2014年,国务院学位委员会、教育部印发《关于加强学位与研究生教育质量保证和监督体系建设的意见》,文件指出:"进一步明确学位授予单位、教育行政部门、学术组织、行业部门和社会机构在体系建设中的职责,各司其职,不越位,不缺位,不错位,系统规划质量保证和监督体系建设。"①2020 年 9 月，国务院学位委员会、教育部印发《关于进一步严格规范学位与研究生教育质量管理的若干意见》，文件明确指出："省级高校招生委员会是监管本行政区域内所有招生单位研究生考试招生工作的责任主体。"②

第二，各个招生单位。此处的招生单位是指具体负责组织实施研究生考试招生工作的主体，同时也是对研究生考试招生工作开展自我监督的主体。从 20 世纪 80 年代起，招生单位的党组织就在党风廉政建设主体责任的履职要求中增加了加强对研究生考试招生的领导、监督内容。"高等学校在招生上具有完全的主体责任，这决定了高等学校功用发挥的可能性与必要性。"③现在，在全面从严治党的时代背景下，研究生考试招生作为党和政府选拔培养人才的关键环节，必须加强对研究生考试招生工作关键环节的监督检查，因此，要求由招生单位党政领导担任招生工作领导小组的负责人，履行包括监督责任在内的组织责任。《关于进一步严格规范学位与研究生教育质量管理的若干意见》提出："招生单位在研究生考试招生工作中承担主体责任。招生单位主要负责同志是本单位研究生考试招生工作的第一责任人……各地、各招生单位要强化考试管理，把维护考试安全作为一项重要政治责任……招生单位要切实规范研究生招生工作，加强招生工作的统一领导和监督，层层压实责任"。④2020 年 9 月，教育部、发展改革委、财政部联合印发了《关于加快新时代研究生教育改革发展的意见》，也指出要"健全内部质量管理体系，压实培养单位主体责任"⑤。

第三，招生单位纪检监察机关（含派驻机构）。从研究生考试招生恢复以来，

① 宗河：《构建质量保障体系　提高研究生教育质量》，《中国教育报》2014 年 3 月 18 日。

②《国务院学位委员会 教育部关于进一步严格规范学位与研究生教育质量管理的若干意见》，《中华人民共和国教育部公报》2020 年第 11 期。

③ 郑若玲、庞颖：《强化高等学校主体性地位——论招生改革的价值转向》，《教育研究》2019 年第 12 期。

④《国务院学位委员会 教育部关于进一步严格规范学位与研究生教育质量管理的若干意见》，《中华人民共和国教育部公报》2020 年第 11 期。

⑤《教育部 发展改革委 财政部关于加快新时代研究生教育改革发展的意见》，《中华人民共和国国务院公报》2020 年第 34 期。

就形成了高校纪委监督研究生考试招生的工作机制。现在，招生单位的纪检监察人员参加研究生考试招生工作领导小组已成为每年的惯例。纪检监察部门参与监督研究生考试招生工作，是党内监督和国家监督赋予的职权，体现了对涉及重要领域、关键环节的重点监督。如在 2020 年 5 月 13 日，苏州科技大学纪委办公室发布了《关于严肃 2020 年度研究生考试招生复试录取工作纪律的通知》，文件指出，学校纪委及相关监察机构将对研究生复试录取工作开展监督检查工作，设立举报电话及举报邮箱，畅通信访举报渠道；对在复试录取工作中收到的信访举报，将加大监督检查力度，坚持有信必核，有案必查，违纪必究。①

第四，考生及家长等利益相关群体。这类主体是考试结果的直接利益相关人，对考试信息最为关注。他们的主要目的，甚至是唯一目的就是被录取，因此，对考试过程中可能存在的违规问题深恶痛绝，对可能影响自身被录取的各种状况保持高度警惕，也是举报研究生考试招生违规问题的主要力量。如 2016 年闹得沸沸扬扬的考研泄题案，就是较为典型的由考生举报泄题的案件。2015 年 12 月 26 日是研究生入学考试的首日，多名网友和考生反映当天的研究生入学考试科目英语（二）疑似泄题，有考生在考前收到了相关答案；甚至在此前的一天，海天考研咨询 QQ 空间官方账号公开发布了研究生入学考试的政治试题，部分考题还出现在多个考研 QQ 群中。经公安机关调查，这起案件的被告人犯有非法提供出售试题、答案罪三项罪名。②

第五，其他依法享有监督权的主体。早在 1981 年，中央纪委《必须坚决制止高校招生中的不正之风》的附件就指出："要充分发挥群众的监督作用"，"任何人不得以任何形式对揭发者进行打击报复"。③ 2012 年，全国政协委员、复旦大学教授葛剑雄在全国政协教育联组讨论上，直接提出要求教育部彻查当年的研

①《关于严肃 2020 年度研究生考试招生复试录取工作纪律的通知》，http://jwb.usts.edu.cn/info/1070/2358.htm。
②《2016 年研究生考试大规模泄题案在湖北开审》，https://yz.chsi.com.cn/kyzx/kydt/201703/20170322/1592649822.html。
③ 北京市高等学校招生委员会办公室编《北京市研究生招生工作资料（1978—1982）》，内部资料，1987，第 115 页。

究生入学考试泄题事件。[1] 近几年，常有政协委员对研究生考试招生提出意见建议的情况，充分彰显了政协民主监督的特殊优势。因此，民主监督主体也是研究生考试招生监督的重要主体之一。

第六，其他不确定的社会公众群体。在信息时代，人们获取信息的途径和发布信息的途径更加多样便捷，给现代社会带来了很多不确定性因素。在研究生考试招生过程中，参与招生的教师和其他工作人员是披露有关问题的主要群体，媒体是推动有关问题发酵的主要推手，其他社会人员有时也会自觉不自觉地扮演舆论监督和群众监督的角色。如中国人民大学法学院对参加法律（非法学）硕士复试中存在实质性透露复试内容的 22 名考生作出取消相应科目成绩的决定[2]；上海师范大学也针对考生在 QQ 群中泄露复试相关内容问题进行调查，最终对英语笔译硕士专业学位研究生中的多位考生作出了取消录取资格的决定[3]。在特殊情况下，还会有其他主体的介入，如涉及军校招生的由军队相关部门负责；涉及港澳台侨招生的，外交部、公安部、国务院侨务办公室等相关部委要对联合招生进行共同监管。

三、监督决策：从分散的经验性向系统的科学性转变

监督机制是否科学主要体现为组织是否有效、决策机制是否系统。换言之，组织越有效，决策机制越系统，科学化程度就越高。

在我国研究生考试招生监督机制萌芽时期，由于现代化学制初步建立，还缺乏长期实践和大规模招生的检验，已经出现的小规模研究生考试招生也是由各招生单位自行组织、自行管理，基本处于缺乏统一监督的状态，且没有相对独立的监管机构。1912 年 10 月，中华民国北京政府颁布《大学令》，明确在大学里设

---

[1]《政协委员要求教育部就研究生考试泄题事件道歉》，https://edu.qq.com/a/20120308/000120.htm。

[2]《中国人民大学：22 名考生透露复试内容，计零分！》，https://m.gmw.cn/baijia/2021-04/10/1302222167.html。

[3]《上海师范大学：有考生泄露复试内容，取消相关考生拟录取资格》，http://k.sina.com.cn/article_1893892941_70e2834d02000zyz2.html。

大学院，规定"大学院生入院之资格，为各科毕业生或经试验有同等学力者"[1]，意即大学各科毕业生和同等学力者为研究生院的招生对象。大学院不设置毕业年限，经大学评议会审核合格者可获得相应的学位，但对大学院的入学考核未作进一步规定。1918年，《研究所总章》指出，高校的本校毕业生可以自愿申请进入本校的研究所，非毕业生需要得到研究所主任认可才可以进入研究所；其他高校的毕业生在经研究所主任认可后，还需征求校长认可才能进入研究所。[2] 可见，从制度上看，当时研究生入学是没有统一考试相关规定的；从实践中看，当时我国高校还没有正式启动研究生入学考试。

北京大学是我国最早实施研究生教育的大学之一。"1922年，北京大学成立研究所国学门。1925年，清华大学设立国学研究院。"[3] 但当时的北京大学研究所招生也没有统一的招生考试制度。由《研究所国学门研究规则》可知，北京大学对于研究生的报名资格无太多限制，本校和校外有研究成果者都可以报名，交由国学门委员会审查合格的，可以获得该研究所颁发的研究证，相当于现在研究生入学领取的证件——研究生证；至于报名的方式，本校本地的人可以直接到国学门登录室现场报名，外地的可以采取寄信方式进行报名，但审查程序相同；至于本校的老师，则无须进行资格审查，可以自愿报名到研究所学习。[4] 由此可知，当时的研究生考试招生采取的是"自荐—审批"制，与现在博士研究生"申请-考核"制不同的是，申请者无须参加笔试，研究所主任拥有录用决定权。也就是说，在此期间研究生考试招生是缺乏有组织的入学考试的，实际上也并未组织统一的研究生考试招生。

直到1935年南京国民政府效仿欧美国家的教育体制颁布实施《学位授予法》《学位分级细则》，之后又颁布了《博士学位评定会组织条例》和《博士学位考

---

① 陈学恂主编《中国近代教育史教学参考资料 中册》，人民教育出版社，1987，第197页。

② 北京大学：《北京大学日刊》，人民出版社，1981。

③ 覃红霞、陶涛、王晟：《中国早期研究生教育的实践——以厦门大学为例》，《厦门大学学报（哲学社会科学版）》2016年第1期。

④ 北京大学研究生院编《继往开来：北京大学研究生教育90年》，北京大学出版社，2008，第21页。

试审查及评定细则》等文件 ①，对学位的级别、学位获得者的资格和学位授予办法等作了规定，才有了与《大学令》相匹配的学位授予制度，并推动我国研究生考试招生走向实践。1934 年，南京国民政府颁布《大学研究院暂行组织规程》，要求建立研究生教育的组织机构，如在高等教育机构中设研究院，所招学生称为研究生，招生对象为国内外大学毕业生，招考形式为公开考试，教育部实行审核备案制。② 在研究生考试招生监督方面，大学评议会集体决议起主导作用，公开考试可防私弊，教育部审核备案具有程序性审查职能，凡此种种，大致能体现监督的意识，只是监督方式过于隐蔽，且作用未能充分展现。

中华人民共和国成立初期，党和政府兴办高等教育，将研究生考试招生列为国家教育计划，主要由教育部门实施，突出表现为自上而下、先计划后实施的特点，组织性很强。如由教育部制定《高等学校暂行规程》，先设立研究机构，再实施招生。1951 年，全国招收硕士研究生 500 名，招收方式是个人申请与学校推荐相结合；1955 年，在个人申请、学校推荐的基础上，增加了考试这一选拔方式，具体由招生单位组织实施；1956 年至 1962 年，教育部对硕士研究生入学考试的科目进行统一规定，如确定考试科目为政治理论、外国语，以及专业课 1 至 4 门，但具体的命题、考试方式等均由招生单位决定，赋予了招生单位较大的自主命题权。③ 也就是说，当时招生单位的招生自主权是比较大的。

1963 年 1 月，《高等学校培养研究生工作暂行条例（草案）》及 5 个附件 ④ 颁布实施，对我国研究生的招生、培养年限、课程设置、经费使用等进行更为详细的规定。教育部对硕士研究生入学考试的要求更高，规定更具体，其中将政治理

---

① 钟金明编著《中外学位制度与学位申请》，武汉大学出版社，1988，第 130 页。

② 中华民国教育部参事处编《教育法令汇编·第一辑》，商务印书馆，1936，第 123 页。

③ 教育部高校学生司编《1977—2003 年全国研究生招生工作文件选编》，北京航空航天大学出版社，2004。

④ 这 5 个附件分别是：《关于高等学校制订理工农医各专业研究生培养方案的几项原则规定（草案）》《关于高等学校研究生马列主义理论课的规定（草案）》《高等学校研究生外国语学习和考试的暂行规定（草案）》《关于高等学校培养研究生的经费、人员编制和研究生的助学金及其他生活待遇问题的几点规定》和《关于高等学校研究生学籍处理问题的几项暂行规定》。

论和外国语中的英语、俄语科目改为采用全国统一命题的方式，延续了基础课和专业课由招生单位自命题的方式，但对基础课和专业课的命题原则作了基本规定，即主要考查考生的基础理论知识和将理论应用于实际的能力。[①] 应该说，通过这次对研究生入学考试方式的修改，我国研究生入学考试"统""分"结合的趋势非常明显，一定程度上保障了全国各地区考试的科学性和安全性，提高了招生单位生源质量。但这一时期的研究生招生考试对招生规模、招生结构与社会经济科技的关系，招生学校办学资源和招生专业的设置，导师科研与学校招生计划的编制等问题还缺乏清醒的认识[②]，同时，研究生考试招生监督决策机制向科学化的发展进程也是在改革开放后才趋于明显的。

1978 年的硕士研究生考试招生，是我国研究生入学考试历史中的一次巨大变革，即首次将入学考试划分为初试和复试两个阶段，同时恢复由招生单位自命题和自行组织考试的招生方式。1986 年 12 月，教育部颁布《关于改进和加强研究生工作的通知》，文件的第一部分第二点明确指出要把改进和完善考试招生办法作为重要内容，加强对研究生招生工作的宏观调控，重视对招生单位培养条件和生源质量的评估，以适应经济社会发展对人才的需求，同时提出要加强对研究生入学和培养过程的评估检查，促进研究生招生培养单位提高研究生培养质量。从此，关于研究生考试招生的有关文件中，基本都会出现"监督"二字，监督成了研究生考试招生制度中至关重要的内容。1987 年，国家教育委员会考试中心（现教育部考试中心）成立，其首要职责是在党和国家教育方针及政策法规的框架下，起草有关考试的政策和规定，为考试提供政策依据，决策机构独立化进一步提高了研究生考试招生工作机制的科学化。

进入新时代，关于研究生考试招生的监督决策机制呈现系统性特点，如从 2014 年 7 月公布施行的《普通高等学校招生违规行为处理暂行办法》第三条规定可知，国务院教育行政部门、县级以上各级人民政府教育行政部门在研究生考

---

① 陈睿：《硕士研究生招生考试制度改革探析》，《教育理论与实践》2012 年第 10 期。

② 孟洁、史健勇：《中国研究生招生制度变革研究》，中国政法大学出版社，2013，第 36 页。

试招生中承担主管责任，国务院有关主管部门、社会和监察部门具有法律赋予的监督责任，明确了监督的决策机构和实施机构。同时，教育部分别于2016年和2018年印发了《普通高等学校招收和培养香港特别行政区、澳门特别行政区及台湾地区学生的规定》《教育部等四部门关于做好普通高校联合招收华侨港澳台学生工作的通知》，一系列文件的颁布加强了对在港澳台招收研究生的监督指导，明确了组织部门和监督事项，进而使得研究生考试招生监督工作研究生考试招生监督机制更加全面、完善。

由上可知，我国研究生考试招生监督机制是在改革开放后才开始受到重视。由党和政府主导，教育行政部门和招生单位组织开展。招生监督组织的确立促进了研究生考试招生监督工作更加独立，作用更加明显，决策更加科学，有力地保障了我国规模不断增大的研究生考试招生工作的顺利开展，对有效维护研究生考试招生的公平公正起到了重要作用。

第二章　研究生考试招生监督机制的运行逻辑

在坚持和完善党和国家监督体系的框架下，研究我国研究生考试招生监督机制，特别是对生成机理、主体要素、对象范围、监督工具等进行深入分析，有助于帮助我们认识其中原理，并有效对照检视当前存在的风险问题。

第一节　研究生考试招生监督的理论基础

由于研究生考试招生环节众多，工作复杂，考试安全形势依然严峻，必须通过健全监督体系来保障研究生考试招生全过程的规范运行，才能实现考试招生的科学性、公平性、安全性。研究生考试招生监督是对研究生教育的重要保障，招生录取的公平公正性备受社会广泛关注，涉及诸多主体和环节。因此，研究生考试招生监督至少存在两个方面的逻辑，一是教育公平与效率二者之间的内在逻辑，二是多元监督主体协同治理的发展逻辑。

一、教育公平与效率关系的内在逻辑

教育公平与效率相生相伴，二者的关系一直都是人们广泛关注的话题。在现代社会的教育考试中，公平与否在一定程度上可反映效率的高低，反之，也可以

从效率的高低中探寻是否实现了公平。处理好教育公平与效率的关系仍是我国考试招生的重中之重，特别是在高等教育考试招生中。研究生考试作为我国普通高等教育选拔性考试的重要组成部分，同时也是国家筛选高层次人才的重要方式。[①] 随着考研人数的剧增，研究生考试有了一定的规模和基础，研究生培养目标也开始向高质量方向转变。[②] 要想实现高质量的研究生教育就必须进行高质量招生，而高质量招生的关键就在于监督。在整个招生过程中，监督工作关系着社会切身利益以及亿万学子前途命运，承担着保障教育公平与兼顾效率的重要职责。

教育公平是社会公平的重要基础，招生监督是保障教育公平的关键一环。当前，由于我国不同地区在学校师资上存在巨大差异，以及教育资源分配不均导致学生研究生考试参考、后续录取机会产生偏差，无法实现完全意义上的教育公平。只有加强研究生考试招生监督，才能更好地保障考试的公平性。[③] 就我国硕士研究生考试招生而言，主要包括初试和复试两个环节。初试分为全国统一考试（含联合考试）、单独考试和推荐免试，学生大多数通过参加全国统一考试获取研究生入学资格。[④] 通常情况下，全国统一考试中的外语及政治两个科目均由特定的专家进行统考命题，专业课考试则由学校自主命题，考生则在规定的具体日期、地点、时间内参加各科目考试。对统考的监督主要集中在组织管理专家团队上，必须充分地考虑专家的地区来源、知识层次、命题偏向等来组织队伍，才能进一步确保试卷的合理性和科学性。相对于统考来说，自命题考试的灵活性、地域性、自主性更强，招考监督工作也更为复杂。自命题试卷通常由高等院校的各学院专家商讨编制，试卷出题人、审批人分布在全国各大高校，监督范围也不尽如意。[⑤]

---

① 张立迁：《中国特色硕士研究生考试招生制度的百年探索与新时代改革创新思考》，《中国考试》2021年第7期。

② 乔刚、杨旭婷、娄枝：《研究生教育质量治理：科学内涵、转变维度与实践路径》，《研究生教育研究》2021年第6期。

③ 车如山：《和谐视野中的研究生招生考试改革》，《教育与现代化》2010年第2期。

④ 陈睿：《关于硕士研究生考试招生制度改革的思考》，《中国考试》2011年第2期。

⑤ 高明国、袁建力：《关于改革现行硕士研究生招生制度的思考》，《黑龙江高教研究》2005年第1期。

在这样的情况下，高校自主确立的命题原则以及地方政府出台的相关考试条例则成了最好的监督工具。对于考试的监督，即使会面临许多现实困难，也要努力确保研究生招考工作做到起点公平、过程公平和结果公平，进而实现教育公平的目标。

硕士研究生考试全国统一初试、自主复试既透露着对教育公平的考量，也彰显了对教育效率的追求。[①] 其中，招考监督工作的重点目标之一就是提高考试整体效率，最大程度利用教育资源，减少考试成本投入的同时为国家输送更多的专业人才。要实现这样的目标就必须采取适当的手段，招考监督就是确保研究生考试发挥最大功能的必要手段。[②] 只有当考试费用、考场硬件设施、考研教育机构、考研师资等一系列教育资源得到有效监督管控时，考生才可能获得所需资源并不断改善学习条件。配置教育资源并不是一味追求事事都是最好，合理二字更为重要。效率讲究投入与产出，所以高校、政府必须根据考生的实际需求进行投入。[③] 招考监督划定了考试投入的警戒线，时刻提醒各高校要把握自身状况，避免出现噱头大、规模大、工程大的无用投入。当然，依靠政府的单方面监督是无法全面实现研究生考试效率提升的，必须在社会各界力量的支持下才能形成合理合规的办学办试规模，并最终实现教育效率的提升。

不论是教育公平还是教育效率，都必须在合规合理的招考监督下才能顺利实现。只有严格的招考监督才能保障每个人能拥有平等的教育权利和教育机会，从根本上保证每个人获得全面发展的可能性，为每个学生的未来保驾护航，最大限度地发挥出新时代人才应有的潜能。在保证教育公平的前提下兼顾教育效率，充分利用各种优质教育资源，提高教育的产出与效益。在看到考试效率的情况好坏后反思公平性，组织讨论监督工作可以精进之处。总而言之，研究生考试招生监

---

① 石火学：《教育政策公平与效率关系和谐的内涵与实现》，《中南大学学报（社会科学版）》2010 年第 4 期。

② 王志伟、王一：《教育评价改革下研究生招生程序正义的价值及实现》，《学位与研究生教育》2021 年第 11 期。

③ 张奎、祁泽平、楼晓悦：《高等教育公平、效率与制度改革》，《宁夏大学学报（人文社会科学版）》2004 年第 3 期。

督是符合时代特征的理性选择，要实现教育公平与效率二者之间的最佳平衡，就需要在招考监督中反复审视自身，不断摸索。

二、多元监督主体间协同的治理逻辑

党的十八届三中全会审议通过了《中共中央关于全面深化改革若干重大问题的决定》，文件明确提出要推进国家治理体系和治理能力现代化，并特别指出要完善学校内部治理结构。[①] 此后，高校治理成为学术界讨论的焦点。高校治理并非由学校完全独立完成，需要不同主体进行共同讨论。在此基础上，学术界进一步提出了高校协同治理的概念。协同治理指多元主体通过协调合作，形成相互依存、共同行动、共担风险的局面，产生合理、有序的治理结构，以促进公共利益的实现。[②] 协同意味着在系统秩序形成过程中，合作活动与竞争活动至少有同等的重要性，可以说在大多数情况下，合作活动起着主导作用。[③] 高校正是由合作活动起着主导作用而运营的组织，这进一步说明了在高校统一安排下进行的研究生考试对协同治理同样有所需求。另外，协同治理的治理主体往往呈现出多元化、多样化的状态，且各主体之间的子系统以及下级组织都有可能会参与治理。[④] 这样一来，研究生考试招生也会面临多元主体治理的情况，结合高校的复杂实际，招考监督只有在共同创造、协同治理的环境下才能顺利完成。然而，研究生考试招生是一个复杂的过程，包含众多环节，每个环节相互牵连，具有极强的保密性，其中主要涉及政府教育主管部门、高校招生单位、考生、社会等监督主体。

政府教育主管部门在现行的研究生考试制度中拥有较大的权力。一般情况下，教育行政部门负责进行考试计划审批、报考条件划定、考试时间规定、考试名单公布等详细工作的部署，招考监督自然也是其中之一。只有经过教育考试管

---

① 张衡、眭依凡：《大学内部治理体系：现实诉求与构建思路》，《高校教育管理》2019年第3期。

② 刘献君：《高校协同治理的路径探索》，《北京理工大学学报（社会科学版）》2022年第6期。

③ 王洪才、靳玉乐、罗生全等：《中国式高等教育现代化的多维思考与协同推进》，《高校教育管理》2023年第1期。

④ 于江、魏崇辉：《多元主体协同治理：国家治理现代化之逻辑理路》，《求实》2015年第4期。

理部门的精密部署才能实现招生考试时间、形式、平台的统一，同时也便于各级教育纪检监察部门制定详细过错惩罚细则来及时管控监督不力、不严的其他社会组织。① 在政府教育主管部门主动接受考生和社会监督的带领下，其他监督主体也要自觉行动起来，逐步形成更为规范、透明、公平、公正的阳光招生模式，以及不同利益主体相互制约的监督机制。

高校在研究生招生考试中起主导作用，监督工作更为复杂细碎。高校招生单位在研究生考试招生中拥有一定的自主权。招生单位作为研究生考试招生的管理主体，负责命题、初试、评卷、复试、调剂、录取等工作，其组织领导和统筹安排会影响研究生考试招生的最后结果。只有对高校招生单位进行监督，通过层层压实责任，不断强调对导师的责任规范，才能牢牢守住研究生考试招生工作的纪律红线。当前，高校在硕士研究生考试招生中主要负责复试环节的工作，而后续的研究生培养机制亦十分强调导师负责制，相应地，导师在复试中拥有了更多的自主权。② 博士研究生考试招生采用"申请－考核"制，目的是充分发挥博士生导师在博士研究生招生过程中的主导作用，选拔具有创新能力和学术专长的拔尖创新人才。可以说，高校招生单位赋予了导师权力，就要进一步监督好导师手中的权力是如何使用的，时刻提醒导师守好权责边界，谨防试题泄露、私下录取等情况的出现。另外，高校的招生考试部门要定期检查各学院及其导师的监督举报情况，在校内形成校级和院级双向监督、责任共担的机制。

考生在整个考试过程中也发挥着相当重要的作用，他们不仅是整个招生考试过程的参与者，也是招生考试进程的监督者。③ 可以说，考生是推动研究生考试招生监督机制不断优化的不可或缺的内在驱动力。就研究生考试而言，相对于只负责某一项专门任务的工作人员而言，参加考试的考生可能对考试的程序更为熟

① 张应强：《高等教育全面深化改革需要对高等教育改革进行改革》，《中国高教研究》2014年第10期。

② 伊影秋：《研究生培养机制改革的成效分析——基于研究生导师制度的视角》，《高教探索》2016年第4期。

③ 李军、吴海涛、单铁成：《考生权益视角下研究生招考制度运行困境研究》，《现代大学教育》2021年第6期。

悉，加上与自身利益挂钩，考生自然会花更多精力去关注考试的每一环节。因此，应适当将监督权向考生倾斜，为考生设立专属的考研监督举报平台和信箱，在选拔人才的同时也能鉴别人才，最大程度地利用广大考生提供的信息资源。值得一提的是，得益于大数据的快速发展，越来越多的考生正借助网络平台陆续参与考试招生的监督工作，并通过评论、转发相关话题来表达自己的看法。可见，考生可以与高校、相关教育主管部门进行无接触的远程沟通。作为研究生考试的主要参与者，考生这一群体逐渐发展成为监督研究生招生考试公平的目的性组织，逐渐成为推动研究生考试制度发展的重要力量。①

社会作为研究生考试招生监督不可或缺的重要主体，在促进研究生考试招生公平中发挥着积极的作用。在社会层面，公民、社会团体、大众传媒等可以依据宪法和其他法律赋予的权利，对执政党和政府的一切行为进行监督。其中，对于研究生考试招生相关工作，上述群体在信息公开的情况下同样有权进行监督。社会监督作为研究生考试招生监督的重要组成部分，主要是通过公民监督、舆论监督两种方式进行。②公民监督体现在常态化的考试中，各高校及教育考试部门都开通了社会举报电话和信访网络窗口，以供广大社会公民进行实时监督举报。舆论监督主要是通过手机、电视、电脑等信息传播媒介实现的，并通过微信、微博等社交软件平台的推送文章产生作用。③推文会因高阅读量、点击量、点赞数等在社会各层面引起广泛关注，并在社会各界的批评与建议中最终形成对研究生考试招生的舆论压力。舆论监督在社会监督中具有重要作用和社会效应，是其他监督形式不可比拟的。④通过线上、线下传播媒介对高等教育活动中的偏差等行为进行揭露，能促使研究生考试招生工作的监督得到强化。

综上所述，在多元主体的共同作用下，研究生考试招生形成了由政府全力支撑、高校主导牵引、考生自觉维护、社会广泛参与的协同监督体系。当前，我国

① 许慧清：《大学外部治理视野中的社会监督》，《中国高教研究》2013 年第 1 期。
② 郭琳：《后疫情时代硕士研究生招生复试改革的思考》，《中国考试》2022 年第 3 期。
③ 张力文：《构建互联网思维下社会组织的社会监督机制》，《人才资源开发》2018 年第 6 期。
④ 赵园园、张明军：《协同监督的现实困境及拓展路径》，《行政论坛》2020 年第 4 期。

在研究生考试招生监督上仍处于不断探索的阶段，监督主体、方式、工具略显不成熟，但越是这样就越要强调多元主体之间的沟通，并进行多层次、全方位的监督实践。多主体的协同监督是高校治理的必然选择，不论是政府、高校、考生还是社会都要相互信任、相互监督，只有这样才能促进高等教育的高质量发展。

第二节　我国研究生考试招生监督主体构成

监督主体是研究生考试招生的实施者，在党和国家监督体系的大框架下，研究生考试招生监督主体是多类型、多层次的，他们既互相制约也互相补充，构成了多层级交叉重叠的复合关系。

一、多元监督主体关系分析

"机制"原本是物理学的一个概念，后广泛应用于生物学、经济学、社会学、政治学等多个学科领域，一般是指"特定对象整体的各个结构要素之间的相互联结和相互制约方式，以及依据特定目标实现整体功能的方式"[1]。鉴于机制包含了客观规律、内在结构、运行方式等三种不同含义，在社会科学领域，李松林建议对机制作如下定义："遵循和利用某些客观规律，使相关主体间关系得以维系或调整，实现预期的作用过程。"[2] 该定义更加强调主体间关系的调整和作用发挥的过程性。因此，主体关系是监督机制最基础的内容之一。

从各主体之间的关系来看，监督主要可以分为三种类型，即"上对下的监督

---

[1] 李松林：《体制与机制：概念、比较及其对改革的意义——兼论与制度的关系》，《领导科学》2019 年第 6 期。

[2] 李松林：《体制与机制：概念、比较及其对改革的意义——兼论与制度的关系》，《领导科学》2019 年第 6 期。

（其目的和功能在于强化刚性管理），下对上的监督（其目的和功能在于完善民主管理），以及平等主体之间的监督（其目的和功能在于实现彼此制约）"[1]，因此，不同监督的内容、形式因主体不同也有较大不同。例如，行政监督有广义与狭义之分，狭义的行政监督主要是指"以行政机关为监督的主体，依行政管理职权，对管理对象及所管的事务实施的监督检察活动"[2]，属于行政行为。又如，公众和媒体对公权力的执行机关和相关人员也会进行披露、批评和建议，"进而形成舆论，督促相关机关及人员及时予以回应和纠正"[3]，这也被称为舆论监督。政治学上主要研究的党内监督，大多数情况下专指中国共产党为提高长期执政能力而进行的自我净化、自我完善、自我革新、自我提高的举措。

　　研究生考试招生监督机制是对公权力的监督，从本质上看，一方面，研究生考试招生是国家人才选拔和高校培养学生的重要工作，直接关系国家考试招生公共利益的实现，其具体实施属于国家公权力的范畴；另一方面，考试招生还关乎每一个社会成员的个人利益的实现，行使考试招生权的相关人员也是社会成员，这就导致他们必然"面临着滥用权力、谋取私利的诱惑"[4]，因此，对其运行状况进行制约和监督是国家公权力制约的重要内容。党的十九届四中全会强调，要对权力运行进行制约和监督，形成决策科学、执行坚决、监督有力的权力运行机制，构建"决策—执行—监督"的权力运行机制框架，这是对马克思、恩格斯提出的"议行分开"和列宁提出的"议行监分开"的权力结构和权力运行思想的继承和创新。[5]从我国的实践来看，从20世纪80年代以来，党内监督的专责机关——纪律检查机关和国家监察机关先后参与研究生考试招生监督工作，与研究生考试招生主管部门、招生单位一起共同形成研究生考试招生的法定的监督力量。

　　目前，在我国研究生考试招生监督机制中，监督主体主要包括教育行政及其

① 朱秋卫：《我国检察权的定位及职权配置研究》，中国政法大学出版社，2012，第93页。
② 李青山编著《行政管理学》，北京农业大学出版社，1997，第164页。
③ 李延枫：《舆论监督：概念辨析与重新认识》，《新闻与传播研究》2017年第4期。
④ 覃红霞：《高校招生考试法治研究》，华中师范大学出版社，2007，第139页。
⑤ 董瑛：《中国特色权力运行制约监督机制的三重逻辑》，《甘肃社会科学》2021年第2期。

他相关主管部门、招生单位、纪检监察机关（含派驻机构）、媒体机构、社会公众、考生及其家长等。教育行政及其他相关主管部门、招生单位、纪检监察机关（含派驻机构）开展监督的主要措施和手段是查阅考试招生中的重要文件资料、参加相关会议、现场检查、听取群众反映、与相关人员进行谈心谈话等；媒体机构、社会公众、考生及其家长等监督研究生考试招生的主要方式方法是查阅已公开的文件资料，将之与自己掌握的信息进行比对，再向相关部门举报违法违规问题；其他公众可以行使批评建议权对研究生考试招生进行监督。

　　从实施层面来看，我国研究生考试招生监督机制侧重内部监督与外部监督的结合，突出对"关键少数"、关键环节的监督，更加重视外部监督的反馈意见；在制度建构上更加突出纵向监督与横向监督交叉模式，形成了以上下级的领导制约与同级的监督制约为主，以民主监督、舆论监督、群众监督等为辅的基本框架。概言之，我国研究生考试招生监督是通过各个主体的相互制约来发挥作用的，如图 2-1 所示。

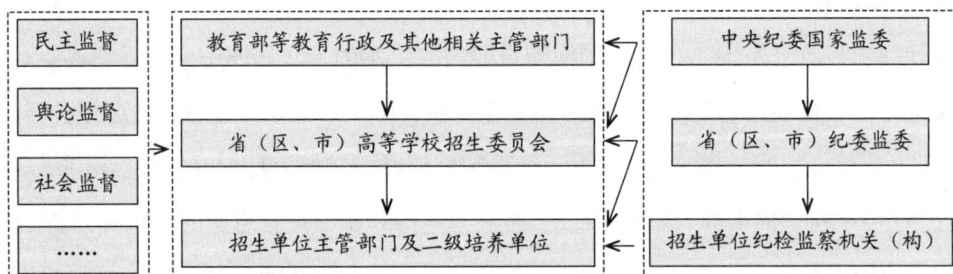

图 2-1　我国研究生考试招生监督内外结合、纵横交叉机制简图

　　随着网上招生录取管理工作的逐步普及，研究生考试招生监督机制也得到了相应发展。2003 年，《教育部普通高等学校招生录取工作监督办法》颁布实施，提出了监督要适应网上招生录取工作的规律和特点，从规范监察、加强管理和督查、严格审查等方面提出健全和完善监督制约机制的要求。比如，该办法第九条规定：在送高校领导审批前，高校的招生监察部门有对招收保送生、自主选拔录取的名单，统考统录的预录名单、退档名单，以及使用调节性计划录取的名单等

进行复核的权利和责任。这一规定更加强调了监督部门在关键环节中的审核把关作用。

随着监督法定资源越来越多和监督自身发展规律的显现，我国研究生考试招生监督机制日益完善，各监督主体间的相互衔接越来越紧密，并形成了内部监督与外部监督相结合、纵向监督与横向监督相交叉的立体监督机制。

二、专责监督机构及其职责

在研究生考试招生监督主体中，我国各级纪检监察机关（机构）是专责监督机构，这是由党章党纪和国家法律明确规定的。各级纪检监察机关的监督职责是《中国共产党章程》《中国共产党纪律检查机关监督执纪工作规则》《中国共产党纪律检查委员会工作条例》《监察机关监督执法工作规定》等党内法规，以及《中华人民共和国监察法》《中华人民共和国监察法实施条例》等法律法规具体规定的，如《中国共产党章程》规定："党的各级纪律检查委员会是党内监督专责机关"，《中国共产党纪律检查委员会工作条例》规定："党的各级纪律检查委员会是党内监督专责机关，是党推进全面从严治党、开展党风廉政建设和反腐败工作的专门力量"。党内监督是中国共产党为践行全心全意为人民服务、永葆纯洁性和先进性而制定的内部监督制度，是党的自我革命精神的集中体现。从中国共产党的百年历史来看，党内监督与党外民主共同"保证了党长盛不衰、不断发展壮大"[1]。近十年来，党内法规建设取得重大成效，党内监督作用彰显，"全面从严治党取得了历史性、开创性成就，产生了全方位、深层次影响"[2]，纪检监察机关的作用更加凸显。

但在不同的历史时期，反腐败斗争的形势、情况都会发生一定的变化，纪检监察机关的监督职责也会表现出不同的特点。在腐败和反腐败呈胶着状态，以及

---

[1]《习近平在十九届中央纪委六次全会上发表重要讲话，强调坚持严的主基调不动摇　坚持不懈把全面从严治党向纵深推进》，《人民日报》2022年1月19日。

[2]《习近平在十九届中央纪委六次全会上发表重要讲话，强调坚持严的主基调不动摇　坚持不懈把全面从严治党向纵深推进》，《人民日报》2022年1月19日。

反腐败形势严峻复杂，反腐败体制机制还不健全、不完善的情况下，纪检监察机关的监督更多表现为对突出腐败问题的严惩，查处"大案要案"成了一个时期反腐败斗争"治标"的重要举措。在反腐败斗争压倒性态势已经形成并逐步进入深化拓展阶段时，反腐败斗争的工作重心已由"以治标为主"向"深化标本兼治"转变，工作内容也从重查处向重监督转变。在这样的形势下，纪检监察机关的监督不再是一般性的"跟着看"和"帮着做"，而是更加独立于职能部门监督之外的"再监督"。

2014 年，中央纪委根据反腐败斗争形势的新变化提出了转职能、转方式、转作风的工作要求。其中，在转职能上，强调要在明晰主体责任与监督责任的基础上，通过督促主体责任落实推动工作合规合法，而不是一味冲在最前线，甚至直接代替履行主体责任。所以，现阶段，把握"监督的再监督"是纪检监察机关正确履行监督职责的关键词。

在研究生招生单位，为了防止出现违规违纪问题，纪检监察干部通常会和各职能部门的干部职工一起在一线工作。在研究生考试招生工作中，招生单位的纪检监察部门会派纪检监察干部与研究生招生管理部门（研究生院）的工作人员一起看管保密室、押运试卷、巡查考场等，但在这个过程中，纪检监察的监督职能未能很好发挥。现在，高校纪检监察机构会聚焦重点领域和关键环节的监督检查，在研判已发生的违规违纪问题和梳理相关领域廉政风险的基础上，进一步明确高校防范廉政风险的重点领域和关键环节，如党建工作、选人用人、招生考试、评优评奖评先、师德师风、物资采购、基建工程、绩效分配、职称评聘等。这些是高校纪检监察部门应靠前监督、重点监督、精准监督的领域。

从上文可知，在研究生考试招生中，各级纪检监察机关承担监督专责，是纪律监督和监察监督的重要力量。现阶段，高校的纪检监察机构（含派驻机构）主要是对研究生考试招生中的关键环节、"关键少数"进行重点监督，如列席会议、查阅文件、谈心谈话、接受群众反映、审查调查等，在研究生考试招生的有序实施中起到了重要作用。

因此，在研究生考试招生工作中，梳理关键环节是做好监督工作的重要前提。

2000 年,《教育部关于普通高等学校招生监察工作的暂行规定》印发,文件指出,研究生考试招生中存在重大风险的程序和环节有考风考纪、评卷登分、录取新生等,应加强监督检查;还规定了监察的具体事项,包括新生入学资格审查工作等。由此可见,研究生考试招生中的关键环节主要有自命题组织、试卷保管、考风考纪、评卷登分、复试审核、录取新生、新生入学资格审查工作等。总而言之,该文件为准确研判研究生考试招生中的风险环节提供了可靠的依据。

为进一步找准研究生考试招生的关键环节,把握监督重点,优化监督机制,笔者结合日常监督工作实际,设计开展了系列访谈活动。通过访谈笔者发现,近些年一直从事研究生考试招生的一线工作人员的想法是值得参考的。如访谈对象普遍对"当前研究生考试招生规范化法治化水平"是满意的,但是在问及研究生考试招生制度的漏洞或瑕疵时,访谈对象有不同的想法。

问 1:您认为研究生考试招生制度上有没有漏洞或瑕疵?如果有,具体是什么环节、什么问题?

访谈对象 A(从事研究生考试招生工作 8 年):没有漏洞,但有瑕疵。建议初试取消自命题考核环节,将自命题考核移至复试环节。

访谈对象 B(从事研究生考试招生工作 6 年):有一点,具体是对综合排名靠后的大学不公平,招生名额少,好的学生大多都往好的大学去了。

通过访谈可知,工作人员对研究生考试招生中的自命题考核环节和招生名额的分配充满了担忧。具体到研究生考试招生过程中可能发生的违规违纪问题,访谈对象认为,在相关人员的保密教育、复试环节的考前检查和本校学生参加的复试等环节都容易出现违规违纪问题。

问 2:您认为研究生考试招生实践中发生较多的违规违纪问题有哪些?发生这些问题的主要原因是什么?

访谈对象 A(从事研究生考试招生工作 8 年):自命题环节可能出现违规违

纪问题，原因是命题人员可能未参加培训，保密意识不强。

访谈对象B（从事研究生考试招生工作6年）：复试期间容易出现违规违纪问题，主要原因是专家和学生有时容易忽略细节问题，例如，带手机进入考场。

访谈对象C（从事研究生考试招生工作10年）：面试环节容易出现违规违纪问题。如在对学生的综合素质进行评分时，个别考官会给本校学生印象分。这也是和本校学生报考集中，老师在四年的课程学习和实验教学中对学生的了解程度有关。

当问及研究生考试招生的风险防范的重点时，访谈对象认为主要集中在试题库建设、相关人员的教育引导这两个方面。

问3：您认为今后防范研究生考试招生廉政风险的重点是什么？

访谈对象A（从事研究生考试招生工作8年）：建立专业试题题库和复试试题题库。

访谈对象B（从事研究生考试招生工作6年）：我认为，防范研究生考试招生廉政风险的重点有：①领导、专家和工作人员需要经常开展教育培训。②加强法治教育。③加强考生教育。

访谈对象C（从事研究生考试招生工作10年）：从管理层面来说，对招生工作的风险点都考虑得很全面，下一步应加强对复试阶段面试试题出题的管理和面试阶段考官职责的培训。

不过，相对于硕士研究生的考试招生，访谈对象对博士研究生招考有不同的看法，从保证招生质量的角度考虑，应该适当增大博士生导师（群体）的招生自主权，但要完善导师管理考核机制。

问4：您认为在博士研究生考试招生中，博士生导师的权力大不大？今后博士生导师（群体）的招生自主权应该增大还是应该减少？为什么？

访谈对象A（从事研究生考试招生工作8年）：按照现在的招考程序，确实需要给导师一定招生自主权，但需要进一步完善导师考核机制。

访谈对象B（从事研究生考试招生工作6年）：博士生导师在招生工作中起的作用较大，这与博士生的培养方向有关，学科组意见应成为博士招生的重要选才依据。

访谈对象C（从事研究生考试招生工作10年）：导师招生权力应增大。因为博士生培养更能体现导师的学术水平，如果研究方向和研究兴趣不同的博士生进入同一导师领衔的研究生团队，对老师和其他博士生都是负担。

访谈对象D（从事研究生考试招生工作5年）：现在的"申请－考核"制确实需要给导师一定招生自主权，但要加大对导师的考核管理。

根据访谈情况，再结合长期的监督研究生考试招生工作的实践，笔者认为重点领域和关键环节存在的问题主要有：碍于人情，收受礼品礼金等，泄露考试内容；未严格执行保密制度，在命题、审核、印刷过程中出现泄密；未严格审查比对近年考题，导致相同题目再现，造成重大失误或重大舆情；主考、监考环节违反学校相关规定，造成不良影响；因人情或收受好处，更改考试成绩；资格审查不严格、不认真，出现不符合条件人员取得考试资格或被录取情况；受人情因素影响，在调剂环节、考核面试环节不公正；相关人员未按规定报备、回避；未按程序进行成绩或拟录取名单公示，未对举报反映情况进行认真核实；执行上级文件要求不到位，相关程序操作不规范等。

上述调研和实践中发现的问题，有利于加强研究生考试招生的精准监督，也为进一步探讨研究生考试招生的廉政风险和监督路径优化提供了一定的现实依据。

第三节　我国研究生考试招生监督对象性质

监督对象在研究生考试招生监督机制中处于被监督的地位。总的来说，研究生考试招生监督的对象可以概括为拥有考试招生公权力和行使相关公权力的机构和人员。之所以能将这些机构和人员归属于研究生考试招生的监督对象，既与其特定的职责、岗位、身份有紧密关系，也与其在研究生考试招生中的行为有重要联系。在划分监督对象基本类型的基础上，对其违规行为构成要件加以分析，是判断其行为性质的基本标准。

一、监督对象的基本类型划分

我国研究生考试招生监督对象是随着实践逐步确认的。在恢复研究生招生初期，较早被明确为监督对象的是招生管理部门、招生单位及相关个人。《关于做好1999年全国研究生录取工作的通知》专门强调，从维护考试招生的纪律和确保招生质量的角度出发，要加强对考试招生的纪律约束，增强招生管理部门和招生单位的领导组织能力；同时狠抓责任落实，规定凡是违反考试招生录取有关规定的招生单位，应承担被通报批评、扣减招生计划等后果，对违反有关招生纪律的个人，则应给予其相应的党纪处分，情节严重的，还可追究其法律责任。从中可以看出，如违反研究生考试招生相关工作纪律，无论是相关单位，还是相关个人，都将成为被追究相关责任的对象。

一年后（2000年），《教育部关于普通高等学校招生监察工作的暂行规定》印发，明确把招生工作（包括研究生招生）纳入国家行政监察的范围，指定教育部及监察部驻教育部监察局负责指导、检查全国普通高等学校的招生监察工作，各地普通高等学校招生委员会下设招生监察办公室。该规定还指出，招生监察部门有权全过程监督考试招生工作，检查考风考纪、评卷登分、录取新生等环节，重点检查考生电子档案制作、新生入学资格审查工作。该规定将行政监察与纪律检查并列作为监督研究生考试招生工作的重要力量，并把全部参与考试招生的人员作为监督对象；同时赋予了招生监察部门向司法移交案件的权力，增加了其在考试招生方面的震慑力。

2005年，《教育部关于实行高等学校招生工作责任制及责任追究暂行办法》发布，明列了八种须追究相关责任的违规行为。在加大监督力度的同时，其他相关主体的责任也逐步明晰。比如，以往较为重视对招生单位、分管领导、相关工作人员的责任划分，随着研究生导师参与研究生考试招生工作的人数不断增加、复试或面试分值比例的不断扩大，人们越来越关注复试或面试的公平性以及研究生导师在其中的作用。2007年，教育部《关于做好2007年全国研究生录取工作的通知》指出要"进一步加强复试工作，尤其要强化研究生导师在复试中的责任，要着力开展对研究生导师的培训工作，提高其选拔评价能力，全面提高复试工作质量"。因此，加大对复试相关程序的监督，确保录取公平公正，还要重视研究生导师的作用，加大对研究生导师群体的监督。

从上得知，研究生考试招生监督是对研究生考试招生公权力的监督，监督对象是拥有和行使公权力的组织和个人。还有一类监督对象虽然比较常见，但很少被明确划入监督对象的范围，那就是妨碍研究生考试招生公权力正常行使的组织或个人，如考生和组织作弊的团伙等。

2004年5月，中华人民共和国教育部发布《国家教育考试违规处理办法》，为处理考试招生（包括研究生考试招生）中的违规行为提供了直接的法定依据。该办法明列了考生可能存在的9种违纪行为表现形式（含1条兜底条款）和9种作弊行为表现形式（含1条兜底条款），以及在考后应当被追认为实施作弊的4种情形（含1条兜底条款）。对考生存在考试违纪问题或作弊问题的，可根据具体情形给予取消该科目的考试成绩、判定当次报名参加考试的各科成绩无效、取消录取资格等处理，情节特别严重的则移交公安机关或司法机关处理。其他工作人员存在违规问题的，也应给予相应的行政处分。特别是对利用高科技手段进行作弊的行为，可加重处理。由此可以得知，考生及其他非招生管理机构和招生单位的个人也是研究生考试招生的监督对象。

综上所述，研究生考试招生监督对象主要可以分为三类：第一类是直接参与研究生考试招生组织管理工作的教育管理部门、招生单位及其相关工作人员，这类对象主要以行使考试招生公权力为表征；第二类是直接参与研究生考试的考生，这类对象以获得公平考试权为主要表征；第三类是其他不特定对象，主要是以实施妨碍研究生考试招生工作的行为、影响考试秩序等为主要表征。通过对比发现，三类监督对象在主体身份、行为特征、价值取向上各有不同，主要区别如表 2-1 所示。

表 2-1 我国研究生考试招生监督对象主要特征对比

监督对象类别	身份	行为特征	价值取向
教育管理部门、招生单位及其相关工作人员	公职人员，及在研究生考试招生工作期间具有公权力的相关人员	在此期间行使考试招生公权力	维护考试招生公平、秩序稳定
考生	报名参加研究生考试的人员	按相关规定参加研究生考试	获得公平考试权和录取资格
其他不特定对象	不确定	妨碍和影响考试招生正常秩序	获取不正当利益

一般而言，社会公众对前两类监督对象较为关注，第三类监督对象因其不确定性和隐蔽性较少受到关注。因此，在分析研究生考试招生监督对象基本类型的基础上，还需进一步分析在研究生考试招生中常见违规行为的构成要件，从而为监督主体提供判断依据。

二、监督对象的违规行为构成

构成要件是我国法学理论界和实务界在分析犯罪行为时会经常用到的一个概念。张心向认为，在学界已有的对构成要件要素分类的基础上，还可以把"法条文本概念的构成要件要素与作为司法裁判类型的构成要件要素也可以成为一对构成要件要素的分类类型"①。其中的"文本概念"是一种法条表达,"裁判类型"是一种应用状态。判断研究生考试招生过程中存在违规行为,可以借助法学界构成要件的相关理论和实践经验,从文本概念出发,结合实践情形,对研究生考试招生中的违规行为构成要件进行一定分析。

在研究生考试招生的规范文本中,《普通高等学校招生违规行为处理暂行办法》(教育部36号令)第六条规定,违反国家招生管理规定的高校、直接负责的主管人员和其他直接责任人员,视情节轻重依法给予相应处分;涉嫌犯罪的,依法移送司法机关处理。其中的文本概念构成要件为:违规行为主体是高校,以及其中负责研究生考试招生的主管人员和其他直接责任人员;违规行为的性质是与国家招生管理规定内容相违背;违规行为的后果是行政处分,甚至移交司法机关处理。

《中国共产党纪律处分条例》第一百四十五条规定:"在考试、录取工作中,有泄露试题、考场舞弊、涂改考卷、违规录取等违反有关规定行为的,给予警告或者严重警告处分;情节较重的,给予撤销党内职务或者留党察看处分;情节严重的,给予开除党籍处分。"意即违纪主体是从事考试招生工作的中国共产党党员,包括组织、命题、保管、监考、评阅、统分、录取等各个环节的相关人员,也包括参加考试的学生党员;违纪行为分为泄露试题、考场舞弊、涂改考卷、违规录取等违反既有规定的;违纪结果分为一般情节、情节较重、情节严重三个档次;违纪后果既包括党内处分,也包括移送司法机关追究法律责任。

在实践中,判断某一主体是否违反上述条款规定,涉及文本概念构成要件的具体应用和裁判类型构成要件的相关转化,主要是从主体、行为、结果,以及行为与结果之间的因果关系等几个方面进行分析和判断。第一,要判断主体身份是否属于特定主体,即中共党员,否则就是一般主体;第二,判断其行为是否与考试招生有关,以及是否存在违反国家招生管理规定的情形;第三,判断其行为造成的结果及影响属于哪一种档次的情形;第四,还要判断该主体行为与结果之间有无因果关系。根据实践需要,对研究生考试招生违规行为的认定,还要充分考

---

① 张心向:《构成要件要素:从文本概念到裁判类型》,《东方法学》2020年第1期。

查组织、命题、保管、监考、评阅、统分、录取等各个岗位的相关人员是否具备有责要素，即理顺工作职责与违规行为之间的关系。

案例：

某大学研究生考试命题教师在命制试题时，未认真阅读命题科目要求，导致自命题科目试题内容与考试大纲出现严重偏差，考试未能正常进行。事后，相关人员分别受到撤职、记过、取消研究生考试招生资格、调离研究生考试招生工作岗等处理。[①]

在该案中，违规行为主体貌似只有直接命题的老师，其实还有审查把关人员、命题小组和招生单位组织人员等，这是文本概念无法直接告知的信息。因此，不仅要查验直接命题老师的主体身份，还要查验其他相关主体的身份。其中的违规行为本身表现为"自命题科目试题内容与考试大纲出现严重偏差"，与考试目的要求不吻合，侵犯的对象是研究生自命题相关规定，造成的结果是未能如期举行该科目的考试，且该科目命题违规直接影响招生单位的考试安排和考生的应试安排。尽管行为主体无主观故意，但是考虑到研究生考试自命题具有一定的规范性要求，命题老师"未认真阅读命题科目要求"，其他审查把关人员、命题小组和招生单位组织人员等未及时发现并造成一定影响，因此，可以认定行为主体具备责任能力，但未正确履行研究生考试招生中的职责要求，追究命题老师和相关人员违规责任可行且具有一定的惩戒效果。由于该案行为主体为非党员，适用《普通高等学校招生违规行为处理暂行办法》（教育部36号令）相关规定，分别给予相关人员撤职、记过、取消研究生考试招生资格、调离研究生考试招生工作岗等处理。

由此可知，在考试招生违规行为构成要件中，不光是要对文本概念构成要件的主体、行为、对象、结果、因果关系等内容进行判断，还要对文本之外的有责要素进行考查，即综合考虑行为主体的主观认识、责任能力与惩戒效果等各种因素，

---

① 根据教育部有关情况通报整理。

综合判断行为主体是否应当承担相应的纪律责任。只有当违规行为同时具备违规构成要件和有责要素时，且无其他正当理由排除的，才可认定为构成违纪行为。

对研究生考试招生中的违规行为构成进行分析，仅以违规构成要件和有责要素进行分析是不够的。中国研究生招生信息网制作了"研考作弊已入刑，自作聪明毁一生"的专题网页，公布了一起典型的组织舞弊案。

案例：

王某是一名大龄考生，大数据精准截取了他的考研信息，向他的电脑推送了网络广告："国家研究生考试，7天速成，包你考过，不过退款！"王某根据广告提供的内容，把名为"低调小小"的客服添加为微信好友。聊天中，"低调小小"告诉他，只要交五六万元的费用，考试包过没问题。

看王某有些犹豫，对方便说："把你的报名信息发给我，我给你报名，济南考研通过率高，我们在当地给你缴纳两个月社保，安排一个虚拟的工作单位，你就能在济南考试了。"于是，备考心切的王某向其提供了自己的身份信息。

济南市公安机关迅速成立了专案组，开展调查取证工作，随后，办案民警在济南市某宾馆将4名嫌疑人抓获。当日，团伙内其他成员慑于压力投案自首。经审讯，李某肖等人组织全国19个省市数十名考生参加了2020年全国硕士研究生考试作弊。随后，专案组民警顺藤摸瓜，于2021年4月将涉嫌介绍购买作弊设备、提供考试试题答案的犯罪嫌疑人抓获归案。

本案中王某等人因考试作弊，导致考试科目成绩为零，被记入本人的诚信档案，经层报教育部备案，暂停参加各种国家教育考试。

法院经审理认为，李某肖等7名被告人在国家考试中存在组织作弊行为，情节严重，构成组织考试作弊罪，依法应予刑事处罚，法院遂依法对7名被告人因犯组织考试作弊罪分别判处有期徒刑三年六个月至宣告适用缓刑不等刑罚。一审宣判后，7名被告人均未提出上诉。[1]

---

[1] 《研考作弊已入刑，自作聪明毁一生》，https://yz.chsi.com.cn/yzzt/waringtk2015。

　　该案例说明，对于违规行为构成已经达到刑法规定的要件标准时，便启动相应的法律程序，通过司法追究行为人相应的刑事责任。具体判断过程中，依据《中华人民共和国刑法修正案（九）》相应条款，对照犯罪行为构成的四要素进行判断，对此，潘天文认为组织考试作弊罪的直接对象是考场秩序，所侵犯的客体是"国家对考试组织的管理秩序和其他考生公平参与考试的权利"[①]，其客观方面包括多种作弊行为和参与作弊行为，其主体既包括自然人，也包括单位组织等；主观方面既包括故意犯罪，也包括过失犯罪，这些对深层次认识研究生考试招生违规行为具有一定参考价值。

第四节　我国研究生考试招生监督主要工具

　　本节所论述的"工具"是监督的必备器具和手段，从事物形态上来区别，研究生考试招生监督工具主要可以分为制度性工具和器物性工具。在当前阶段，研究生考试招生监督的制度性工具主要是不断完善的制度规约，器物性工具主要表现为不断发展的信息技术手段。

一、监督制度规约

　　20 世纪，我国研究生考试招生工作中的人工占比较大，计算机辅助招生占比较小，工作错漏难以避免。1985 年 12 月，第一次研究生入学考试改革工作研讨会在北京召开，教育行政部门和部分高校代表参加会议，就如何改革研究生考试招生入学考试办法提出了很好的设想和建议，对规范研究生入学考试具有重要意义。[②]

---

① 潘天文：《组织考试作弊罪的构成分析研究》，《法制与社会》2016 年第 4 期。
② 林晓满：《关于研究生入学考试的标准化和改进招生办法的初步设想》，《学位与研究生教育》1986 年第 1 期。

我国高等教育进入大众化阶段后,给巩固和提高研究生教育质量带来了巨大的挑战,人们在很长的一段时间内把招生数量的增加看作培养质量下降的主要原因,其实,"导致研究生教育质量滑坡的症结,不是规模扩大本身,而是与追求卓越的教育思想相左的教育观念和与培养精英人才格格不入的社会氛围"①。为改变这种状况,党和政府一方面在大力构建内外结合的研究生教育质量监督体系,另一方面着眼于全党和全社会的长远发展,在推动纪检监察体制机制改革中,加强对公权力的制约,不断推动研究生考试招生监督走上制度化道路。"过程监督必须充分体现在每一个环节中"②,"将关键环节(命题、制卷、整理试卷、阅卷、输入成绩)分解到数人执行,使每个人员的工作都置于他人的监督之下"③。通过梳理关键环节、分解工作任务,实行精细化管理和进行规范化监督成了监督部门共同努力的方向。

在 2001 年的全国普通高校招生工作总结研讨会上,有关学者根据研究生教育发展的趋势提出了"依法治招""依法治考"的理念。④ 治理是现代社会的重要特征,研究生考试招生是社会治理的重要领域。作为一种理论或理念,"依法治招""依法治考"或者"法治招考"的提出反映了市场经济体制改革及其公平竞争观念在教育领域的日益深入⑤,符合研究生教育从粗放型向精细化、小规模向大规模等转变的内在要求。深层次地看,这也是"依法治校"的一个缩影,符合当前我国公众对考试招生公平公正的价值期待,应该成为共同的社会价值和招生单位发展的价值共识。

教育部在 2011 年 8 月发布《教育部关于做好 2012 年招收攻读硕士学位研究生工作的通知》,其中有以下五点要求:第一,要深化改革创新考试招生体制机制;

---

① 刘鸿:《我国研究生培养模式研究》,中国海洋大学出版社,2007,第 160 页。

② 阎俊、谢晶:《"双一流"建设背景下博士研究生"申请-审核"招生制度刍议》,《高教学刊》2020 年第 35 期。

③ 杨逢华主编《研究生教育的改革与探索:对外经济贸易大学研究生教育研究论文集》,对外经济贸易大学出版社,2004,第 403 页。

④ 何宗焕:《加强监督 依法治招 把招生管理工作推上新台阶——二〇〇一年全国普通高校招生工作总结研讨会在长沙召开》,《湖南教育》2001 年第 23 期。

⑤ 覃红霞:《普通高校招生考试法治化研究》,《教育研究》2006 年第 4 期。

第二，从专业学位研究生的招考入手优化研究生教育结构；第三，把研究生考试安全放在更重要的位置；第四，重视通过招生办法的改进减少优质生源流失；第五，加大研究生考试招生规范化程度。在其附件《2012年招收攻读硕士学位研究生管理规定》中，又对管理机构及其职责、招生计划、报名、命题、初试、评卷、复试、调剂、录取、违规处理等各个方面都作了规定。2012年，《国家教育考试违规处理办法》修订，提出了操作性较强的惩罚措施，对促进研究生考试招生更加公平公正起到了一定的社会震慑作用。教育部2014年6月9日第17次部长办公会议审议通过《普通高等学校招生违规行为处理暂行办法》，其中对违规行为认定及处理办法和招生责任及责任追究作出了规定。《中华人民共和国刑法修正案（九）》明确了组织考试作弊罪等相关罪名，增强了考试的权威性和对违法行为的震慑力。

除加强对统招研究生的监督规范外，高校自主招生、推荐免试研究生、"少数民族高层次骨干人才计划"研究生招生等的相关制度也在不断完善。2006年以来，教育部先后印发了关于推荐免试研究生工作相关的制约性文件，如《全国普通高等学校推荐优秀应届本科毕业生免试攻读硕士学位研究生工作管理办法（试行）》《教育部办公厅关于进一步加强推荐优秀应届本科毕业生免试攻读研究生工作的通知》，以及《教育部办公厅关于进一步完善推荐优秀应届本科毕业生免试攻读研究生工作办法的通知》，有力推动了推免研究生工作的制度化、规范化和科学化。

而对参加"少数民族高层次骨干人才计划"的考生，教育部办公厅下发的《2012年"少数民族高层次骨干人才计划"招生管理办法》明确规定，少数民族骨干人才的研究生招生工作实行"定向招生、定向培养、定向就业"和"自愿报考、统一考试、单独划线、择优录取"的原则。文件还规定了生源范围及招生对象，并要求对其进行资格审查。就退役大学生报考研究生而言，在享受一定优惠政策的基础上，还应遵循"自愿报名、统一招考、自主划线、择优录取、严格规范、公平公正"的原则。

为加强复试环节的监督检查，2006年的《教育部关于加强硕士研究生考试招生复试工作的指导意见》明确提出，招生单位的纪检和监察部门有权、有责任对研究生复试工作开展全面的监督检查，对复试现场要选派专门人员进行巡视，或者进行现场检核。2016 年，《关于做好 2016 年全国研究生录取工作的通知》明确指出，要围绕立德树人教育目标，加强对报考人员的思想政治素质和道德品质的考核，加强能力、素质和知识的全面考核，更加突出对报考人员专业理论素养和科研创新能力的考核，更加注重对报考人员以往的学业表现的考查。该通知还指出，导师群体要在研究生录取工作中发挥重要作用，要加强对参与招生工作的导师的遴选、培训，通过规范导师参与研究生复试工作，提高导师选拔人才的能力。

另外，在研究生考试招生监督工作中，工作信息公示应成为常态，教育部于 2013 年 10 月 14 日专门发布了《关于进一步推进高校招生信息公开工作的通知》，对推动我国研究生考试招生信息公开透明具有十分重要的意义。但"网络舆情下的焦点事件观照当前政策的现实不足"[①]，在研究生考试招生中，运用媒体进行信息公开和信息监督的面更广、速度更快，因此必须"坚持正确的舆论导向，营造考试招生信息传播的良好环境"[②]。

总之，近年来，我国的研究生考试招生制度已经比较成熟和完善，研究生考试招生过程中也更加关注公平、公正、公开。但也应看到，目前研究生的培养质量离党和国家的要求还有一定差距，离人们的期盼还有一定差距。研究生考试招生监督中也不同程度存在不会监督、监督建议不接地气等问题。新时代，坚持落实为人民服务、为中国共产党治国理政服务、为巩固和发展中国特色社会主义制度服务、为改革开放和社会主义现代化建设服务的"四为"方针，进一步优化招生考试制度，主动加强事前防范，减少违规问题的发生，走高质量监督的道路，为研究生考试招生的规范有序、高质高效提供有力保障，把好研究生考试招生"入口关"，成了研究生考试招生监督工作的新课题。

---

① 包水梅、李祖赠：《多源流理论视域下我国研究生培养质量保障政策议程设置分析》，《西北工业大学学报（社会科学版）》2023 年第 2 期。

② 张亚群、罗菊芳：《信息化时代招生考试媒体发展面临的挑战及对策》，《湖北招生考试》2021 年第 4 期。

二、监督信息技术

技术手段等是否现代化，是现代社会行业发展是否科学化的重要表现。在清末民初，研究生考试招生工作都是由各招生单位自行组织的，因考生少、专业少、环节少，"自荐—审批"全过程均采用人工方式，没有现代化技术手段的介入。中华人民共和国成立初期，研究生考试招生的主要流程从"自愿报名—单位推荐审查—招生单位审查"，逐渐改变为"自愿报名—单位审查—初试—复试"，较之清末民初更加复杂。但在实际操作中，将现代化的机器、设备、技术手段等运用到研究生考试招生及监督工作中，是改革开放以后我国现代科学技术发展到一定程度的必然结果。

在 1982 年，北京工业学院（现北京理工大学）的研究生部就根据工作需要，率先试行采用计算机来存储和统计研究生招生有关数据，"一举改变了过去……在录取研究生工作中那种人工工作量大、工作进度慢、易出错的局面，工作速度大大加快，工作质量大大提高"[1]。地处北京市的高校在全国范围内率先使用计算机技术，并开发相关软件，对推动研究生考试招生工作信息化起到了重要作用。从 2000 年起，全国硕士研究生招生采用机读卡采集考生基本信息，取代了长期的人工录入信息方式，极大地保证了考生信息的准确性、完整性、保密性，提高了工作效率，同时减少了人为因素造成考生信息无效或错误的概率，因此，"建立健全研究生招生管理系统是信息化建设的重要标志"[2]。

监督工具的发展与经济社会发展具有十分紧密的关系。随着我国研究生教育进入快速发展的历史时期，研究生招生规模也迅速扩大，信息技术管理手段在提高考试招生工作的准确性、推进信息公开、维护考试招生公平公正等方面的作用也越来越重要，甚至可以说，研究生考试招生中的信息化程度已经成为现代研究生教育发展水平的重要标尺。因此，21 世纪初，加强研究生考试招生工作中的

---

① 北京市高等学校招生委员会办公室编《北京市研究生招生工作文集》，内部资料，1983，第 100 页。

② 潘甦、吕营：《研究生招生工作的信息化发展》，《中国研究生》2021 年第 5 期。

信息化管理是势在必行的。① 也有学者直接指出，传统的、主要依靠人工操作的招生方式已经不能适应时代发展的需要，在信息化已经渗透到社会各个领域的时代，现代化的招生信息管理系统的开发与应用的程度是招生工作现代化的重要标志。② 具体到研究生考试招生及监督工作，其所使用的现代机器、设备、技术手段等主要是依靠计算机技术及其基础之上的信息技术实现的。

一方面，计算机及网络技术广泛应用于现阶段的研究生考试招生工作中。1999 年，教育部高校学生司创立"中国研究生考试招生信息网"（以下简称"研招网"），开启了中国研究生考试招生的信息化发展历程。伴随着网络的飞速发展，信息化程度的加深，以及人们对研究生考试招生工作高效、精确、公平的期待，研招网的功能不断增加。2003 年 3 月，全国高等学校学生信息咨询与就业指导中心重新注册研招网域名，开展网上报名试点工作，这标志着我国研究生考试招生工作正式进入信息化阶段。2004 年 9 月，我国研究生考试招生入学考试全面采用研招网进行网上报名；2006 年 4 月，研招网开通生源调剂系统；2006 年 7 月，研招网与中国高等教育学生信息网合并；2008 年 4 月，生源调剂系统升级为全国硕士生招生调剂服务系统。至此，研招网成为教育部指定研究生入学考试网上报名及调剂网站，是教育行政部门管理和指导研究生考试招生工作、各招生单位发布招生信息、人们获取考试信息和进行学历认证的最主要网站。研招网的成功应用，不仅是我国研究生考试招生工作走向信息化的表现，也是研究生监督工作更加科学化的表现。

在启用研招网的同年，教育部印发《关于做好 1999 年全国研究生录取工作的通知》，其中第三条要求把计算机检查与人工检查结合起来，重点对招生计划的实施、招生工作各项规定的落实进行检查。该文件明确在研究生考试招生工作中采用计算机检查方式，这适应了扩招以后研究生考试招生人数快速增长的新要

---

① 高伟涛、曲虹：《信息化管理在研究生招生工作中的应用》，《北京理工大学学报（社会科学版）》2004 年第 1 期。

② 谢伟卡：《高校招生信息管理系统开发与应用研究》，《暨南学报（哲学社会科学版）》2001 年第 6 期。

求，并且与研究生考试招生工作实践更吻合，有助于调取研究生考试招生各环节各步骤的真实数据资料，并从过程资料中查验研究生考试招生工作的各环节各步骤是否合规合法。

另一方面，随着计算机及网络技术在现代生活中的普及，监督方式也发生了巨大变化。比如，舞弊是伴随着考试出现的以非正当方式方法骗取高分的行为，既表现为考生个人夹带资料、窥视他人试卷等个人行为，也表现为相关人员协助窃取试题、答案、替考等群体行为，还表现为有组织的、大规模的集体作弊等。相比我国古代科举舞弊的方式方法，现代研究生考试招生中大部分的个人舞弊行为能够在考前、考中或考后被发现，但是运用现代信息技术进行的有组织的集体舞弊是研究生考试招生监督工作的难点，必须借助公安机关、信息技术部门的专业防护和侦查才能保障考试招生的顺利进行。

在我国研究生考试招生初试的考务安排中，标准化考点建设是防范舞弊的重要手段。标准化考点建设必须符合教育部有关规范要求，及时更新并配足配齐居民身份证识别仪、金属探测仪、无线信号屏蔽器等能够有效防范作弊的设备，有条件的地区可统一配备考试文具、考场电子挂钟和指纹识别仪等。选聘考务工作人员要严格实行回避制度，即如有近亲属参加当次的研考或存在其他利害关系可能影响当次考试公平公正的，专职考务工作人员应当避免接触当次考试的试题（包括副题）、参考答案、评分参考（指南）、答卷等涉密材料；兼职考务工作人员如有近亲属参加当次研考或存在其他利害关系可能影响当次考试公平公正的，不得参加当次的考务工作。进入考点区域内所有存储、处理与试题有关的计算机、扫描仪、复印机等设备均按照有关保密规定进行管理和使用。试卷运送过程要进行全程、全方位、无死角的监控、录像。

在考生进入标准化考点前，除了对考场区域进行探测外，还要查验每一位考生的身份，目前最新采用的是考试指纹验证入场系统。具体操作中，为防范指纹膜等造假工具的使用，同时提高指纹验证入场速度，工作人员应手执考生相应手指进行指纹验证。考生进入考场后，仍需再次核验身份，主要是由监考人员检查考生有效身份证件（居民身份证、军官证、港澳台身份证、华侨身份证、外籍护照）

有无有效印鉴、是否过期、有无涂改或伪造痕迹，核对准考证、座位贴签、考场座次表和有效身份证件上照片是否与考生本人相符。考试过程中，监考人员还应该在考试正式开始 15 分钟后，不允许迟到考生入场考试；按要求对缺考考生的考试材料作技术处理；通过考生指纹验证入场情况统计表核验本考场实际考生信息，如发现不一致，应立即报告考点办公室，且不准考生提前离场。遇有特殊情况的考生，由有关工作人员带至考点办公室处理。考试结束后，监考人员应按照要求逐一收取、核对考试材料，并在准考证上签字。待全部考试材料清点无误后，监考人员宣布考生退场。客观来讲，这一系列的操作规程已经相当严密，能够有效防止绝大多数的作弊行为。但是，在信息技术快速发展的时代，研究生考试招生中舞弊风险仍然存在，甚至一旦发生便会造成严重的负面影响。

另外，对于日渐推广的网络复试，我国高校已普遍采取面试全程录音录像的做法以保存影像留存备查。特别是新冠肺炎疫情暴发以来，为避免考生大规模流动，我国多数高校在组织网上面试的过程中，面试专家组全程录音录像，同时要求考生用"主机位＋辅机位"的双机位形式参加面试，主机位主要用于考生的身份验证、过程交流等，辅机位主要用于从考生后方监控考生答题区域，这是运用现代科学技术有效保障研究生考试招生复试在特殊时期正常运行的典型做法。与传统的现场复试工作相比，网络远程复试的组织成本、考生的赶考成本等都相对较低，更加符合我国大规模的考生在短时期内参与复试的实际需要。从西方发达国家的实践经验来看，校园面试、在线视频面试、委托（校友）面试、电话面试等多元的复试方案不但不影响招生结果，反而更适应社会的需要，还能极大地减轻招生单位的接待压力，节约接待成本。[①]

除了前面所述的几个关键环节外，在录取环节，信息技术所发挥的作用也越来越大，能够在短时间内将海量的考生信息、考试情况等进行运算，为招生单位提供录取依据，为教育管理部门提供监管平台。可以说，"信息技术已经融于录

---

① 熊丙奇：《"云面试"对深化教育评价改革的积极意义》，《上海教育评估研究》2020 年第 3 期。

取制度，成为其不可分割的一部分"①。

　　研究生考试招生涉及千家万户，将现代化的机器、设备、技术手段等运用到研究生考试招生及监督工作中，大大提高了工作效率，减少了人为干扰因素，维护了招生的公平公正性。现在，计算机技术和网络信息技术的数据分析功能越来越强大，将继续推动研究生考试招生工作全面发展，运用数据分析排查风险问题，也将继续推动研究生考试招生制度更加完善。

---

① 郑若玲等：《苦旅何以得纾解：高考改革困境与突破》，江苏教育出版社，2011，第127页。

第三章　当前我国研究生考试招生风险关键点检视

　　研究生考试招生监督机制的发展是一个动态的历史过程，研究生考试招生中出现的违规违法问题也具有一定的历史性。前文已对我国现代研究生考试招生监督机制的产生、运行、特征等基本情况作了梳理，有些违规违法问题也已经在实践中得到解决。在梳理当前研究生考试招生基本流程的基础上，结合相关案例，从近几年研究生考试招生中出现的常见违规违法问题出发，借助鱼骨图法分析典型案例的主要表现，检视问题发生的风险点，对深入分析当前研究生考试招生监督机制在实践中的难点问题具有现实意义。

第一节　研究生考试招生监督的分析框架

一、当前我国研究生考试招生的主要流程

　　在分析研究生考试招生的风险点前，了解研究生考试招生的主要流程是重要的基础性工作。下面,笔者将分别介绍硕士研究生和博士研究生的考试招生流程。

（一）硕士研究生考试招生的主要流程 [①]

在我国，硕士研究生是本科生之上的一种更高层次的人才教育形式。高等学校和科学研究机构（即招生单位）招收硕士研究生，旨在培养热爱祖国，拥护中国共产党的领导，拥护社会主义制度，遵纪守法，品德良好，具有服务国家服务人民的社会责任感，掌握本学科坚实的基础理论和系统的专业知识，具有创新精神、创新能力和从事科学研究、教学、管理等工作能力的高层次学术型专门人才以及具有较强解决实际问题的能力、能够承担专业技术或管理工作、具有良好职业素养的高层次应用型专门人才。

简单来说，我国硕士研究生的招生对象主要有四类：第一类是具有国家承认学历的应届本科毕业生；第二类是拥有国家承认的大学本科毕业学历的相关人员；第三类是已获硕士、博士研究生学历或学位的人员；第四类是同等学力人员，也就是获得国家承认的高职高专毕业学历至录取当年入学前满两年及以上的相关人员，以及国家承认学历的本科结业生，同时还要符合招生单位根据本单位培养目标而提出的具体学业要求。此外，部分专业对硕士研究生的招生对象有一定的要求，如法律（非法学）和法律（法学）的专业学位硕士研究生，以及工商管理、公共管理、工程管理硕士中的工程管理和项目管理，旅游管理、教育硕士中的教育管理，体育硕士中的竞赛组织专业等学位硕士研究生，具体不再赘述。

硕士研究生考试招生工作是一项系统工程。按照每年制定的全国硕士研究生考试招生工作管理规定，从制定招生考试相关政策到最后录取，中间需要经过政策制定、网上报名、考核和录取四个主要环节，每一环节又设有不同的程序（见图 3-1）。由此，招生考试制度又可以分为招生考试计划管理制度、报名制度、考试选拔制度、录取制度。[②]

---

① 根据 2015 年以来教育部印发的全国硕士研究生考试招生工作管理规定有关内容整理。
② 孟洁、史健勇：《中国研究生招生制度变革研究》，中国政法大学出版社，2013，第 54 页。

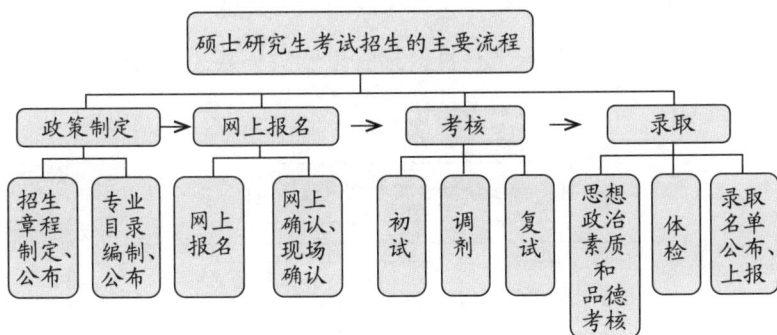

图 3-1　我国硕士研究生考试招生的主要流程

按照惯例，教育部将会同国家有关部门（主要是发展改革委、人力资源和社会保障部），结合国家经济社会需要和学科专业布局等，提前一年制定研究生考试招生的工作方针、政策、计划等，并发布研究生考试招生的相关公告，对网上报名、考核和录取等环节的工作原则、工作方式、工作要求等作出规定。同时，也会公布"高层次人才强军计划""援藏计划""农村学校教育硕士师资培养计划""少数民族高层次骨干人才计划""退役大学生士兵计划"等专项招生计划。

现在，全国硕士研究生报名、调剂等均在网上进行，其他相关信息也可在网上查阅，因此，信息公开成为贯穿我国研究生考试招生全过程的一项重要工作。按照《2021年全国硕士研究生考试招生工作管理规定》的相关规定，研究生考试招生信息公开工作的责任主体是各个招生单位。各招生单位负有提前在招生单位网站上公开发布研究生招生简章、相关政策和招生计划的责任。其中，招生简章应包括招生单位各专业硕士研究生的报考条件、培养方式、学习年限和校区、学费标准、奖助办法、住宿情况、毕业就业等主要内容；专业目录编制需包括招生考试专业、招生考试计划、考试科目、参考书目或考试大纲。另外，各省级教育行政部门、教育招生考试机构对本地区的研究生招生单位的招生考试信息公开工作负有监管和审核责任。

在所有环节中，最为复杂的是考核环节中的初试和复试两个程序。其中，硕士研究生的初试具体分为五个步骤（见图3-2），分别是命题、制卷、阅卷、成绩登录（上报）和复核、成绩公布。在命题和制卷步骤中，教育部考试中心负责全国统一考试的部分或全部考试科目；招生单位负责其他考试科目，但均须在国家规定的时间考试，否则一律不予承认。

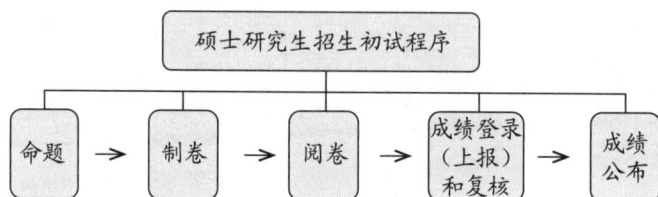

图 3-2　我国硕士研究生考试招生初试程序

硕士研究生考试招生的初试可以分为统一考试、单独考试和推荐免试，其中的统一考试包括了联合考试。单独考试由具有单独考试资格的招生单位自行组织，报考考生须符合特定报名条件，命题则由招生单位负责，也可选用全国统一命制的试题。如《2022 年全国硕士研究生招生工作管理规定》规定，除统一招生考试要求的国籍、政治、身体条件外，报名参加单独考试的在职人员，还须取得国家承认的大学本科学历之后连续工作 4 年以上，业务优秀，已经发表过研究论文（技术报告）或者已经成为业务骨干，同时需经报考人员所在单位同意，有两名具有高级专业技术职称的专家予以推荐，毕业后回原单位定向就业；如果是拥有硕士学位或博士学位的，则需在获得学位后工作两年以上，同样需要征得所在单位同意，有两名具有高级专业技术职称的专家予以推荐，毕业后回原单位定向就业。

在研究生招生考试中，国家政策允许范围内的考生可享受初试成绩 10—15 分的加分和同等条件下优先录取的政策。主要是：第一，服务期满、考核合格的"大学生志愿服务西部计划""三支一扶计划""农村义务教育阶段学校教师特设岗位计划""赴外汉语教师志愿者"等项目人员，3 年内报考硕士研究生的，可以享受在初试总分基础上加 10 分的优惠；第二，应征入伍服现役退役的高校大学生，达到条件后，3 年内报考硕士研究生的，也可以享受在初试总分基础上加 10 分的优惠；第三，服务期满、考核称职以上的"选聘高校毕业生到村任职"的项目人员，3 年内报考硕士研究生的，同样享受在初试总分基础上加 10 分的优惠（人文社科类专业考生，初试总分加 15 分）。需要注意的是，每一位考生只能按照其最高加分项进行加分，不能累计加分。

多年以来，我国研究生复试工作都是由各招生单位自行组织的，但为了规范复试程序，避免违规违法问题的发生，教育部门逐步完善了复试各环节的程序性要求。比如，研究生复试的组织管理、地点、时间、方式、考试科目、成绩评定等均由招生单位自主确定，但招生单位必须在复试前面向全社会公开研究生复试录取有关办法以及二级学院或科研单位研究生复试的具体实施细则，并对招生计划人数、参加复试考生的基本信息和拟录取考生的基本信息等进行公开。

复试应采取差额方式，具体办法和程序由招生单位公布，一般分为五个步骤（见图 3-3），分别是复试办法（公布）、复试名单（公布）、资格审查、复试（考核）和复试结果（公布）。通常，人们讲的复试是指复试（考核），即狭义的研究生复试；专业课一般以面试为主，笔试为辅；外语听力和笔试由招生单位自行组织，并计入复试总成绩。

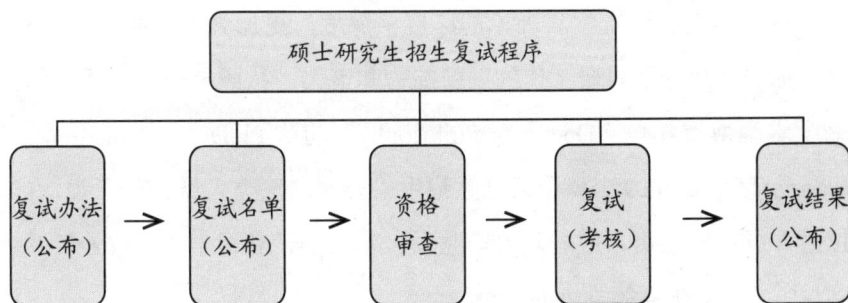

图 3-3　我国硕士研究生考试招生复试程序

在组织拟录取考生体检、完成思想政治素质和品德考核后，招生单位的研究生考试招生管理部门将根据当年的考试招生政策、招生计划名额等，统一公示拟录取名单，并报当地的教育行政主管部门进行审核。另外，在拟录取名单公示阶段，公示时间不得少于 10 个工作日，公示期间不得对拟录取名单进行修改，否则必须对修改部分进行说明，并对修改变动部分另行公示不少于 10 个工作日。公示期满后，招生单位应按规定将录取名单报送至全国硕士研究生考试招生信息公开平台，由该平台进行备案。

综上，我国现行的硕士研究生考试招生实行的是教育部门宏观调控、招生单位自主实施的多种选拔方式并存的制度，即国家教育部门主要负责制定招生考试政策、招生考试计划，发布招生考试指令和最终备案；省级教育行政部门主要负责督促组织、指导审核和过程监管；招生单位主要负责具体制定涉及本单位招生考试的具体方案、细则、流程，组织初试、调剂、复试，拟定录取名单及进行资格确认等。经过多年的实践，国家教育部门、各级教育主管部门和招生单位权责进一步厘清，既保证了招生考试政策在稳定中改革、在改革中创新，又进一步扩大了招生单位的招生考试自主权，这"是办出学校特色、提高研究生教育质量的重要保证"①。

（二）博士研究生考试招生的主要流程

博士研究生处于我国教育体系的最高位阶，相对硕士研究生而言，博士研究生的培养目标更加注重学科理论的广度、深度，更加强调独立从事科研工作的能力，更加重视开展科研工作的创新能力和潜力。按照授予学位类型的不同，可分为学术型博士学位（Doctor of Philosophy，简称 Ph.D）和专业型博士学位（Professional Doctorate）。博士研究生招生主要面向三类人员：第一类，已获硕士学位的人员；第二类，应届硕士毕业生；第三类，获得学士学位 6 年及以上，并达到与硕士毕业生同等学力的人员。

"考试是选拔人才的基本方式之一，具有教育测量的功能和自身的发展规律。"②博士研究生的招生录取同样离不开考试。现阶段，我国博士研究生考试招生主要有普通招考、硕博连读、直接攻博、提前攻博、"申请－考核"制等五种

---

① 张卫红、覃伟伟：《我国研究生招考制度改革与发展趋势研究——以中国科学技术大学为例》，《山西大同大学学报（社会科学版）》2021 年第 2 期。
② 张亚群：《高校统一招生考试制度 40 年发展趋势解析》，《陕西师范大学学报（哲学社会科学版）》2017 年第 4 期。

方式。有研究表明，不同的招生考试方式反映了招生考试中政府、高校、导师等利益相关者的不同价值诉求，招生考试程序上的互异也体现了招生考试中不同的价值导向。总言之，不同的招生考试规范共同形塑了"主导力量不一、参与主体多元、职责多样化的博士生招生考试治理结构和治理体系"①。

普通招考是指招生单位组织符合报考条件的人员进行考试以选拔博士生的一种招生考试方式，包括考生资格审查、申请材料审查、考生科研创新能力评价、初试、复试等环节。普通招考是我国实行最早、推行最广的博士研究生考试招生方式。其中，国家教育部门主要负责制定宏观招生考试政策；招生单位则负责制定具体的招生考试细则、方案，主导招生考试工作流程，统筹考试时间、方式、内容等，决定初试与复试的分数等。普通招考模式从程序上体现了招生考试的公平性，同时满足了我国博士研究生报考人数急剧增加的实际需要。普通招考也是我国自 20 世纪末恢复博士研究生考试招生以来各招生单位普遍采用的一种招生模式，主要有政策制定、网上报名、考核和录取四个环节，如图 3-4 所示。

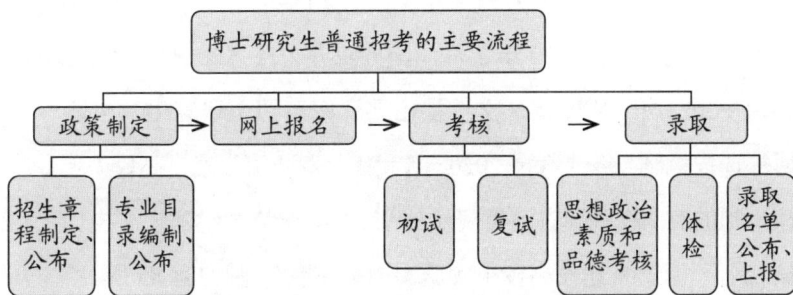

图 3-4　我国博士研究生普通招考的主要流程

硕博连读一般是指培养单位从本单位在读硕士研究生中遴选已完成课程学习，成绩优异，同时具备较强的科研创新精神和能力的少数学生的一种招考方式。具体办法为：由符合条件的在读硕士生提出申请，培养单位（同时也是招生单位）组织一定形式的考试来决定是否录取。

---

① 梁传杰、曹云：《我国博士生招生模式及其改革走向》，《学位与研究生教育》2021 年第 2 期。

直接攻博是主要面向特别优秀的应届本科毕业生开展的一种招考方式，被录取的学生可以直接取得博士入学资格。

提前攻博主要面向在硕士研究生培养阶段成绩优秀，具有较强学术潜质和能力，但还未完成硕士学位论文答辩的全日制二年级在读硕士研究生。不同于应届硕士毕业生报考博士研究生的是，提前攻博一般不能跨校申请。

硕博连读、直接攻博和提前攻博等招生考试方式主要面向本科学习阶段和硕士学习阶段特别优秀的学生，对外语水平、专业素养等的要求比较高，一般要先经导师初步同意，但不需参加博士研究生普通招考初试环节，直接攻博的甚至不用参加复试环节，因此，也可将这些方式统一称为博士研究生的推荐免试方式。

另一种招生考试方式为"申请－考核"制（也称"申请－审核"制）。21世纪初，北京大学、复旦大学等高校率先探索博士"申请－审核（考核）"改革。从提高研究生培养质量的角度，《教育部　国家发展改革委　财政部关于深化研究生教育改革的意见》指出要"建立博士研究生选拔'申请－审核'机制，发挥专家组审核作用，强化对科研创新能力和专业学术潜质的考察"[①]，这开启了"申请－审核"制的推广实践之路。2019年2月，国务院办公厅《加快推进教育现代化实施方案（2018—2022年）》印发，文件提出要"完善博士研究生'申请－考核'和直接攻博等选拔机制"[②]。"截至2020年，我国'双一流'建设高校中已经实施'申请－考核'制的有127所，占该类院校的92.7%，一流大学建设高校均已实施'申请－考核'制，一流学科建设高校中实施'申请－考核'制的有85所。"[③]与此同时，非"双一流"高校也在少数学科和专业的博士研究生考试招生中逐步推行该制度。"申请－考核"制已经成为我国博士研究生考试招生的主要方式，甚至很有可能在不久的将来完全取代普通招考方式，成为与推荐免试并行的一种博士研究生考

①《教育部　国家发展改革委　财政部关于深化研究生教育改革的意见》，《中华人民共和国国务院公报》http://www.moe.gov.cn/srcsite/A22/s7065/201304/t20130419_154118.html。

②《中办国办印发〈加快推进教育现代化实施方案（2018—2022年）〉》，《人民日报》2019年2月24日。

③《2021全国研究生考试招生调查报告》，https://www.eol.cn/e_ky/zt/report/2021/content03.html#sc_3_3。

试招生方式。

与普通招考方式相比，"申请－考核"制最大的不同是资料审核环节，即通过某种特定的方式筛选考生，并使其获得复试资格。普通招考的初试面向所有符合报考条件的考生开展。"申请－考核"制主要是指招生单位不组织统一的博士研究生入学考试（笔试），而是根据办学特色、学科特点、培养要求等制定招生考试方案，在审核申请人的学历资格、学术能力、外语能力、专业基础、研究兴趣等资料后确定入围复试的考生名单，并由培养单位依据综合考核结果确定是否录取考生为博士研究生的一种方式，具体工作流程如图 3-5 所示。

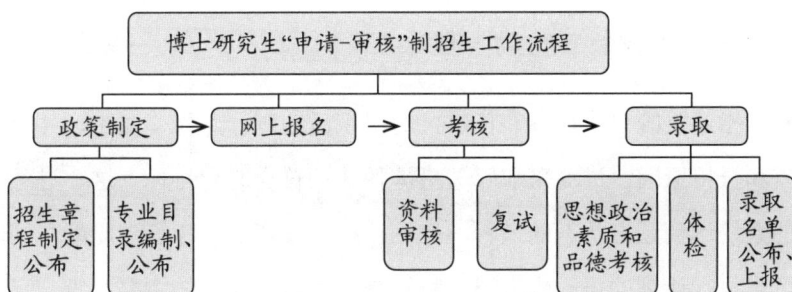

图 3-5　我国博士研究生"申请－考核"制招生工作流程

除了上述选拔方式外，根据国家经济社会发展需要，在特定的时期会制定一定的博士研究生考试招生专项计划，如"少数民族高层次骨干人才计划""高层次人才强军计划"等，专项计划的博士研究生考试招生一般由招生单位自主制定招生考试细则，名额则由国家单独分配，不占用普通招考和推荐免试的名额。

我国研究生考试招生具有持续时间长、环节程序多、涉及人员广、社会关注度高、风险防控难等特点，给新时代研究生考试招生监督工作带来了很多新的挑战。近几年来，我国不断加强研究生考试招生的规范性，从内部监管和外部监督两个方面入手，进行了深刻变革，为保障我国超大规模的研究生考试招生顺利进行起到了重要作用。但在硕士研究生考试招生过程中也出现了一些违规违法案例，极大地损害了研究生考试招生工作的公平性和公正性。因此，以关键点诊断为基本方法，对常见的研究生考试招生违规违法问题进行逐步剖析，找出症结，分析原因，提出建议，有助于进一步完善研究生考试招生监督制度和推动研究生考试招生工作高质量发展。

二、基于关键点控制理论的风险分析框架

研究生考试招生是一种按照预定计划有步骤实施的复杂组织管理活动。借助管理理论中的关键点控制理论及鱼骨图诊断方法，对实施过程中的每个程序和环节，尤其是易出现违规问题的风险点进行原因分析，是加强研究生考试招生工作管理和控制的一种有效手段。

（一）关键点控制理论的一般原理

控制是指对照既定的目标和标准，对组织活动进行监督、测量，并在过程中发现偏差和分析原因，进而采取相关措施使活动符合既定目标。这一过程也是引导动态的系统达到预定状态的过程。控制往往被看作是一种管理职能，同时也被认为是负责执行计划的每一位人员，特别是一线管理人员的主要职责。只有按照既定计划实施的活动才是符合管理需要的，正如法约尔（Henri Fayol）所指出的："控制就是要检查核实各项工作是否都按照计划规定的统一标准运行，是否与指示说明一致，是否合乎原则。控制的目的在于指出工作中的错误和失误，以便人们能及时纠正和避免再次发生。"[①] 换句话说，控制就是为了实现预定计划或方案，从而实现组织任务或目标；管理控制工作则是谋求、迫使一切实践活动都按计划进行。管理工作中的控制同物理、生物以及社会系统中的控制有着相同的基本过程。结合控制系统简单反馈图（见图 3-6），可将控制过程分为三个环节：建立标准，依据标准评定工作成绩，对偏差部分进行纠正。

---

① 亨利·法约尔：《工业管理与一般管理》，王莲乔、吕衍、胡苏云译，四川人民出版社，2017，第 138 页。

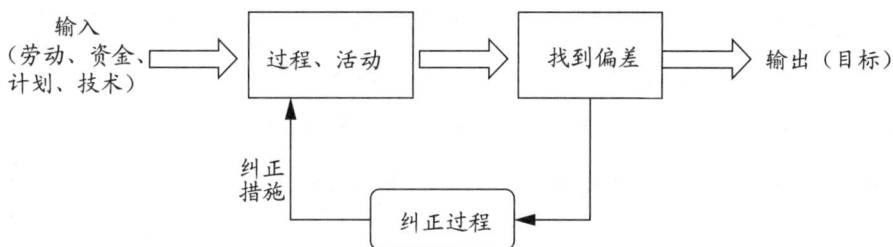

图 3-6　控制系统简单反馈图

组织中的控制活动不是单一的，而是通过一个系统来完成的。管理人员选择的控制点必须是关键性的，它们可能是限制生产经营活动的一些消极因素，也可能是促使计划更好地发挥作用的一些积极因素。抓住了这些关键因素，管理者就能够适度调整管理的宽度，并最终实现成本的节省和沟通的改善。

因此，选择关键点控制是较重要的控制原理之一。究其原因，主要有以下几点。

第一，计划、控制相得益彰。计划和控制一体两面，都在管理中发挥着重要的作用。控制是为了更好地实现计划，而且能根据计划实行的情况适时调整。计划可以提升控制活动的效果，不断调整计划、出台系统全面的计划对于控制效果的提升有显著效果。无疑，计划制定的科学化程度也会影响控制活动的效果，计划越明确、全面和完整，控制的效果也就越好。从方法上看，有时候，控制和计划是相互渗透、不可分割的，比如预算、程序、规则等。

第二，控制要主动。要积极采取措施进行控制，确保工作顺利开展。当组织活动与最初目的背离时，采取措施进行调整以确保计划实现，这从某种意义上来说是积极的控制。原来制定的计划可能因内外部环境的变化而无法实现，但积极的控制在很大程度上可以确保组织目标的实现。混乱、无序、与实际目的产生严重偏差的组织往往缺少有效的控制。

第三，控制的作用。对下级要定位清晰，明确管理制度和程序。通过严格的管理标准强化职责，追责到人，能确保管理工作顺利实现。纠正管理人员的失误，即将现阶段取得的成果和原先制定的目标进行不断对比，发现问题，分析原因，并通过多种方法和渠道找寻对策。同时，将目标异化为组织发展的内生动力，在组织循环发展过程中推动其前进。外部环境变幻莫测，对于组织而言有着较强的挑战性，为此，组织要根据外界环境的变化不断调整自身发展的策略和方法，分析内外部环境，洞察环境发生变化的影响因素，查明原因后通过控制活动应对外部环境的变化，并在组织内部采取正当措施使组织发展回归正轨。

（二）分析框架

接下来，我们将借助鱼骨图诊断方法对实践中出现的具体案例发生过程进行分析和判断，查找问题的薄弱点，分析产生的原因，指出监督关键点。鱼骨图分析法一般从"人""机""料""法""环""测"等元素入手来分析诊断关键问题以及问题产生的原因。为排除干扰因素和提高工作效率，可逐步采取以下方法。

第一，明确问题。如，组织不能有效应对外部环境的变化，那么核心问题是"鱼骨"。

第二，找出各种元素出现的原因。

"人"的元素产生的原因：绩效奖励不完善，工作技能有待提高，心理压力大等；"机"的元素产生的原因：设备出现问题，设备没有及时维修，现代化设备运用不熟练，程序出现问题等；"料"（即货品）的元素产生的原因：不能满足消费者需求，成本过高，产品单一，品质较差，运输方式不合理等；"法"的元素产生的原因：管理制度的设定，工作目标的完善，人员岗位的变动，目标责任书的确立等；"环"的因素包括外部竞争的变化，社会环境的变化，人才的流动，相关政策的出台等；"测"的因素主要是指测量的工具和方法是否标准、科学、有效等。每个元素中可能的原因越多越好，尽可能列出所有可能的因素，以便进行目标分析。

第三，问题的出现意味着我们需要进行原因的找寻——是什么原因导致了这些问题，针对相关问题，从不同层级入手进行分析：是人员出现了问题，如专业技能不够，薪酬待遇不好；是管理出现了问题，如考核体系不完善，工作规章制度不系统，福利制度不完善，管理方式不科学；还是出现了其他问题，如基础设施需要更新，相关技术需要革新。在层层深入至问题的核心后，我们就认为接触到了"鱼骨"，并据此列出解决方法。

鱼骨图分析法的优点在于，当无法达成目标或同事的表现不符合预期时，我们可以将焦点放在问题的本质上，找出问题产生的原因并进行客观分析，进而提出有效的解决方案。

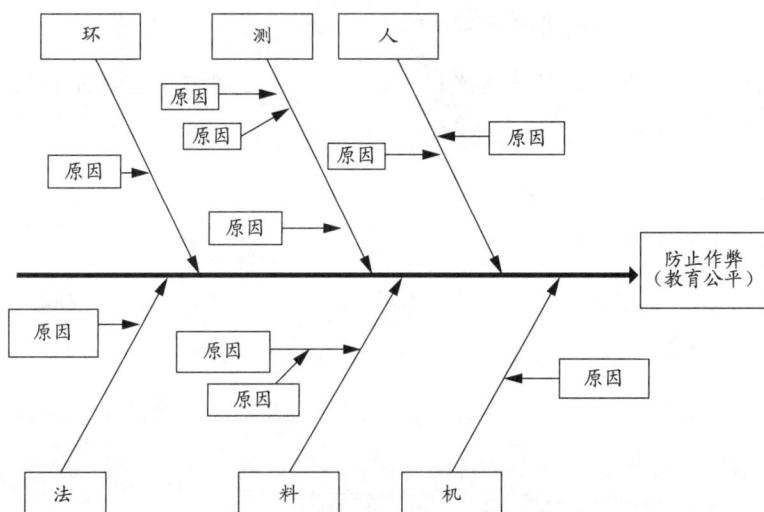

图 3-7　研究生考试招生中的风险点诊断图

采用鱼骨图分析法构建研究生考试招生中的风险点诊断图（见图 3-7），并借助该图分析各个环节可能出现的关键点控制问题，是找出监督关键点的有效方法。

第二节　硕士研究生考前自命题及组织不严谨

在本节中，"考前"主要是指硕士研究生考试招生过程中，考生在初试未进入考场前的阶段，或者考生获得复试资格但还未进入复试具体程序前的阶段。在考前这个阶段，风险主要存在于自命题环节中。

一、自命题环节失泄密防控有难度

在硕士研究生考试招生中，除了思想政治理论、外国语、数学等公共科目由全国统一命题，部分专业通过全国联考的方式进行考核外，大部分专业课主要由各招生单位进行命题，这被称为"自主命题"。自主命题的主体是各招生单位，具体到高校，实际命题单位是高校中的各研究生培养单位（一般是二级学院或科研中心），一般是以命题小组的形式进行。

命题过程必须遵守国家关于命题的以下基本规定：第一，选拔命题人员时，要求政治素质、工作责任心、教学经验与能力、科研学术水平等都要达到一定的水平，且在实际命题前承担过一定的教学任务；第二，命题人应具有副教授（或相当于副教授）以上职称，并具有一定的硕士研究生考试命题工作经验；第三，每一位命题人员按规定只能参加一门考试科目的命题工作；第四，命题人员必须遵守命题工作纪律、保密纪律等有关要求，不得以任何形式参与研究生考试有关的复习资料编写、出版活动等。[①]

自2017年以来，国家除了延续上述规定之外，还规定招生单位自命题要按科目组成至少由两人组成的命题小组，命题小组组长负有严格审查试卷内容的职责，招生单位的研究生考试招生管理部门负有严格审核命题小组人员的职责。在博士研究生普通招考中，外国语、思想政治理论、专业课基本都由招生单位自主命题。但是，采取实时命题方式的高校，在自命题环节发生泄题的风险相较采取题库抽题方式的高校更高。从现有案例来看，硕士和博士研究生考试招生中试题泄密事件时有发生，且基本发生在自命题科目中。同时，自命题科目泄题危害较大，常会直接导致该科目考试成绩无效，因此有必要对其产生原因进行诊断。

1. 泄露试题

主要表现为命题人员将其负责的科目试题全部或部分透露给参加当年研究生

---

① 根据2015年以来教育主管部门印发的全国硕士研究生考试招生工作管理规定有关内容整理。

入学考试的考生本人或其他利益相关者，造成试题泄露给个别或不特定考生群体的后果。

案例：

某大学命题教师甲在同事乙的请求下，以画考试重点的方式向其泄露了试题内容，乙通过指导复习重点的方式，单独向考生丙提供了相关试题内容，丙自行整理成复习资料误传至考研QQ群，被群内成员下载，造成试题泄露。事后，甲、乙分别被停职处理，考生丙被取消研究生考试资格，该校研究生院常务副院长戊、二级学院院长己被免职，二级学院党委书记庚被给予党内警告处分，其他涉事领导分别被问责。[①]

2. 泄露答案

主要表现为命题人员将其负责的科目答案全部或部分透露给参加当年研究生入学考试的考生本人或其他利益相关者，造成答案泄露给个别或不特定考生群体的后果。泄露答案和泄露试题都属于违反命题程序性、规定性的行为。

案例：

（1）某大学命题教师甲在命题（组题）工作中，误将答案及评分标准套入试题模板并制成试卷。

（2）某大学工作人员乙在印制试卷时，误将装有正题答案的信封当作正题信封启封并印制。[②]

3. 无效命题

此处的无效命题主要是指缺乏命题的实质性要件，不具有当年研究生入学考

---

① 根据教育部有关情况通报整理。

② 根据教育部有关情况通报整理。

试命题效力的情形。主要表现为将往年试题、非本科目试题等作为当年试题，直接导致当年该科目试题无效。

案例：

某大学硕士研究生考试招生某自命题科目因拷贝错误，发生了与往年题目雷同的严重问题，造成了不良社会影响。事后，该校党委副书记、校长甲被诫勉，党委常委、副校长乙被给予政务记过处分，党委常委、副校长丙被给予政务警告处分，研究生院院长丁被给予政务记过处分，该科目命题组组长戊被给予留党察看、政务降低岗位等级处分，二级学院院长己被给予政务记过处分，其他院领导班子成员分别被给予党内警告处分和诫勉。①

从单个案例来看，命制试题泄密主要是由主观故意和过失（疏忽大意）造成的。其中，泄露试题往往以主观故意为主，常伴随有一定的利益往来或人情往来；泄露答案绝大多数是疏忽大意造成的，也往往是命题过程缺乏监管造成的。根据现在的命题要求，单科命题、审核、印刷等步骤都必须由两名以上工作人员同时完成，亦即全程均应被严格监管。

从研究生考试招生相关规定来看，虽然大学及其二级单位是自主命题的主体，但具体活动必须由具体的个人组织、协调、参与才能完成，因此，分析研究生考试招生违规违法问题，以具体的个体作为主体更有助于找准原因、找到风险点。本书将命题的内部监督称为"双主体"或"多主体"机制，而且必须贯穿研究生考试招生的全过程。纵观自命题过程中出现的试题、答案泄露或命题无效的案例，绝大多数是未遵守"双主体"机制导致的。只有单主体实际参与命题，容易造成故意泄露命题内容、误将历年试题复制为当年试题、误将答案或评分标准作为试题交付等问题。

在自主命题的过程中，招生单位是具体实施单位，对自主命题的全过程负有

---

① 根据教育部有关情况通报整理。

无可推卸的主体责任。2017 年以来，为强化招生单位在自主命题过程中的责任意识，进一步明确招生单位自主命题的责任，各年度的全国硕士研究生考试招生工作管理规定都在逐步规范招生单位的相关命题责任内容。如 2017 年的规定指出，招生单位对自命题工作负有规范管理和监督的责任，不得委托非硕士研究生招生单位或个人进行自主命题；2019 年的规定指出，招生单位对命题工作的人员构成、审查把关、印制试卷、保密管理、运送交接等各个环节负有规范管理和监督的职责；2020 年的规定进一步指出，招生单位要加强对自命题工作的组织领导，坚决杜绝简单将自命题工作下放给二级学院。[①]

二、自命题组织管理不规范

入学考试命题是处于前端的工作环节，其规范程度直接影响后面的考核结果。如果说试题泄露直接影响的对象是考生，那么，命题组织随意、混乱直接影响的对象则是高校教师群体，会极大地减损高校教师队伍的社会公信力。

具体而言，命题组织随意、混乱，主要是指招生单位（高校）及其下设培养单位（二级学院或科研中心）没有按规定要求组织命题工作，致使硕士研究生入学考试缺乏程序性要件。自命题组织管理不规范作为近几年来硕士研究生入学考试中易发、高发的问题，具体有两种表现形式。

1. 人员安排随意

主要表现为招生单位（高校）或者其下设培养单位（二级学院或科研中心）对命题人员资格未作明确限制，对命题人员教育管理不到位，对命题过程管理不规范，进而衍生出了其他问题。

案例：

（1）某大学 1 名命题人员违反"命题人员的身份对外保密，不得向任何人透露试题的内容和命题工作情况"的规定，自行联系 20 余名非命题人员实际参与

_____

① 根据 2017 年以来教育部印发的全国硕士研究生考试招生工作管理规定整理。

了命题相关工作；有 30 名相关人员未签订保密责任书，已签订的保密责任书全部无日期、无单位盖章。

（2）某大学保密责任书签订不规范，有的无签字，有的无日期，有的无审批，全校命题人员中有近 10 人未按规定签订保密责任书。

（3）某大学某科目命题人员违反试题管理制度和工作纪律，私自保留历年试题，存在隐患。[①]

2. 审核把关不严

主要表现为没有按照规定程序组建具有内部制约性的命题小组，缺乏最基本的"命-审"机制，具体包括对命题人员资格缺乏严格限制、对命题人员结构缺乏科学配备、对命题过程缺乏监管、对命题结果缺乏审核等不同问题。总之，其共同问题是命题小组混乱无序。

案例：

（1）某大学 A 对命题人员缺乏审核把关，存在命题人员自己推荐自己、自己审批自己的问题；某科目命题小组由不具有研究生命题经验的人员担任组长。

（2）某大学全部 50 余门自命题科目均未成立命题小组，每门科目均只有 1 名教师承担命题工作。

（3）某大学 20 余名命题教师命制了两门考试科目；某科目命题小组只有 1 名命题人员。

（4）某 2 所大学在相关自命题科目命题完成后，均未按规定对试卷进行认真的内容和形式审核。在制卷环节，某 4 所大学均未进行有效的印前审核。

由于制度执行不严，管理松懈，影响恶劣，相关大学的校长、副校长分别被给予行政警告处分、行政记过处分。

---

① 根据教育部有关情况通报整理。

综上可知，无论是命题人员随意还是命题小组混乱，都与各招生单位（高校）及其下设培养单位（二级学院或科研中心）未很好发挥组织功能有直接关系。从典型案例来看，具体违规行为有：相关人员不按规定签订保密责任书和执行保密有关规定；组织单位不履行组织、审核职责，使相关工作环节缺乏最基本的内部监管。

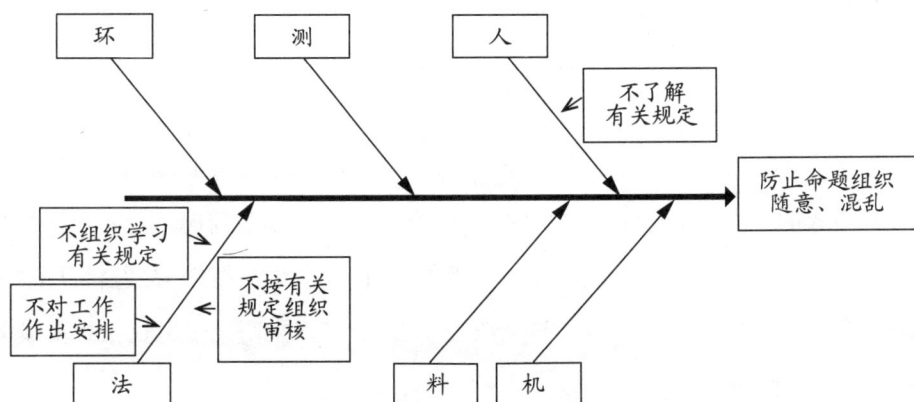

图 3-8　命题组织管理不规范中的风险点诊断图

从"法"的要素中寻找命题组织管理不规范的原因，可发现在研究生考试招生过程中，招生单位（高校）及其下设培养单位（二级学院或科研中心）有时会无视既定的制约机制，进而产生例行公事、机械传达、不管落实等行为。凡此种种，可归结为"制约机制形同虚设"。如图 3-8 所示，命题组织管理不规范的原因大致有以下三种。

第一，组织主体不按规定对相关人员开展有效的教育指导工作，使参与研究生考试招生的相关人员不了解工作具体要求、不知道操作中的禁止性规定，以至于自行其是。

第二，组织主体不按规定对招生考试中的各项工作进行有效的组织安排，给相关人员留下了自行其是的空间，在缺乏监管的情况下，出现违规操作的可能性也就更大了。

第三，组织主体不按规定组织安排审核工作，使关键环节的工作处于不可控状态。

从"人"的要素中查找命题组织管理不规范的原因，主要有"单主体"取代"双主体"和主体准入资格存在瑕疵，可统称为"主体不适格"。

第一，"单主体"取代"双主体"。本应由两个及以上人员共同完成的程序，实际由一人独自完成，导致泄题主体存在一定的不确定性，甚至可扩大化。虽然无效命题主体相对固定，但根本原因还是"双主体"机制缺失。

第二，主体准入资格存在瑕疵。对命题人员的资格条件不作具体限制，或虽作限制但不进行审核把关，命题人员不具备命题资质，导致命题出现问题。

当然，命题泄露或无效还可能是命题人员、审校人员、印制人员工作不认真、不细致造成的，本质上这属于自命题环节失泄密情况的衍生问题。主要基于对此类问题的防范，自 2020 年开始，教育部鼓励招生单位选用全国统一命题科目试卷，同时推进学科题库的建设。这一举动改变了 2013 年以来研究生考试招生形成的"统分结合"格局。

第三节　硕士研究生考中评判标准与管理把控难

在研究生考试招生中，无论是初试普遍采取的笔试，还是复试主要采取的面试，都有相应的评判环节，且评判结果都以分数的形式呈现。这个评判环节直接决定了考生的成绩，其中存在的风险点较多，影响因素也很多样。

一、推免选拔推荐标准差异较大

推荐免试，简称"推免""保送"，一般是指不需要参加研究生初试，可以直接进入研究生复试环节的一种招生考试形式。根据《全国普通高等学校推荐优秀应届本科毕业生免试攻读硕士学位研究生工作管理办法（试行）》有关规定，推免面向的是政治素质良好、专业成绩优异、具有一定学术潜质的优秀应届本科毕业生，符合一定条件的还可以直接攻读博士学位。因此，推荐免试名额一般控制在应届本科毕业生人数的 15%。推荐免试一般先由考生根据所在高校设置的条件申请推免资格，经过一定筛选程序（一般为资料审查、面试等）获得推免资格后，向招收推免生的高校提交申请材料，参加招生单位组织的复试，被正式录取后，与统招考生一起入学就读。

考生获得就读高校提供的推免资格是推免过程中关键的前置因素。但是由于推免名额有向重点大学倾斜的明显倾向，从公平角度讲，是不利于非重点大学的学生获得平等推免机会的。针对这种现象，覃红霞认为"上一般大学的学生试图进入重点大学就读的机会被大幅度地挤压"，还指出"推荐免试生由于缺乏严格的监督机制，很容易成为'暗箱操作'的试验场"。[①] 除了在推免名额上分配不均之外，各个培养单位设置的推免条件也存在较大差异，一定程度上影响了推免的公平性。如：对综合成绩的构成及各部分所占比重基本无统一规定；即使有相关规定，其科学性也有待进一步验证。又如：中国青年志愿者研究生支教团项目实施 20 余年来，在选拔推荐环节，大多由培养单位的共青团组织相关面试选拔工作，面试过程中更加注重考生的社会实践能力，且参加面试的评审专家中硕士生导师的占比不高，容易忽视考生的学术素养，不利于选拔符合学术培养目标的研究生。

因此，在推荐免试研究生的前期，作为承担监督责任的相关部门，仅查阅相关工作方案，即做到形式审查，并不能杜绝推荐环节中可能存在的影响公平选拔的问题。由于推荐免试的类型多种多样，具体实践中偏重学术与社会实践能力考察的情况长期存在，这在一定程度上会引起机会公平和实体公平的讨论。此类问题与政策具有直接关联，从社会学的角度讲，属于结构性社会问题，可以在社会发展中逐步消除，但目前仍是研究生考试招生监督的难点，应引起一定重视。

特别是对有自主招生和推荐免试研究生资质的学校，由于学校有较大招生自

---

① 覃红霞：《研究生招生考试改革中的两难问题》，《高教探索》2008 年第 2 期。

主权，很容易出现一些违规问题。少数学校在开展推荐免试工作时，有强制将优秀的学生留在本校的行为发生，甚至出现过学校篡改学生分数以达到保研录取目的的情况。如2020年西南交通大学的"陈玉钰造假保研事件"，就是违规更改本科成绩骗取保研资格的典型案件。

二、自命题阅卷公平难权衡

在统一招考中，全国统一命题试卷的阅卷工作由教育部统一组织，标准化程度较高。但是，自命题试卷的阅卷工作量大，加之各招生单位在试卷回收、拆封、装订、转移、登分等环节中的标准不尽相同，因此，难免会存在一定的风险。其中，人们较为关注不同考生的试卷在阅卷过程中是否被公平对待，即是否用同样的标准进行评分。

案例：

2022年硕士研究生初试成绩公布后，某考生家长向招生单位提出异议，称在美术学专业的设计基础科目考试时，监考人员要求考生在作品右下角填写姓名。该行为可能会让阅卷老师更好分辨生源，出现压分情况。经复核，该科目试卷是4开的非常规试卷，监考人员要求在固定位置标注考生基本信息，是为了便于密封，阅卷老师并不能看到考生信息，且成绩分布显示，该校考生分数并不比校外考生分数高。[①]

从该案例可知，人们出于对公平的追求和自身利益的考虑，较为关注自命题试卷的科学性、规范性，以及阅卷的尺度。一旦考试过程中存在可能影响公平的因素，无论其是否构成违规违纪要件，都会引起人们的质疑。

还有一类问题属于可预见性风险，但较容易因疏于管理而导致考生成绩与实际不符。

---

① 根据G高校提供的相关资料整理。

案例：

某高校硕士研究生考试招生自命题成绩公布后，受到考生质疑。该校对考生异议较为集中的自命题科目试卷进行复核，发现评分无误，不存在压分情况，但存在其中一个科目试卷编号与考生号匹配错位，并导致成绩录入有误的问题。[①]

可见，阅卷环节的风险不仅来自阅卷老师，其他参与成绩复核、统计的工作人员都有可能影响考生成绩。因此，自命题科目的阅卷环节需进行更为严格的全过程管理。

除了上述案例中反映的问题之外，还有一些不合规问题也偶有发生，比如资格审查不认真不准确、公示不及时不足时等。这些问题的出现尽管有一定的个人因素，但从研究生考试招生的全部流程来看，从最初的设计、实施到最后的评估、总结，实际上是一个严密的系统工程，对组织中的主体进行常态化的监督、测量，比对考生这一数量庞大的群体采取措施更为有效。因此，综合对易发、高发问题的风险点诊断来看，研究生考试招生监督的重点和难点是组织主体和参与组织的相关个体。

三、复试环节管控难

当前，采取全程录音录像和组织开展巡查等方式是加大对复试过程监督管理的基本要求。2020 年 4 月，教育部面向全社会公布《2020 年全国硕士研究生招生考试考生进入复试的初试成绩基本要求》，对于当年的研究生复试工作提出"因地制宜""自主确定复试办法"的部署要求，尤其是明确肯定在确保招生公平和具备一定条件下，招生单位可以结合学科、专业特点和要求，灵活采取"现场复试、网络远程复试、异地现场复试以及委托其他高校复试"[②] 等多种方式。但鉴

---

① 《关于 2022 年硕士研究生考试自命题科目成绩的情况通报》，http://yjsc.shnu.edu.cn/93/3a/c17243a758586/page.htm。

② 《2020 年全国硕士研究生招生考试国家分数线和复试安排公布》，https://baijiahao.baidu.com/s?id=16639232811731 75658&wfr=spider&for=pc。

于研究生复试方式的多样性，仍有面试组织随意、成绩易被篡改等违规问题出现。

从程序上看，研究生复试工作包括制定和公布复试办法、公布复试名单、资格审查、复试（考核）和公布复试结果五个步骤，其中复试（考核）又分为命题、制卷、阅卷、成绩登录和成绩复核五个程序。通常人们讲的复试多指复试（考核），即狭义的研究生复试。在这个环节中，分数高低至关重要，直接决定了考生能否被录取，但核定分数同样也是容易出现问题的步骤，主要有以下两方面的问题。

第一，复试环节评定随意。主要表现为招生单位对复试小组管理不严格，相关人员工作不认真，复试环节因缺少核验把关易产生分数评定或计算错误。

案例：

（1）某大学某二级学院未按规定确定复试评分标准，工作不认真细致，出现考生成绩计算错误的问题。

（2）某大学某二级学院个别复试小组未严格遵守工作要求，存在复试小组成员在复试期间违规离场的问题。

（3）某大学某二级学院副院长甲在担任研究生考试招生复试工作领导小组组长期间，违规向多名考官发送信息，提出关照考生丙、乙的要求，并违规修改二人英语试卷选择题、英译汉题目的部分答案和分数，使丙、乙二人英语笔译成绩均提高了数分；此外，丙听力成绩改高了10余分，乙听力成绩改高了3.5分，均排列在录取名额之内。事后，甲被撤职，其专业技术等级由四级（教授）降为五级（副教授），涉事学生被该校劝退。[①]

第二，复试环节管理随意。主要表现为招生单位（多为二级学院或科研中心）无责任分工和责任意识，对分数管理等招生工作不作为或乱作为，造成考生分数失控或失真，并以虚假分数为录取依据，最终影响录取结果。

---

① 根据教育部有关情况通报整理。

案例：

（1）某大学某二级学院的硕士研究生考试招生复试结束后，该学院领导班子开会讨论录取结果，对数名考生的复试成绩进行了更改，修改了相关专业的录取名单。事后，该学院甲被免去院长职务，取消其研究生导师资格，解除聘用合同，报请上级有关部门撤销其相关人才计划入选资格或称号；乙被给予开除党籍、降低岗位等级处分，由管理岗五级降为九级；丙被给予开除党籍、降低岗位等级处分，由专业技术岗四级降为八级，取消其研究生导师资格，报请撤销其相关称号；丁被给予开除党籍、降低岗位等级处分，由管理岗六级降为九级。同时，该校领导班子成员被给予不同程度的党纪政务处分，负有失职责任的学校招生考试工作办公室主任和分管研究生考试招生工作的副主任分别被给予行政记过处分，对录取受影响的考生依照规定程序进行纠正。

（2）某大学相关部门对学院上报的复试录取情况登记表中分数改动部分未签字问题没有一查到底，对相关信访投诉核查不深入、不细致，未能及时发现学院工作中存在的问题。[①]

研究生考试招生中的复试环节均由各招生单位（高校）组织开展，其下设培养单位（二级学院或科研中心）具体负责复试中复试办法的制定、公布复试名单、组织复试考核、公布复试结果等各个步骤的实施。如果说研究生入学考试中命题环节较易出现违规违法问题，那么复试环节中的各个步骤均可能存在巨大的风险。

从典型案例来看，复试环节中的面试和分数管理两个步骤的问题更为突出，集中反映了二级学院或科研中心等具体培养单位滥用自主权的问题，具体表现为在横向面缺乏监督和在纵向面缺乏监管，可归纳为"自主无边界"。

用鱼骨图法分析，上述风险诊断结果见图3-9。

---

① 根据教育部有关情况通报整理。

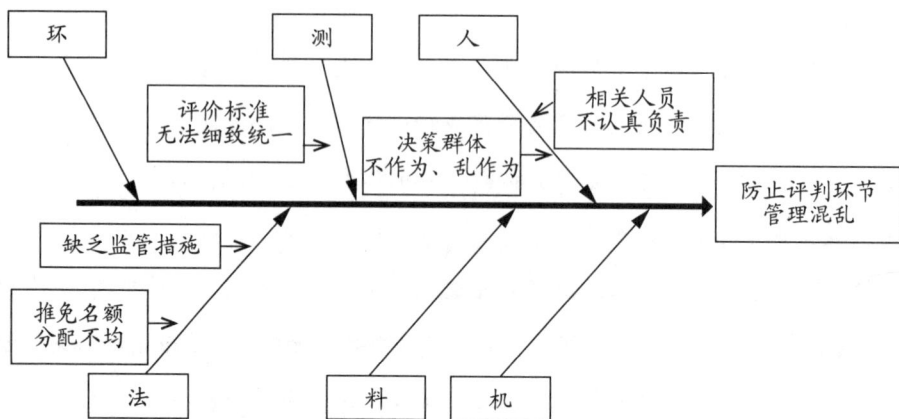

图 3-9　研究生考试招生评判中的风险点诊断图

综上可知，硕士研究生考试招生过程中评判标准不一与管理把控难的原因主要有以下三种。

第一种原因："人"的要素，如相关人员不认真、不负责，工作主观性、随意性较大；决策群体无视规则，擅自更改既定规则。

第二种原因："法"的要素，如规则缺失或规则的制定和实施存在较大的不确定性，对在复试环节中起主导作用的二级学院或科研中心无直接有效的监管。

第三种原因："测"的要素，主要是测量工具不统一，测试重点不一致，如不同专业对学生特长、能力考查的侧重点不一样。但无论是在笔试评判中，还是在复试面试中，考官均有较大的自由裁量权，而这样的自由裁量权往往又与参与评判的考官的自身专业素养和录取倾向挂钩，考官可以比较轻松地以所谓的"专业性"掩饰其不公平动机。

第四节　硕士研究生考后调剂和反馈机制不健全

在考后环节，同样存在一定的风险，主要是初试后的调剂工作机制不健全，以及招生单位组织管理中的反馈工作还存在漏洞等。

一、调剂工作机制不健全

在研究生考试招生中，对考生来说，初试只是第一关。能否进入报考志愿单位组织的复试，仅看初试分数（总分和单科分）的高低是不全面的。考生的初试成绩一般由思想政治理论课、外语课、业务课一和业务课二的得分相加构成，卷面满分为 500 分；教育学、历史学、医学门类的初试成绩一般由初试的三门科目成绩累加构成，卷面满分和统招的一样为 500 分。由于考生在报名时只能填报一个招生单位的一个专业，是否能够进入复试基本上取决于两个因素：第一，初试单科成绩和总成绩有无达到国家规定的相应分数线；第二，初试总分在报考同一招生单位同一专业的所有考生中的排名是否在招生单位的复试范围内，该复试范围一般根据招生考试计划名额加差额的总量划定。按照国家政策，考生在未达到第一志愿报考单位复试分数线的情况下，可以申请调剂到同一招生单位同一学科的其他专业，也可申请调剂到其他招生单位同一学科的有关专业。

但由于调剂工作由各招生单位自主负责、管理、实施，考生在申请调剂中常常会遇到虽有高分却难以获取复试机会的情况。究其原因，主要是各招生单位调剂信息发布时间、调剂起止时间、复试时间等各不相同。地处经济较为发达地区的招生单位往往生源更加充足，分数线也较高，为了让自己有更多机会，越来越多的一区^①考生在未达第一志愿报考单位复试分数线时，会主动申请调剂至二区的相关院校,这就导致调剂生分数整体高于第一志愿考生分数。深层次的原因是,尽管统考科目试卷相同,但自命题试卷难易程度有明显差异。

简单地说,在较难考试中取得低分的考生,未必就比在较易考试中取得高分的考生学习能力低。人们普遍认为"985""211"高校的考试更加科学,参加这类高校命题考试的考生分数即使不高,也不能认定其学习能力低。即使是同一专业的自命题试卷也不尽相同,不同高校对学生考查的重点倾向不同,很难有实质性的成绩互认,这才是调剂中的隐形障碍。在研究生考试中,高分落榜并不鲜见,这就让人们产生了对自命题科学性和对人才选拔必要性的质疑,"自命题科目考试问题已成为研究生招生考试中的诟病,成为引发研究生招生考试重大失误的关键导火索之一"^②。调剂规则的不确定性给研究生调剂工作增加了难度;即使是参加统一招考初试的考生,但因其他专业课的自命题试卷存在差异,在总成绩的评定和录取资格的获取过程中也会存在潜在的不公平风险。

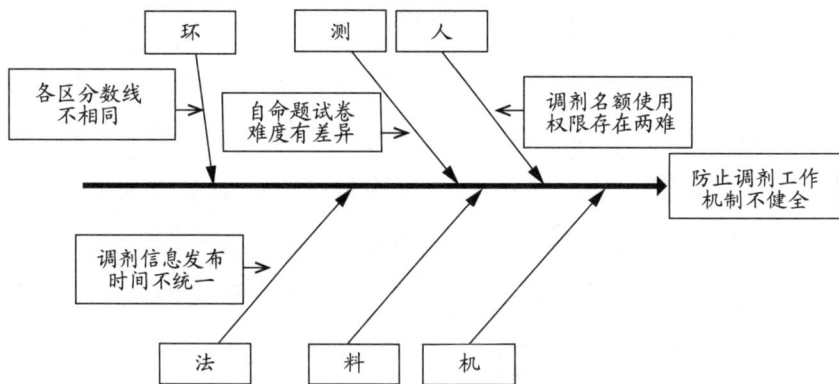

图 3-10　调剂环节中的风险点诊断图

----

① 《2015 年全国硕士研究生考试招生工作管理规定》规定,教育部按照一区、二区制定并公布参加全国统一考试考生进入复试的初试成绩基本要求。一区包括北京、天津、河北、山西、辽宁、吉林、黑龙江、上海、江苏、浙江、安徽、福建、江西、山东、河南、湖北、湖南、广东、重庆、四川、陕西等21省（市）;二区包括内蒙古、广西、海南、贵州、云南、西藏、甘肃、青海、宁夏、新疆等10省（区）。

② 缪志心:《再论研究生招生考试"两段考"模式改革》,《教育与考试》2021 年第 5 期。

由图 3-10 可知,在研究生考试招生的调剂工作中,风险因素主要有以下四类。

第一,在"人"的要素中,招生单位的主管部门（研究生院）拥有一定的调剂名额分配权,在保证本校二级单位基本名额分配到位的基础上,对机动名额的分配缺乏相应的内部制约,外部监管也容易忽视这个风险点,易给高校招生主管部门留下权力寻租的空间。

第二,在"法"的要素中,主要是各招生单位发布调剂信息的时间不统一,违规提前发布调剂信息的现象仍然存在,易诱导考生提前获知调剂条件并迅速申请调剂,其他招生单位就会在竞争中处于劣势地位。

第三,在"环"的要素中,主要是政策环境短期仍不会改变。比如,全国两个考区的分数线有一定差距,高分区的考生在调剂中的选择机会更多,低分区的考生在调剂中的劣势比较明显。

第四,在"测"的要素中,由于部分招生单位拥有自命题权,且自命题试卷难易程度无法统一,若把自命题试卷分数作为调剂的前置条件是不科学的。

二、组织管理反馈工作被忽视

在研究生考试招生中,操作规程是贯穿所有程序、所有环节、所有步骤的基本依据。在实践中,上文所述案例中的一些风险应该是可以提前预防的。但在问题发生后,经过倒查发现,大多数问题是组织管理不到位和缺乏较为严格的反馈机制造成的。因此,督促落实好研究生考试招生的主体责任仍然是监督工作的主要任务。

在国家教育部门关于印发研究生考试招生指导意见的基础上,各招生单位（高校）及其下设培养单位（二级学院或科研中心）都应结合实际,科学制定相应的招生考试方案,并严格执行。但每年仍有少数高校或二级学院不认真制定招生考试方案,造成招生考试工作无章可循。由于缺乏一定的反馈机制,研究生考试招生中的部分风险没有被及时发现和避免,归结起来,主要有两种表现形式。

第一,全校无实施细则。主要表现为:高校未明确成立考试招生工作领导小组;虽有领导小组但对研究生考试招生工作不研究、不组织、不把关;未从学校层面制定研究生考试招生实施方案或实施细则,致使各二级培养单位凭经验办事,纰漏百出。

案例:

(1)某3所大学均未按规定制定学校招生考试工作实施细则,出现较大范围的违规违法问题。

(2)某大学A未按规定制定学校招生考试工作实施细则。[①]

第二,二级单位无实施标准。主要表现为学校层面有研究生考试招生的实施方案或实施细则,但二级培养单位照搬照抄,无视学科专业特点,不认真制定具体的研究生考试招生工作标准或操作要求,致使具体工作缺乏操作参照。

案例:

(1)某大学某学院未按规定确定复试评分标准。

(2)某大学试卷模板与答案模板样式完全一样。[②]

操作规程是研究生考试招生中的前端性、基础性工作,贯穿研究生考试招生工作的全过程。但在实际操作中,特别是涉及各招生单位(高校)及其下设培养单位(二级学院或科研中心)具体负责的初试、复试环节,因缺乏具体的操作规程(实施方案、实施细则等)或操作规程有重大缺陷,往往会产生相关违规问题(见图3-11)。

---

① 根据教育部有关情况通报整理。
② 根据教育部有关情况通报整理。

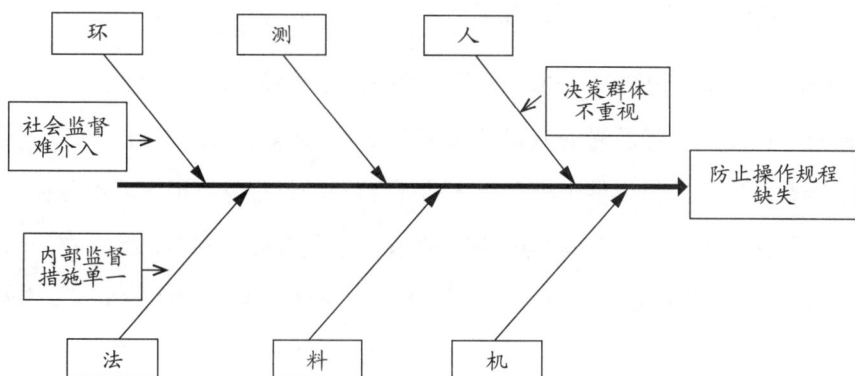

图 3-11　操作规程缺失中的风险点诊断图

综上可知，硕士研究生考试招生过程中调剂和反馈机制不健全的原因主要有以下三种。

第一，"环"的要素中社会监督的缺失。尽管社会舆论持续关注研究生考试招生工作，但具体实施招生考试的组织是相对封闭的，实施招生考试的过程是相对复杂的，行业外人员难以深刻领悟招生相关操作规程的制定原则，也就无法进行有效监督。

第二，"法"的要素中内部监督措施单一。各招生单位（高校）及其下设培养单位（二级学院或科研中心）常年参与组织实施研究生考试招生工作，相关人员较为固定，监督人员开展的监督也多为形式性的，难以对具体工作形成有效制约。

第三，"人"的要素中相关决策群体不重视。招生单位中的部分决策群体认为制定具体操作规程没什么必要，照搬往年的操作就行，这是产生各种违规问题的主观因素。

总的来说，招生单位（高校），特别是其下设培养单位（二级学院或科研中心）是一个相对封闭的、固定的组织，内部人员易结成某种利益小团体，内部制约相对松弛；社会监督难以发挥作用，外部监管缺失。此种类型的风险可称为"他者不介入"。

还应看到，除了上下层级之间的反馈机制不到位之外，面向社会公众的信息反馈工作也还有待加强。由于网络举报具有"信息传递快、信息来源广、影响面大"[①]等特点，除了传统的邮寄信函和当面举报方式外，人们越来越偏向于通过电子邮件、网络发帖等新兴的方式举报违规违纪问题。互联网公开、便捷、普及的特点为公众参与监督提供了机会[②]，但舆论监督的过程具有很大的不可控性，给监督工作带来了不少挑战。2007年，某考研女生通过在知名网络社区发布题为《考研初试成绩公布，我的是零分》的帖子，举报监考老师将自己的答案告诉其他考生，很快引起了媒体的关注。[③] 2019年，一名网友连续发了8条微博，举报某高校某学院领导集体篡改复试成绩，令人震惊。[④] 2022年，东北某"211"高校也被曝13万买卖研究生名额，网友通过微博公布了相关的语音和聊天信息等证据，邓某涉嫌买卖入学名额、漏题、非法开展培训活动等行为，无论是否属实都对学校和相关人员造成了恶劣的影响。[⑤] 有学者指出，"只有加强网络使用者——网民的个人素质和自律，才能在最终的层次上解决网络的管理问题。"[⑥] 因此，建立与研究生考试招生管理工作相关的信息反馈机制，引导社会公众正当合法地举报违规违法问题，成了新的难题。

---

① 于红：《新时期反腐倡廉视角下的舆论监督研究》，中国人民大学出版社，2014，第121页。

② John C B, Paul T, Jaeger, Justin M, Grimes, "Using ITCs too Create A Culture of Transparency, E-governmengt and Social Media as Openness and Anti-corruption Tools for Societies," *Government Information Quarterly*, no.3 (2010): 264-271.

③《考研女生举报监考老师作弊》，http://news.sina.com.cn/c/2007-03-18/010011435296s.shtml。

④《8名研究生复试成绩被修改华南理工四名院领导被查》，http://www.xinhuanet.com/politics/2019-02/16/c_1124121929.htm。

⑤《这所211被爆13万买卖研究生名额！》，https://new.qq.com/rain/a/20220305A09FK100。

⑥ 周可达：《清流集：网络舆论监督研究》，漓江出版社，2018，第155页。

第五节 博士研究生"申请－考核"制考试招生
评价标准不统一

博士研究生考试招生"申请－考核"制在国外已经实行多年，尤其以美国的博士研究生"申请－考核"制较为典型。根据学者们的研究，美国博士研究生招生较为突出的特点是自主和自律[①]，即招生自主权与招生权力约束机制相辅相成。在我国，"申请－考核"制在21世纪才开始从探索走向较大范围的实践，探索出了一些可行的路径，对健全研究生考试招生制度起到了十分重要的作用。但对博士研究生招生工作中自主权的有关讨论还有待进一步深入，在实践中也出现了一些招生自主权无所适从的问题，值得我们认真辨别和思考。

一、博士研究生"申请-考核"制考试招生中的问题

在实践中，博士研究生考试招生实行"申请－考核"制的高校越来越多，为推动我国招生考试制度改革起到了重要的作用。但过程中也难免会出现一定的问题，从目前来看，主要有以下几种表现形式。

（一）博士研究生"申请－考核"制准入条件设置存在争议

准入条件是指招生单位设置的博士研究生考试招生"申请－考核"制的报考条件，按照现在国内高校的普遍做法，招生单位一般只设置基本报考条件，如思想政治条件、学历条件、身体条件、有两名以上相关学科专业的专家予以推荐、

---

① 李传波、潘峰：《自主与自律：美国博士生招生申请机制的显著特征》，《学位与研究生教育》2014年第4期。

攻读博士学位的研究计划等。具体申请条件由二级学院在招生考试简章或招生考试办法中予以规定，主要对外语水平、硕士阶段课程成绩、学术水平等有要求，如英语水平须达六级以上或托福、雅思须达一定分数，以第一作者公开发表一篇相关学科的高水平学术论文等。目前，国内实施"申请－考核"制招收博士研究生的"双一流"大学均对申请人的学术背景、学术能力、外语水平等设置了较高门槛，主要表现为：第一，对外语能力普遍有一定的分数要求；第二，对公开发表高水平学术论文有较为明显的倾向性（见表3-1）。

表 3-1　我国"双一流"高校博士研究生"申请－考核"制考试招生条件对比

高校名称	社会学学术型博士申请条件（节选）
南京大学	**英语水平**　需满足下列条件之一：CET-4 ≥ 497 分，CET-6 ≥ 426 分，IELTS ≥ 6.0，TOEFL ≥ 85，以第一作者身份在英文国际期刊上发表过专业学术论文。 **关于提交学术论文有关材料的要求**　提交已取得的科研成果清单和代表作复印件（公开发表的学术论文、专著等，论文提供封面、目录、正文，专著提供整本书）。如无公开发表或出版的成果，可提交自认为有代表性的未发表文稿一篇；获奖证书或其他可以证明申请者科研能力和水平的证明材料；已获硕士学位的申请者需提交硕士学位论文一份。
复旦大学	**硕士阶段学习成绩**　申请人硕士阶段学业成绩：4分制平均绩点不低于3.0分，5分制平均绩点不低于4.0分。 **外语水平**　全国大学生英语六级考试成绩不低于500分，无具体分数的六级成绩等级应为良好及以上；雅思不低于6.0分，托福不低于85分；全国英语专业四级、八级考试合格；在英语授课的国家（或地区）用英语撰写硕士学位论文并获得硕士学位。若申请人所学外语为其他语种，须提供教育部考试中心组织的该语种相应于大学生英语四级考试的成绩。 **关于提交学术论文有关材料的要求**　一篇代表性学术论文（不限是否发表）。
华中科技大学	**英语水平**　全国大学英语六级考试（CET-6）成绩达到425分及以上，全国高校英语专业八级考试（TEM-8）合格；TOEFL 成绩（iBT）达到90分及以上，IELTS 成绩达到6分及以上，GRE 成绩达到300分及以上，GMAT 成绩达到650分及以上。涉及其他语种的，以国内相应语种六级或专业四级成绩合格为参考。……未满足以上条件之一，须参加学校统一组织的外语水平测试。 **学术科研能力**　取得以下学术成果之一：（1）以第一作者（或导师为第一作者，考生为第二作者）公开发表的学术论文一篇；（2）国内或者国际的学术会议上进行大会报告、会议论文等；（3）专利、软件著作权等；（4）其他院系认可的成果。

续表

高校名称	社会学学术型博士申请条件（节选）
哈尔滨工业大学	**学术背景**　（1）高水平大学或重要科研院所全日制普通本科毕业和全日制普通硕士毕业（应届硕士生必须在博士入学前取得硕士毕业证书和学位证书）。本科、硕士毕业专业和学科为国家重点学科或在全国第四轮学科评估中为 A 类学科（含 A+、A 和 A-）。对于确有特殊学术专长和突出科研能力，并在本学科领域已取得一定科研成果和发表较高水平学术文章的申请者，可不受此条的限制。 **关于提交学术论文有关材料的要求**　（1）硕士学位论文摘要和结论部分（往届生）或硕士学位论文开题报告（应届生）。（2）已发表的学术论文复印件、期刊封皮和目录复印件，已录用未刊出的论文复印件和录用证明复印件。如论文已经被 EI 或 SCI 期刊收录，还需提供文章检索证明复印件；如论文发表的期刊为 EI 或 SCI 刊源，但论文尚未检索，则需提供期刊为 EI 或 SCI 的刊源证明复印件以及文章 DOI 出版号。（3）已获得的奖励证书复印件、参与科研项目佐证材料复印件、已取得授权的专利证书复印件等，可以体现本人学术水平与能力的其他相关材料。

资料来源——根据各高校官网公布的招生简章、实施办法等整理。

在"申请－考核"制考试招生模式下，综合实力和排名越靠前的高校，对申请人前期学术能力、外语水平要求就越高。甚至有部分高校明确对考生的学术出身进行限制，"名校接收的推免生中'双一流'高校生源占比居高不下，接收的非'双一流'推免生数量有限，普通高校推免生进入'双一流'大学要面临较大的挑战，推免生'内卷'明显"[1]。类似这样的做法，将其他想报考这些高校但未达到准入条件的考生拒之门外，让他们失去了参加同场竞考的公平机会。这其中的部分条件是否科学，如"入门条件是否需要 SCI 文章"以及"是否允许跨学科申请"[2]，也值得进一步探讨。

---

[1]《2021 全国研究生考试招生调查报告》，https://www.eol.cn/e_ky/zt/report/2021/content03.html#sc_3_3。

[2] 邵淑娟、李华、赵越、赵杰：《博士研究生"申请－考核"制招生的实践与思考——以大连医科大学为例》，载赵怀力、吕炜主编《研究生招生改革探索与实践》，东北财经大学出版社，2017，第 14—15 页。

（二）博士研究生"申请－考核"过程还需加强监管

博士研究生考试招生"申请－考核"制是研究生考试招生中一种比较特殊的形式，突破了常见的以书面试卷测试分数衡量考生能力高低的模式。相关测试内容向前延伸至考生在攻读硕士期间的学业成绩、科研论文等，即更加注重考生在较长时间内的一贯表现，避免因一次性的书面试卷测试而产生的偶然性表现。但这种模式在我国实行时间并不长，还有少部分人未能深入理解"申请－考核"制度的理念，未能严格把控其中的关键环节，产生了一定的风险隐患。

1. 审核专家组未能发挥审核效用

在材料审核阶段，虽然招生单位都明确规定由各二级学院成立材料审核专家组（或称初审组），但对组内成员构成并无硬性规定，不能真正发挥审核和把关作用；专家组不严格按照规定程序参加审核工作，实际审核工作由不具备导师资格或者专业评价能力的人员承担，以致无法判定申请人是否真正达到相应报考条件。不由博士生导师或者相关专业学术专家审核申请材料，"导致了部分学生科研创新能力很强，由于个别申请条件不符合要求不能被学术专家发现而淘汰，不利于创新型人才选拔的科学与公平"①，这不仅违背了招生考试的实质要义，也有违招生考试的程序要求。根据《关于深化研究生教育改革的意见》有关内容，在博士研究生选拔"申请－审核"制中，要发挥专家组的审核作用。但在实践中，只赋予了导师组审核权，而未赋予其他主体审核权。

案例：

2021 年，某大学在博士研究生考试招生过程中，在"申请－考核"制实施办法中规定学院成立考核专家组，负责审查考生提交材料是否齐全，审核考生是否符合报考条件，并在评议后给出百分制成绩。但该学院未按照规定开展审核工

---

① 杨雅茜、王华、鲍琳辉：《医学院校"申请－考核"制博士招生现状分析与对策研究》，《才智》2021 年第 14 期。

作，由研究生管理科室的人员对考生资料进行审核，将一名未达到报考条件的考生列进复试名单，并通知该考生来校参加复试，导致该考生在复试现场被驱赶。[①]

2.审核过程规定不细致

主要表现为：招生单位不对材料审核的具体程序进行规定；审核材料的流程流于形式；只对考生的学术能力、外语能力等相关材料进行审查，而忽视考生其他报考条件。

案例：

2021年，某大学某二级学院公开发布的《招收"申请－考核"制博士研究生实施细则》中规定，当年招收"申请－考核"制博士研究生的培养方式限定为全日制、非定向就业博士研究生。但在公示的拟录取名单中，有一名考生为该学院的在职教师，以定向就业的培养方式通过了"申请－考核"考试。被举报后，该考生自愿放弃录取资格。[②]

上述几种表现反映出"申请－考核"制考试招生模式并非一种毫无风险的完美模式。对之进行风险点诊断，可聚焦在"环""法""人"等几个要素上（见图3-12）。

从"环"的要素来看，近几年，有关博士研究生考试招生"申请－考核"制的话题越来越受到人们关注。社会成员的高度关注推动了制度制定的科学性和公平性，但不同教育理念的纷争，也增加了制度制定进程的曲折性，特别是在准入条件方面还存在一定争议，公众对"申请－考核"制的认可度和包容度还有待进一步提升。

[①] 根据G高校提供的相关资料整理。
[②]《南昌大学新传学院博士招生考试被指违规，校方：该生自愿放弃录取》，https://baijiahao.baidu.com/s?id=1704788424467065667&wfr=spider&for=pc。

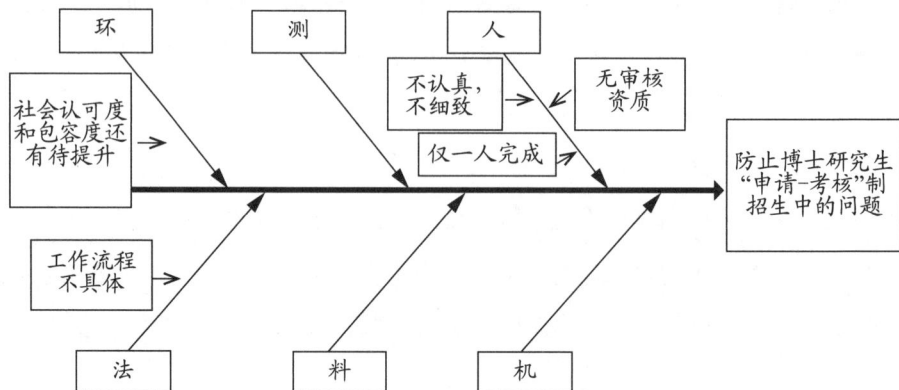

图 3-12 "申请－考核"制博士研究生考试招生中的风险点诊断图

从"法"的要素来看，目前绝大多数招生单位未制定科学严谨、切实可行的材料审核工作机制或流程。如专家组成员审核考生申请材料的具体工作程序和原则，是集体评议，还是单独打分；是盲评打分，还是实名打分；如果打分，外语水平、专业水平等的分值是多少。另外，关于考生申请准入条件的设置，能否有"仅面向'985''211'高校硕士研究生考试招生"这样的条件。审核专家组成员的主体资格，如在学科、专业上的学术造诣高低，是否具备导师资格或相应职称等，都需要提前设计并进行多番论证后才能实施。

从"人"的要素来看，在"申请－考核"制中扮演重要角色的博士生导师，究竟有何责任和权利。在导师作为第一责任人的责权机制还未健全的情况下，如何避免出现导师公权私用，以及导师因怕担责而拒不参与关键环节的相关工作等问题。这里面既有"法"的因素，也有导师个人见识和态度的问题。除此之外，其他参与招生考试工作的工作人员是否遵守既定规则，能否认真负责地完成相应工作，也是需要进一步明确的问题。

二、博士研究生"申请-考核"制考试招生的相关思考

《国家中长期教育改革和发展规划纲要（2010—2020 年）》提出，要"逐步形成分类考试、综合评价、多元录取的考试制度"，还要"加强创新能力考查，

发挥和规范导师在选拔录取中的作用"。① 这种新要求已经比较鲜明地传递了要在考试制度改革中树立尊重、肯定和扩大导师的选择权、评价权的理念。博士研究生"申请－考核"制考试招生模式作为多元录取考试制度的一种，其与普通招考模式的最大区别就在于，通过设置一定的准入条件提前圈定优质生源的范围，使博士生导师提前介入选拔程序，以达到"优中选优"的目的。

但上文关于实践中问题的分析表明，在博士研究生考试招生中，风险的表现形式与推免硕士研究生过程中的既有相似之处，也有不同之处。如博士研究生考试招生更加突出对质量的追求。其实，无论是统一招考、推荐免试，还是"申请－考核"制，博士研究生的入学招考本质上都是一种比较典型的精英选择模式。但相比"申请－考核"制，人们对推荐免试的包容度似乎更大。1984 年、1998 年和 2002 年，教育部分别印发实行提前攻博、硕博连读和直接攻博的通知，并逐渐形成了推荐免试的三种模式。似乎是因为获得硕博连读、直接攻博、提前攻博资格的考生本就是在"千军万马"中挑选出的"良驹"，且在大学本科、硕士研究生阶段有优异的专业成绩、良好的外语水平和从事科学研究的潜质，非常人所能及，所以对这部分人实行不同于普通招考的考试招生模式也无可厚非。对此，有学者指出，博士研究生考试招生中的"申请－考核"制与推荐免试中的硕博连读"在选拔机制上是如出一辙的"，"'硕博连读'可以看作……是'申请－审核'制的一种变化形态"。②

目前，学术界越来越多的学者，从提高研究生培养质量的视角，主张在招生考试中有所取舍。如学者郑若玲指出："在博士教育层次，招生是否公平并非首要考虑的问题，如何科学设计制度以招到适切优质的生源、保证招生效率才是最重要的考量。"③ 也有学者认为："考生作为受教育的主体，在具备相同科研能力、

---

① 《中共中央　国务院印发国家中长期教育改革和发展规划纲要（2010—2020 年）》，《人民教育》2010 年第 17 期。

② 李安萍、陈若愚、胡秀英：《博士研究生"申请－审核"制度探究》，《高教发展与评估》2018 年第 1 期。

③ 郑若玲、万圆：《我国博士生招生制度的改革与完善》，《中国高等教育》2014 年第 18 期。

发表相同数量和质量的学术论文条件之下，就应该享有平等的申请机会。"①更有学者直接指出："高校在博士生'申请－审核'制中设置限制性条件，影响了考生接受博士生教育的合法权利"。②可见，人们还无法在短时期内接受还未经历考试就被拒之门外的现实，这反映出了人们对考试技术存在较强的依赖心理。

"研究生招生计划体系对外部社会需求的科学响应渠道还没有建立，这已然成为制约研究生教育服务社会经济发展需求的重要症结。"③就如2017年清华大学公布在国际生招生考试中实行"申请－审核"制遭到非议一样，很多人将本不属于该招生考试制度内在属性导致的违规行为归咎于该招生考试制度自身的合理性。对此，著名教育专家熊丙奇就曾指出："目前社会舆论对清华的质疑，大多只关注这一招生考试形式，而没有关注影响招生质量的核心因素。"④他还指出，理性看待因此产生的争议，对推进招生考试制度改革和世界一流大学建设都有十分重要的意义。我国学者别敦荣也曾指出，在高等教育发展的不同历史阶段，研究生教育分别呈现不同特点，如在高等教育精英化阶段，研究生教育发展并不充分；在高等教育大众化阶段，学术学位博士研究生的"适应面相对比较窄"，"专业博士学位制度还没有被广泛认可和重视"；在高等教育普及化阶段，"创新是研究生教育的核心价值"。⑤因此，博士教育"应当是在相关学科专业方向的创新教育"⑥。

采取"申请－考核"制的招生方式，是质量要求在博士研究生考试招生中的一种反映，其中较为明显的变化是进一步扩大导师和招生单位的招生选择权。"在

---

① 阎俊、谢晶：《"双一流"建设背景下博士研究生"申请－审核"招生制度刍议》，《高教学刊》2020年第35期。

② 梁传杰、曹云：《博士生招生"申请－审核"制：主体冲突与调适》，《学位与研究生教育》2021年第9期。

③ 李永刚、孙鹤、周柯：《基于供给效率的研究生招生计划分配标准与调节改革研究》，《学位与研究生教育》2021年第2期。

④ 熊丙奇：《反思清华大学招收国际生实行申请－审核制引发的争议》，《上海教育评估研究》2017年第2期。

⑤ 别敦荣：《高等教育普及化背景下研究生教育发展的特点、要求和战略重点》，《学位与研究生教育》2022年第2期。

⑥ 别敦荣：《如何培养高水平博士？——兼谈高等教育学博士教育》，《中国高教研究》2020年第8期。

申请考核制实施过程中，学生选择权实际上属于导师个体，导师个体的招生自主权明显高于导师组的招生自主权。"①扩大导师的招生考试自主权，实际上就是在招生考试中给导师更多的选择权、评价权。

这个赋权的过程不可能一次到位，也不可能一帆风顺。如有学者指出，因招生考试自主权的扩大而产生的"权力私化"和"权钱交易的利益链"，以及"优势利益主体通过资本置换带来的最大化利益"将得到维护。②需要指出的是，由于我国长期存在的"人情社会"，大多数人对"申请－考核"制的质疑其实是一种复杂社会心理的反映，而不是对导师选择权、评价权的科学判断。把选拔性机制等同于普惠性机制的社会心理一定程度上影响了"申请－考核"制的推行，而且，"简单地将学校招收录取考生的行为视为自主管理的行为并不完全恰当"③。

回顾我国从少数高校探索实行博士研究生"申请－考核"制考试招生模式到现在大范围推行该模式的历程，差不多花了二十余年的时间，关于实施细则也是反复多次论证，可谓是慎之又慎。究其根本，其中存在两种主导理念的博弈。第一，国家要维护社会成员的公平参与权，为更多社会成员参与人才选拔机制提供可能，从机会公平上保障教育公平理念的实现，这是绝大多数社会成员认同且投入更多关注的事项；第二，国家要通过教育培养和选拔更多具有创新意识和创新能力的人才，推动国家科技创新和社会进步，促进社会高质量发展，所以把保障质量、提高质量作为招生考试的基本工作理念之一，这是绝大多数科研工作者（含导师）更为关注的内容。

多年以来，在这两种理念的主导和博弈下，我国博士研究生考试招生模式不断创新，并逐渐形成了统一招生、推荐免试和"申请－考核"制等多元化的模式，以及"初试＋复试"的基本程序，且复试分数所占比重越来越大。近些年，随着

---

① 郑若玲、刘梦青：《博士生招生考试"申请考核制"改革探析——基于X大学的调查》，《复旦教育论坛》2017年第2期。

② 汪栅：《竞争异化：精英淘汰机制中的隐形不平等——博士招生考试"申请－考核"制的公平性探析》，《研究生教育研究》2019年第4期。

③ 覃红霞：《高校招生自主权的法律阐释》，《江苏高教》2012年第6期。

国际竞争的加剧，从国家建设人才强国的现实需要、高等教育内涵式发展的长远需要出发，招生考试质量理念更加凸显，推动了我国从制度设计上进一步推广博士研究生考试招生"申请－考核"制的发展。学术界也逐渐把对"申请－考核"制的关注点放在了如何更好发挥人才选拔功能、综合评价功能、价值导向功能上，这有助于引导社会公众对"申请－考核"制的认识趋于理性。构建"考试观、招生观、成长观的'三位一体'教育评价体系"① 同样适用于"申请－考核"制的完善发展。

　　总之，实行"申请－考核"制本质上是教育理念的一种转变，是研究生培养质量下滑倒逼出来的一种改革。鉴于"越多元、越多样的考试招生制度，人情与关系就越容易介入"②，理性和规范成了影响招生单位和导师自律的两个主要因素③。因此，必须群策群力，加快研究完善博士研究生"申请－考核"制考试招生模式的可行路径。但是，与硕士研究生考试招生趋向建立试题库、尽可能减小招生单位的自命题范围、回归"统"的格局所不同的是，博士研究生"申请－考核"制考试招生模式改革的焦点在于：如何下放招生考试自主权，避免导师滥用招生考试自主权，规范导师参与招生考试的过程，以最大限度保持"放权"与"限权"的平衡。需要指出的是，虽然在我国研究生考试招生制度的建立健全过程中，不可避免地借鉴了国（境）外研究生考试招生制度的一些内容，但"实践已经证明：我们不可能单纯依托西方高等教育经验来发现有价值的中国高等教育路径"④。因此，博士研究生"申请－考核"招生制度的进一步规范，需要结合我国高等教育的实际。自治路径势必要围绕一套自治体系⑤，健全包括监督机制、复试机制在内的现代大学治理体系，是完善现阶段博士研究生"申请－考核"制考试招生模式的应然之举。

---

　　① 郑若玲、庞颖：《高考综合改革系统性的基本要义、实践审思与完善路径》，《高等教育研究》2020 年第 3 期。

　　② 刘海峰、韦骅峰：《招生考试改革的鉴古知今——"唯分数"与"唯升学"问题的历史探究》，《教育研究》2021 年第 5 期。

　　③ 张务农：《我国博士招生考试申请考核制的制度设计和规则设定——基于新制度主义的视角》，《教育发展研究》2017 年第 9 期。

　　④ 邬大光：《走出我国大学转型发展的路径依赖》，《中国高教研究》2021 年第 10 期。

　　⑤ 潘峰、张立迁：《博士生招生"申请－审核"制的自治路径探析》，《学位与研究生教育》2017 年第 3 期。

第四章　我国古代科举考试作弊监督及其启示

　　以才学为选拔标准的科举制是中国古代历代王朝选拔官吏及后备人才的重要制度,它以"选贤任能"为目的,秉承"权衡至公"的理念,在华夏大地上延续了一千三百多年。"学而优则仕",无数士子勤勉于学业,凭借科举考试步入仕途,实现人生理想与抱负,可以说,科举制"对古代中国政治、教育、文学、社会、文化等各方面都产生过重大而深远的影响"[1]。自隋唐开始科举取士以来,科举制在人才选拔方面的重要性就日渐凸显,乃至成为士子唯一进身之阶。直至明清时期,"虽有以他途进者,终不得于(与)科第出身者相比"[2]。在"科举中式即出人头地"的巨大利益驱使下,这种高利害的考试制度也催生出了无数五花八门的作弊取巧行为,"在全社会范围内形成了为科举功名而奔竞的趋势"[3]。可以说,一部科举史也是一部作弊与反作弊的斗争史。自隋唐实行科举制以来,历代王朝为了确保考试公平,实现选贤任能的目标,都会制定严密的考试条例或规程,也会采取严厉的措施来预防与惩治舞弊行为。其中,对考官和考生的监督是历代王朝防治科场舞弊的关键环节。本书对古代科举考试中的监督做法进行了梳理,并从中汲取了有益经验,以期对我国新时代研究生招生监督机制的构建有所启发。

---

① 刘海峰:《科举文献与"科举学"》,《台大历史学报》2003年总第32期。
② 赵尔巽等:《清史稿》卷一百六,中华书局,1977,第3099页。
③ 王凯旋:《明代科举制度考论》,沈阳出版社,2005,第166页。

第一节　科举考试考官作弊行为监督

科举考试舞弊的主体为考生与考官，舞弊手段可谓贯穿考前、考中、考后全过程，严重破坏了科举制度的公平与公正，对中央王朝选拔有真才实学的人才形成了一定阻碍。科举考试中，考官负责考试命题与阅卷、考场布置与监督、考试录取名单确定、科场事宜上报等工作，在科举取士中起到了非常关键的作用。自科举考试推行以来，对考官的监督就成了科举考试组织工作的重中之重。考官舞弊监察制度始自唐朝，历经两宋和元朝的发展，到明清时期已较为成熟，在一定程度上防止了科场中徇情私取等舞弊行为，为朝廷公正地选拔贤能之士提供了重要的制度保障。

一、考前风险预判与规避

考官承担着命题的重要职责，同时掌握着考生的去留大权。在正式科考前，考官可能会有泄题、接受请托、夤缘等舞弊行为。由于科举制度还不够完善，唐朝采用考试与荐举相结合的方式来选拔人才，且并未形成严格按照程文定去留的规则。如唐宣宗大中九年（855 年）三月，"试宏词举人，漏泄题目"[1]。《旧唐书·文苑传》载，董思恭在知考功举事时，"坐预泄问目"，结果"配流岭表而死"[2]。虽然泄题行为被发现后，涉事的考官会受到处罚，但只要没人检举告发，泄题考官也就平安无事，故而泄题现象总是禁而不绝。此外，考生去留由考官决定，考官容易因利益诱惑而接受考生请托，以职权换取私利。考官接受请托现象自唐朝

---

[1] 刘昫等：《旧唐书》卷十八下，中华书局，1975，第 633 页。

[2] 刘昫等：《旧唐书》卷一百九十上，中华书局，1975，第 4997 页。

中后期开始就较为常见，直至明清时期依旧屡见不鲜，对科举考试的公正性造成了极大的负面影响。

为了确保科举考试能够客观、公正地举行，历代统治者采取了一系列监察措施来约束考官的行为。特别是针对考试前容易发生的泄题、接受请托等风险，中央王朝建立了诸如临时任命考官、锁院、回避、保密等制度，在一定程度上对考官有可能出现的舞弊行为起到了制约作用。

1. 临时任命考官制度防止考官接受请托

科举考试中的考官一般由皇帝亲自任命。皇帝会从进士出身的高级官员中选派考官，尤其关注其学术水平和道德修养，也会尽量让考官主试与其籍贯不同之地的考试，防止考官与考生串通舞弊。唐代前期主考是固定职务。武德年间，吏部考功郎中监试贡举，而实际由考功员外郎主持。贞观年间，考功员外郎专掌贡举。[①] 唐玄宗开元二十四年（736 年）春，主考官李昂与考生李权在进士考试中发生争端，此后，贡举管理权限由吏部转入礼部，由礼部侍郎知贡举。[②]"唐后期，使职差遣盛行，科举管理也时以他官替代，称为'权知贡举'"[③]，开启了临命考官主掌贡举的先河。此间，中书舍人、太常少卿、尚书、仆射、刑部侍郎、户部侍郎等官员都曾担任过主考一职，但以中书舍人担任此职者为多[④]，一定程度上可防止科考权力长期集中于个人而滋生的腐败问题。宋代主考官也是考前临时任命，品级大多高于礼部侍郎，每年更换，并设若干副主考，使其互相监督、互相制约。清代乡试、会试主考官也都由皇帝亲自选派，临时宣布任命，即行赴任。其中，乡试设正主考一名，副主考从清初到同治后期由一名增至三名；自雍正三

---

① 杜佑：《通典》卷十五，中华书局，1984，第 83 页。

② 至于贡举权由吏部转入礼部的动因、过程及影响，可参见刘海峰：《唐代教育与选举制度综论》，文津出版社，1991，第 93—106 页；杜成宪：《封建国家平衡科举考试管理权限的精心设计——试论唐代贡举权的转移》，《中国考试》2018 年第 1 期。

③ 刘海峰：《唐代教育与选举制度综论》，文津出版社，1991，第 98 页。

④ 王钦若等：《册府元龟（校订本）》卷六百四十一，周勋初等校订，凤凰出版社，2006，第 7406 页。

年（1725年）开始，考官人选仅限于翰林和进士出身的部官、院官。[1] 会试主考官，又称"总裁"，二至七人不等，清初由内阁大臣、六部大员等担任；咸丰以后，由翰林、进士出身的大学士及一、二品京官担任。[2] 为了防止收受请托等舞弊现象发生，朝廷根据各省路途的远近，分批宣布选派的考官。被选官员接旨后，限期启程，按规定不带家属、不辞客、不多带随从、途中不闲游，到达省城后立即进入贡院。同入贡院的仆从不得随意出院，院外仆从则不得随意入院。此外，无论乡试还是会试，都需任命数量不等的同考官（房考官）协助阅卷。中国古代的考官选派制度体现了历代统治者对科举考试防弊措施的重视。

2. 锁院制度避免考官泄漏考题

贡院是古代科举考试场所。所谓"锁院"是指"考试前数日，考官同时进入贡院，关闭院门，开始拟题、收领试纸、排定举人座位图，直至考毕，定出等第，考官方得出院"[3]。该制初见于唐，于宋行之，用于各级考试，元明清三代亦沿袭之。考官在院期间，均为锁院时间。元代，一般承担锁院任务和在贡院封锁期间负责监督考官及考生是否有违规行为的是中央监察机构——御史台的官员。主考、同考等内帘官一经任命就须在规定期限内进入贡院，拟题、考试、评阅试卷均在贡院内进行。在科考的整个过程中，内帘官不能外出，不能与提调、监试等外帘官接触，以防内、外帘官串通作弊。在锁院期间，只有持盖有中书门下省官印的"堂贴"才能出入贡院。放榜之前，严禁考官与亲友会面以及与贡院外人员进行书信往来。各级考试官员只有在放榜之后才能离开贡院。这项制度使得考官在入闱期间与外界隔绝，可以不受干扰地命题和阅卷，而泄题问题在锁院制度确立后也在一定程度上得到了控制，可以说这项制度对维护科举考试公平公正具有积极意义。

3. 回避制度尽量消除考官徇私可能

科场回避制度是中央王朝为尽力消除考官徇私舞弊而采取的限制性、规范性举措。唐代有别头试，亦称"别试""别头"，是科场回避制度之滥觞。唐玄宗

---

① 杨智磊、王兴亚主编《中国考试管理制度史》，中州古籍出版社，2007，第579—583页。
② 杨智磊、王兴亚主编《中国考试管理制度史》，中州古籍出版社，2007，第607—608页。
③ 杨学为主编《中国考试大辞典》，上海辞书出版社，2006，第448页。

开元二十四年（736 年），贡举权限由吏部转至礼部后，朝廷规定若有负责主考的吏部侍郎的亲戚、故旧参加省试，则礼部需单独另设考场，由吏部考功员外郎主持考试。[①] 唐德宗时曾罢废此法，唐宪宗时又恢复，然而最终未能成为定制。宋太宗雍熙二年（985 年），朝廷始命省试考官之亲戚移试别处。凡国子监、开封府举送的贡士，若与举官为姻戚关系，则由国子监、开封府互相考试。宋真宗咸平元年（998 年），朝廷开始专门派官别试。[②] 宋仁宗景祐四年（1037 年），各路也被要求实行别头试。"解试或省试时，考官及有关官员的子弟、亲戚、门客，均须回避，另派考官，专门设立考场考试，并单独规定录取名额。"[③] 元代有制："举人与考试官有五服内亲者，自须回避，仍令同试官考卷。若应避而不自陈者，殿一举。"[④]

经过宋元两代的发展，到明代时，考官回避的范围从亲属扩大到了地区，甚至还有职责回避。具体来说，就是考官有亲属参加考试时需要回避，考官不能担任现籍贯地与现任职地的主考官，不能跨越职责担任考官。明代科举考官有内、外帘之分，"在外提调、监试等谓之外帘官，在内主考、同考谓之内帘官"[⑤]。主考官、同考官等主要负责试卷命题和批阅考卷；监临官、监试官、提调官等对考务工作进行协调和保障，同时对考试全过程进行监督。内帘官、外帘官各司其职，不能处理超越自己工作职责的事务，也不能私下相互往来，如因公务需要，只能隔着帘子问答和交接，有效避免了考官在科场中相互串通舞弊。[⑥]

清代回避制度发展更为精细，规定日益严格。道光年间，"入场官员之子弟及同族，除支分派远，散居各省各府，籍贯迥异者，毋庸回避外，其余虽分居外

---

① 欧阳修、宋祁：《新唐书》卷四十四，中华书局，1975，第 1165 页。

② 脱脱等：《宋史》卷一百五十五，中华书局，1977，第 3609 页。

③ 杨学为主编《中国考试大辞典》，上海辞书出版社，2006，第 208 页。

④ 宋濂等：《元史》卷八十一，中华书局，2006，第 1976 页。

⑤ 张廷玉等：《明史》卷七十，中华书局，1974，第 1695 页。

⑥ 然而据学者研究表明，明代"亲属回避"政策并未得到很好的贯彻执行，"地区回避"政策得到严格执行。参见牛明铎：《明代科举防范与惩治作弊制度研究》，福建师范大学博士论文，2016，第 205—216 页。

省外府，在五服以内及服制虽远，聚族一处之各本族，并外祖父、翁婿、甥舅、妻之嫡兄弟、妻之姊妹、夫妻之胞侄、嫡姊妹之夫、嫡姑之夫、嫡姑之子、舅之子、母姨之子、女之子、妻之祖、孙女之夫、本身儿女姻亲，概令照例回避，不准入场考试。"[①] 可见，清代亲属回避的范围甚为广泛，几乎涵盖五服以内的所有亲属。回避制度在考前就消除了与考生有直接关系的考官徇私舞弊的可能性，同时也避免了考官之间相互串通、操纵考试结果等情况的发生。

4. 保密制度保障试题安全

命题和进题是科举考试中比较容易发生泄题的环节。为了确保试题的保密性，明代要求主考官与各房同考官在内帘共同开展命题工作，由主考官从各房同考官拟定的三道试题中挑选一道作为考题。这样就使得主考官和同考官相互制约，在一定程度上消除了考官泄题的可能性。殿试也实行严密的命题和进题程序。试题由内阁进呈给皇帝，皇帝选定后，由誊写官在太监的监督下进行誊写，司礼监拿到誊抄试卷后会连夜进行批量刻印。殿试开始前，誊写官和司礼监都不得离开房间。后来，为了进一步保证试题的保密性，朝廷还取消了内阁进题的环节，由皇帝亲自为殿试出题，较好地达到了防止泄题的目的。会试也有进题环节，府尹或礼部尚书会在考官命题结束后及向考生分发试卷前，从贡院门口将每科三场的考试题目领出，呈交给皇帝查看。具体的进题时间一般在凌晨三点到五点。为了防止进题官向考生泄题，在交接呈题纸前，命题考官必须先将试题密封，由负责协调管理事务的提调官和负责监督的监临官转交，交接过程中进题官、提调官和监临官不能进行任何交流，呈题纸交接完毕后贡院大门立即紧闭。如此一来，进题官既无从知晓试题内容又没有机会与考生见面，极大地降低了进题阶段泄题的可能性。

---

① 杜受田等：《钦定科场条例》卷二十六，收入《续修四库全书·史部》第830册，上海古籍出版社，1995，第109页。

二、考中舞弊防范与处置

考官在科举考试中实施的舞弊行为主要有"挟带"和"通关节"。所谓"挟带"，又称"怀挟"，原本是考生常用的一种作弊手段，从明朝中后期开始，科场中也出现了考务人员为考生挟带的情况。这些人员既有参与考务工作的士兵、匠人，也有执事的官员。他们有的将小抄藏在身上带入考场，有的把文字内容藏在每日食用的米面之中混入考场，还有的把书页藏在随身携带的物品当中带进考场。如万历年间的进士周元暐曾经在《泾林续记》一书中详细记录了胥吏为考生挟带的场景："今闻应天府吏书得贿，将伞柄打通，藏小薄在内，并潜贮于台印箱、衣箱坐柜交底中，至点名则取小薄隐于尹丞坐椅裤后，随呼名则随予，百不失一。"[①] 彼时虽对临场各官的行李皆有搜检，但从未搜及尹丞的伞柄与随身台箱等，由此足见考场作弊之盛和手段之巧。

在宋代实行弥封与誊录制度后，通过请托考官按照姓名录取考生的方式已行不通，于是又产生了另一种舞弊行为，即"通关节"。所谓"通关节"就是指考官和考生"事先约定在试卷中某一处使用某一字，或在试卷中连续使用某几个不同的虚词等，或在试卷中作出特定的记号"[②]，以便阅卷官辨识，予以录取。"通关节"行为在宋朝就已经出现，到了明清时期更是变本加厉。这种舞弊手法严重败坏了考试风气，使得弥封誊录制度流于形式，成了科场一大弊病。

针对科场存在的诸多徇私舞弊行为，历代统治者制定并实施了诸如搜检、殿试、弥封等防弊制度，并取得了一定成效。

1. 搜检制度防止考官挟带进场

针对考务人员挟带的现象，明代朝廷将搜检的对象从考生扩大到了参与考务的吏胥、士兵以及执事官等。成化十年（1474年），受卷、巡绰等执事官入院时，监察御史负责对他们的衣箱、床上用品等进行搜检，防止他们挟带文字。[③] 嘉靖

---

① 周元暐：《泾林续记》，中华书局，1985，第14页。

② 王凯旋：《明代科举制度考论》，沈阳出版社，2005，第168页。

③ 李东阳、申时行：《大明会典》卷七十七，文海出版社，1964，第1232页。

年间,礼部题准会试条例则明文规定,搜检军士负责对吏胥等人进行搜验,礼部搜检官和巡绰官则负责对防弊的搜检、巡绰等进行搜检。[①] 这种分层分级的搜检制度有效防止了考务人员的违规行为。

2. 殿试制度避免考官滥用权力

殿试,又叫"廷试",是科举阶梯的最后一个阶段,由皇帝主持,参加者主要为新科会试的中试者。[②] 殿试最早出现在唐朝武后执政时期,但当时并未形成定制。宋太祖开宝六年(973年),有举子告发当科主考官李昉照顾同乡、取士不公,于是宋太祖亲自对举人进行复试。自此以后,殿试成为常制,使科举变为解试、省试、殿试三级考试,逐级升考拔录。省试合格者参加殿试,殿试不实行淘汰制,只区分名次以授官。殿试的施行,使皇帝将考试的最高权力收回手中,新取进士成为"天子门生",在加强中央集权的同时,限制了门生座主关系的形成,减少了请托等舞弊行为的发生。

3. 弥封制度确保考官公正阅卷

弥封,又称"封弥""糊名",是科举考试中有关考校试卷的一项规定,即阅卷前先将试卷上的考生姓名、籍贯等信息封贴起来,阅卷结束后再拆开弥封的考卷以确认高中考生的信息,并张榜公告。考官在阅卷过程中无法知晓考生姓名,也就难以左右录取结果了。弥封的做法最早始于唐朝,在当时的科举考试中考生姓名、籍贯等信息是公开的,未中或排名靠后的世家豪族不仅可以提前知道考录结果,还可以通过贿赂考官等方式中举。为了杜绝这种情况,武则天命令考试时将试卷上的考生名字糊起来,暗考以定等第,但这一做法在唐代并未形成定制。宋太宗淳化三年(992年),殿试始行糊名考校法。[③] 宋真宗咸平二年(999年)的省试,朝廷选派官员专门从事封印卷首事务。宋仁宗明道二年(1033年),各州解试亦实行弥封。景祐四年(1037年),宋廷又令开封府、国子监及别头试实

① 俞汝楫:《礼部志稿》卷二十三,收入《景印文渊阁四库全书·史部》第597册,台湾商务印书馆,1986,第431页。
② 刘海峰、李兵:《中国科举史(修订本)》,东方出版中心,2021,第381页。
③ 马端临:《文献通考》卷三十,中华书局,1986,第285页。

行弥封法。^①弥封制度自创立后一直被沿用，有利于考官客观阅卷和国家公正选拔人才。

4. 处置制度发挥警戒作用

针对科举考试出现的舞弊行为，历代王朝都采取了一系列处置办法，完善了相关惩罚制度。例如，《宋史》和《续资治通鉴长编》记录了宋真宗景德二年（1005年）殿试考官陈尧咨和考生"通关节"被降职处罚的事件。这一年，右正言、知制诰陈尧咨为考官，三司使刘师道之弟刘几道参加考试。由于考卷封弥，刘师道事先嘱其弟"以试卷为识验"，即在试卷上做记号。[2]刘几道考中后被人告发，朝廷查实后下诏将他从录取名册中除名，并永不得参加科举，刘师道被降职为忠武行军司马，陈尧咨被降职为单州团练副使。[3]明朝万历年间朝廷对考官不得收受贿赂、徇私舞弊作了明确的规定："科场取士公典，禁例甚严，若纳贿行私，果有实迹，法当重究。"[4]同时，要求对在科举考试中收受贿赂的考官进行严厉惩罚。如万历十四年（1586年），应天乡试主考官郑懋学因纳贿行私而被"革任听勘"。[5]康熙三十九年（1700年），清廷规定："主考官有交通嘱托，贿卖关节，夤缘中式，事发按律从重治罪。"[6]同时，明确对"通关节"作弊者从重惩处。乾隆十七年（1752年），在顺天乡试内帘监试御史蔡时田的行李中搜出小抄若干，经外帘监试御史曹秀先辨认，系为其侄曹咏祖笔迹，乾隆帝下谕将蔡时田革职，曹咏祖被取消举人身份，曹秀先也被解任。蔡时田后因"通关节"又获罪，皇帝大怒，令"自应立决，即例应监候"，最后其被处以斩刑。[7]考官除因自身行为遭受惩处以外，还会因监考考生的舞弊行为而受牵连。如崇祯三年（1630年），左赞善

---

① 杨学为主编《中国考试大辞典》，上海辞书出版社，2006，第305页。

② 脱脱等：《宋史》卷二百八十四，中华书局，1977，第9588页。

③ 李焘：《续资治通鉴长编》卷五十九，中华书局，2016，第3158页。

④ 《明神宗实录》卷一百七十三，收入《明实录》，北平图书馆红格抄本微卷影印本，1962，第3177页。

⑤ 王凯旋：《中国科举制度史》，万卷出版公司，2012，第399页。

⑥ 奎润等：《钦定科场条例》卷三十三，李兵、袁建辉点校，岳麓书社，2020，第578页。

⑦ 《高宗实录》卷四百二十，收入《清实录》第14册，中华书局，1986，第501页。

姚希孟和谕德姚明恭一起主持顺天乡试,有两名武生冒籍中式被给事中王猷检举,姚希孟最后获谴。① 古代科举中的相关惩治制度对规范考官行为起到了一定作用。考官把加强考场管理、维护科举客观公正作为自己的职责,在一定程度上减少了徇私舞弊情况的发生。

三、考后腐败预防与惩治

科举考试后的阅卷和录取环节也易发生舞弊情况,其中,偷改和换卷是较为常见的形式。偷改,是指考生考后通过贿赂考官或考务人员在试卷上动手脚。有些人会贿赂收买誊录官偷改试卷,如陆以湉在《冷庐杂识》中写道:"亦有已获科名者,贪得厚利,冒应是役,甚至私携墨笔,点窜试文,中隽则可得重酬。"② 有些人会直接贿买考官修改试卷,如顺治十四年(1657年)的河南乡试中,就发生了主考官黄沁、丁澎在考生试卷上添改文字的案例。③ 换卷,又称为"割卷",是指考官被考生买通,利用阅卷的时机将该考生的试卷和其他考生的试卷相互调换,从而帮助请托的考生及第。明代戏曲理论家徐复祚在其著作《花当阁丛谈》中提到的"活切头"指的就是换卷,"以甲卷之面,移作乙面,移花接木是也"④,即先把两份试卷的卷面都切割下来,再把其中一份试卷的卷面粘贴到另外一份试卷的卷首上,达到调换试卷的目的。换卷在誊录制度施行之后比较常见,主要表现为收买誊录官在誊录时调换抄写,将文辞优美的卷面与舞弊考生的卷首相接,使舞弊者高中而优秀者落榜。换卷的舞弊手段较为隐蔽,除非有人告发,或者考卷行文差异很大以致引起了考官的注意,继而调取考生手写墨卷和誊录朱卷进行对照,否则不易被发现。

为了防止考官考后舞弊行为的发生,历代统治者采取了各种监督措施,逐渐形成了誊录制度、异色笔阅卷制度、分经房阅卷制度、会同搜校落卷制度、会同

---

① 张廷玉:《明史》卷二百十六,中华书局,1974,第5719页。
② 陆以湉:《冷庐杂识》卷八,中华书局,1984,第418页。
③ 杨智磊、王兴亚主编《中国考试管理制度史》,中州古籍出版社,2007,第669页。
④ 徐复祚:《花当阁丛谈》卷五,中华书局,1991,第133页。

拆卷填榜制度以及磨勘制度等一系列制度。

1. 誊录制度杜绝考官辨认字迹

弥封制度实施之后，考官仍可通过辨认考生字迹或与考生约定暗号等手段进行作弊。为了杜绝此类弊病，宋朝又创设了誊录制度，即"由专职誊录官将考生试卷重新誊写"[1]，还设立了专门的誊录机构——誊录院。考生交完试卷之后，收卷官将试卷送到弥封所，在这里弥封官监督并带领胥吏和差役等人将试卷前部的考生个人和三代信息密封、用印并编上号数，再将试卷送到誊录院。在誊录院里，誊录官监督和带领书手用红笔楷书将原卷誊抄一遍，完成后送到对读所。对读官监督和带领对读生将誊写的朱卷和考生原来的墨卷一一认真对读，确保朱卷和墨卷的字数和语句完全相同；对读完毕后，朱卷和墨卷被一起送到外收掌所官员处逐一核对编号；确认无误后，墨卷由外收掌存放在外帘，朱卷则分包分批送到提调堂挂批，由监临挨包盖印装箱后相继送到内帘交给内收掌，之后再分给各房官评阅。在这个过程中，弥封、誊录、对读等官员都要在朱卷卷面上加盖自己的衔名戳印，誊录书手、对读生则需要在墨卷的卷末写上自己的姓名和籍贯，以便出现问题后追究责任。[2]誊录制度最先在殿试中使用，之后逐步推广到省试和发解试，并一直被元明清三代沿用。誊录制度在弥封制度的基础上更进一步，由专人将考生答卷重新誊写一遍，彻底隐藏了考生笔迹，有效地杜绝了"识认字画之弊"。誊录制度不仅使科举考试流程更加严密，也使科举监督机制更加完善，在有效防止考官徇私阅卷方面发挥了很大效力。

2. 异色笔阅卷制度便于追查考官责任

明代为保证考官公正阅卷，创设了异色笔阅卷制度。这项制度要求考生、誊录官和考官分别在答题、誊录和批阅试卷过程中采用不同颜色的墨汁进行书写。具体来说，考生必须使用黑色墨笔答题，誊录官使用红色墨笔誊写试卷，阅卷官则使用青色墨笔阅卷，并且不准混用。这样就可以在问题出现时又快又准地找到

---

① 王凯旋：《中国科举制度史》，万卷出版公司，2012，第365页。
② 刘虹：《中国选士制度史》，湖南教育出版社，1992，第417—418页。

出错环节,是答题阶段,还是誊录阶段,或者是批阅阶段,进而分清责任。

3.分经房阅卷制度避免考官串通舞弊

明代乡试和会试的阅卷都要求考官分房进行。一般先由同考官分专经阅卷,按照分配给本经房的录取名额向主考官推荐优秀试卷;主考官负责确定录取试卷并排定名次。未获得同考官推荐的试卷,或者虽然同考官推荐但主考官并未录取的试卷都被称为"落卷"。落卷上必须有同考官和主考官加写的简单批语,旨在说明试卷未被推荐和未被录取的理由。阅卷过程中,各房的考官不能相互走动,不能干预其他考官阅卷,不能更换批阅的试卷,不能私自谈论试卷的内容,也不允许跨越考房录取考生。分经房阅卷制度避免了考官之间相互串通舞弊现象的发生。

4.覆核和覆试制度督促考官谨慎阅卷

覆核制度始自唐玄宗开元二十五年(737年),朝廷规定:"及第人所试杂文,先送中书门下详覆。"[①]唐穆宗长庆三年(823年),礼部侍郎王起奏:"请今年进士堪及第者,本司考试讫,其诗赋先送中书门下详覆。"[②]朝廷对礼部举人的杂文、诗赋等考试答卷进行覆核,有助于考官谨慎评阅考生答卷进而实现公平取士的目的。宋太祖开宝元年(968年),为防止司衡文者以权谋私,权贵子弟巧取科场,皇帝要求凡是出自官宦食禄之家的中式举人,都要上报礼部知悉,并进行覆试。[③]到明朝万历年间,覆试的内容更趋复杂,次数亦更加频繁,只要认为考试中存在疑点的,无论考生是什么身份都要进行覆试。覆试由礼科官员、都察院官员、原科举考官以及考务官一同执行。如果出现考生覆试试卷与第一次试卷差异较大的情况,考官要对此负责并接受严厉的处罚。

5.会同搜校落卷制度防止优秀试卷落选

为了避免考官在阅卷时遗漏优秀试卷,明代创设了会同搜校落卷制度。具体程序是:阅卷完毕以后,各房同考官对所有落选的试卷进行交叉检查,如果有程

---

① 王溥:《唐会要》卷七十六,中华书局,1955,第1380页。
② 王溥:《唐会要》卷七十六,中华书局,1955,第1381页。
③ 李焘:《续资治通鉴长编》卷九,中华书局,2016,第588—589页。

文优秀却漏选了的试卷，就马上呈送给主考官当面裁定。对于最终选中的试卷，各房同考官还要进行最后的斟酌，尽可能避免佳卷遗漏的情况发生。会同搜校落卷制度的初衷是防止佳卷落选，避免朝廷错失贤才，但在执行过程中也起到了督促考官规范批阅试卷的作用，对防止科举考官在阅卷时徇私舞弊有着积极的意义。

6. 会同拆卷填榜制度监督考官公平取士

元代和明代都有会同拆卷填榜制度，具体内容是：考官确定取中的朱卷及其名次以后，先记录下所取中朱卷的编号，再由提调官调取墨卷，由知贡举官、监试官、提调官以及其他考官一起比对，确认朱卷和墨卷的编号相同，然后拆开弥封的墨卷以确认考生信息，再将取中的考生姓名和名次填写在榜上。如果所取中的朱卷和原来的墨卷编号不一致，或者墨卷暂时查询不到，那么原来打算取中的朱卷就会被立即弃用。[①] 如果出现填榜错误，相关人员都要受到罚俸的惩罚。如明万历十六年（1588年），应天府乡试考试官刘元震与知县章嘉祯将公榜姓名填写错误，又不加磨勘即拆榜填写中式名单。皇帝知后，下旨"重加惩治"章嘉祯，罚俸五个月；"相应量加惩治"刘元震，罚俸两个月。[②] 这项制度要求知贡举官、监试官、提调官以及其他考官集体拆卷和填榜，杜绝了考官单独拆卷和填榜时可能发生的舞弊行为。

7. 磨勘制度核查考官是否规范履职

科举考试中的"磨勘"是指对"乡、会试已阅试卷进行的复核，旨在防止考官于场后修改试卷，以及阅卷中的疏漏"[③]。自唐代开始，便已有复核试卷之例，"诸州府所试，各须封送省司检勘，如病败不近词理，州府妄给解者，试官停见任用阙"[④]。明代的磨勘制度实际上是一种文书覆核制度。明初，乡试取中举人的试卷会被送到礼部进行核验，主要目的是检查考生试卷是否存在没有回避庙讳以及御

① 严嵩：《钤山堂集》卷二十七，收入《四库全书存目丛书·集部》第56册，齐鲁书社，1997，第238页。
② 王世贞：《弇山堂别集》卷八十四，魏连科点校，中华书局，1985，第1603—1604页。
③ 杨学为主编《中国考试大辞典》，上海辞书出版社，2006，第486页。
④ 王定保：《唐摭言》卷一，中华书局，1959，第2页。

名等的情况。到了万历年间，磨勘制度已经发展得更加严密和完善，在科举考试防弊中发挥了积极作用。这个时期，朝廷规定乡试结果公布后的三天内，礼部和礼科要派官员共同对朱卷和墨卷进行笔迹对比，同时通读全文以检查文章是否存在不合礼法情况。如果发现文章确有不合礼法的文字和内容，考生就会被惩戒。在此过程中，礼部官员和礼科官员的职责有所不同。简单来说，礼部官员负责监督各省乡试考官，而礼科官员则要对礼部负责磨勘的官员进行监督。这样就形成了一个闭环的监督网。万历三十五年（1607年），朝廷还颁布了《磨勘律》，明确规定礼部、礼科必须磨勘乡试的朱卷、墨卷。

清代，磨勘制度始成定制。清政府颁布《磨勘条例》，要求对乡试、会试中已经中式的考卷进行复核，若出现问题将酌情惩罚相关责任人。这实际上是对主考官命题、考生答卷、外帘各处考务、考官阅卷等环节进行细致的核查，重点检查考官和考生有没有作弊的疑点、命题是否有纰漏或过错、内帘官评阅试卷是否公正规范、誊写的朱卷是否规整等。如果发现主考官、同考官在批阅试卷时没有通读圈点或者圈点有错误，则酌情给予降职或者扣发俸禄的处罚；如果誊录的朱卷通篇字迹潦草，就要严格追究负责选送书手的官员的责任，对其进行严厉处罚。[①] 磨勘制度可以有效杜绝考官在科场中的舞弊行为，若有不法之举必当严厉惩处。这对考官形成了较大震慑，迫使他们严格遵守科场条例，维护了科举考试的公平性。

8. 惩治制度促使考官按律履职

历代统治者都会制定严刑峻法来惩处考官的不法行为。唐代有关律令规定，"诸贡举非其人（谓德行乖僻不如举状者）及应贡举而不贡举者（谓才堪利用蔽而不言也）"，则"一人徒一年，二人加一等，罪止徒三年"[②]。针对科场考官违规行为，宋代相关律法也有贬官等处罚。如，仁宗天圣元年（1023年），太常丞胥偃和御史高升共同主持开封府进士考试，试后二人擅自拆开弥封卷首，挑选

---

① 赵尔巽等：《清史稿》卷一百八，中华书局，1977，第3162—3163页。
② 杜佑：《通典》卷十五，中华书局，1984，第83页。

有名之士居于前列。事发后，胥偃官降秘书省著作佐郎、监光化军酒。[①]在万历三十五年（1607年），朝廷制定了《磨勘律》，以"律"的形式确立了对割卷、捏造关节等作弊行为的处罚规定："以乡、会试卷揭晓毕日，本生自简，续将中式卷送部、科勘对；如有诓骗人财物、割卷、包许中式情弊者，俱拿问，重枷三个月，发极边烟瘴地方充军；其央浼营干之人、被诓骗者，无论知情不知情，中式不中式，俱一体同罪。"[②]根据这条律令，天启元年（1621年）浙江乡试发生钱千秋捏造关节案时，钱千秋被流放戍边，考官钱谦益、郑履祥由于失于觉察，各被罚俸三个月。[③]清代对舞弊考官的惩处更是前所未有的严酷。在康熙五十年（1711年）辛卯科江南乡试中，士林以"副主考官翰林编修赵晋与时任两江总督噶礼通同贿卖关节"为由喧闹控诉。案发后，经过京师三审，赵晋和同考官王曰俞、方名被斩首，参与贿买关节的吴泌、余继祖、吴炳、李启、程光奎被处绞监候于秋后处决，后改为流徙，主考官左必蕃"事前不能觉察，初拟军流，后改革职"。[④]古代严厉的处罚制度对科举考官的不法行为起到了很大的震慑作用，在很大程度上维护了考试的公正性和公平性。

第二节　科举考试考生作弊行为监督

科举考试以分科考试的办法来选拔官吏，改变了古代封建社会单纯以道德品行和家世门第取士的传统，为读书人提供了一个相对公平的仕途竞争机会，科举

---

① 脱脱等：《宋史》卷二百九十四，中华书局，1977，第9817页。

②《明神宗实录》卷四百三十，收入《明实录》，北平图书馆红格抄本微卷影印本，1962，第8123页。

③《明熹宗实录》卷二十九，收入《明实录》，北平图书馆红格抄本微卷影印本，1962，第1448页。

④ 商衍鎏：《清代科举考试述录及有关著作》，百花文艺出版社，2003，第309—310页。

登第也因此成了读书人的毕生追求。然而，面对科举录取名额少、竞争大的事实，不少考生采取了投机取巧、徇私舞弊的做法，对公平取士造成了很大负面影响，预防、惩治科举考试中层出不穷的考生舞弊行为也成了历代科举考试的重要工作内容。

一、试前以预防遏制为先

科举开考前考生常见的舞弊手段有请托、冒籍等主要。所谓"请托"，是指考生借助各种手段和渠道买通考官以求登第。这种现象在唐中后期比较常见。为了登科及第，地位尊贵的考生利用权势来托关系，家境富裕的考生使用钱财来走捷径，考官的亲朋故友则借用人情来走后门，正所谓"贵者以势托，富者以财托，情故者以情托"①。如南宋理宗绍定五年（1232 年），"以省试下第及待补生之群试于有司者，有请托贿求之弊，学官考文，有亲故交通之私"②。到了明代，请托之风更甚，有"贵者既以势胁，富者必以利要"③ 的文献记载。"冒籍"是指考生不在原籍报考，而是跨州县应试。从唐朝实行解试开始，参加科举考试的考生原则上须在本人籍贯地报名。开元十九年（731 年）六月，唐玄宗下诏："诸州贡举，皆于本贯籍分信明者。然依例，不得于所附贯，便求申送。如有此色，所由州县即便催科，不得递相容许。"④ 如果考生以其他州县籍贯冒充本州县籍贯参加科考，即为冒籍。冒籍主要是区域政治、经济、文化和教育发展不平衡及各地解送入试的名额差异导致的。⑤ 一般来说，发达地区的解额多于落后地区，京城的解额多于其他地方。考生会跑到解额比较多的地方或京城去冒充当地考生取解，以提高登科概率。此外，还有商籍冒民籍、军籍冒占民籍等情况。⑥

---

① 章俊卿：《山堂考索·续集》，载李国钧、王炳照总主编《中国教育制度通史 第 2 卷》，山东教育出版社，2000，第 532 页。

② 脱脱等：《宋史》卷一百五十七，中华书局，1977，第 3672 页。

③ 张萱：《西园闻见录》卷四十四，杭州古旧书店，1983，第 11 页。

④ 王溥：《唐会要》卷七十六，中华书局，1955，第 1384 页。

⑤ 金滢坤：《中国科举制度通史·隋唐五代卷》，上海人民出版社，2017，第 211、215、220 页。

⑥ 参见刘希伟：《清代科举冒籍研究》，华中师范大学出版社，2012。

针对考生请托、冒籍等舞弊行为，历代统治者在考试前制定了资格审查、身份鉴别、保结等制度。

1. 资格审查、身份鉴别制度防止考生冒籍应考或代考

为了防范考生冒籍应考或代考，唐、宋、明、清各朝统治者采取了对考生资格进行审查、对考生身份和籍贯进行鉴别等措施。如，唐代律令规定，诸府、州举人到尚书省后，要先由户部核对户籍信息，籍贯属实才能参加考试。[①] 南宋度宗咸淳七年（1271年）十二月，朝廷初设"置士籍"制度，即应试举子于考前应详书履历档案以备稽查，具体内容包括姓名、年甲、三代、妻室，"令乡邻结勘，于科举条例无碍，方许纳卷"[②]。明代，在士子进入贡院时，朝廷安排专人查看考生的面貌。[③] 清代，贡监应本省乡试或顺天乡试时，"均取具族、邻甘结，加具印结，备造籍贯、年貌、三代清册，分晰官民字号，其曾经拣选、捐纳、就职、议叙者，并于文内声明"。[④] 康熙年间，还开始实行审音制度，即通过核对士子口音，判断其是否为本籍人，以防止考生冒籍报考和应试。[⑤] 对考生资格进行审查以及对其身份和籍贯进行鉴别，对于防止冒籍应考起到了积极作用，在一定程度上展现了科举制度的公平竞争原则。

2. 保结制度激励有关人员参与监督

保结，也称"保勘"，是历代统治者为选拔品学兼优的士子以及防止举子冒籍或冒名顶替等所设立的一种担保制度。此种制度要求被担保人自身和家庭都没有违反报考规定和妨碍科考秩序的行为，同时规定担保人如果有弄虚作假的行为就要承担罪责。[⑥] 唐代举人报名参加省试时就要有五人连保，如果有作弊或弄虚

---

① 杜佑：《通典》卷十五，中华书局，1984，第83页。

② 黄叔璥：《南台旧闻》卷十四，收入《四库全书存目丛书·史部》第261册，齐鲁书社，1997，第163页。

③ 蒋一葵：《尧山堂外纪》卷八十七，收入《四库全书存目丛书·子部》第148册，齐鲁书社，1997，第385页。

④ 奎润等：《钦定科场条例》卷五，李兵、袁建辉点校，岳麓书社，2020，第60页。

⑤ 刘海峰、李兵：《中国科举史（修订本）》，东方出版中心，2021，第432页。

⑥ 牛明铎：《明代科举防范与惩治作弊制度研究》，福建师范大学博士论文，2016，第40页。

作假的情况，一旦被发现，所有同保人三年都不能赴京参加礼部试。[①] 宋朝的互保连坐制规定，各地拔举人才时，为了确保所举之人名副其实，除了对其户籍、品行等进行仔细考察以外，还要将同一地区的十名考生分为一保，同保中只要有一名考生在考场中品行不正，不但要对该考生进行严厉惩处，还要永远取消另外九名考生的应试资格，即所谓"乡里所推，每十人相保，内有缺行，则连坐不得举"。[②] 元代在科举取士中也实行结罪保举的担保制度。明代科举则实行乡里举保、廪生保结、生员互结、教官和学校保送及官员担保等制度。[③] 清代《钦定科场条例》卷三十五规定，考生如果有假冒籍贯的行为，不仅其应考资格要被取消，廪保的廪生资格也会被革除；因冒籍而被录取的考生，除了被革除举人身份以外，还要根据相关法律条例接受应有的惩处。此外，与他关联的送考、收考官、出结官、学臣、地方官、教官等官员也要一并被议定罪责和接受相应处分。[④] 保举连坐制度不仅能让同一地区考生相互监督，还能让地方官对考生身份进行严格审核，在一定程度上弥补了古代交通不畅、通信落后、没有照片对比等原因造成的考试主管部门难以核查考生信息真实性的不足。

二、试中以管理约束为主

科举考试中考生常见的舞弊行为有枪替、挟带、传递和通关节。枪替，即请人代考，代考的人被称为"枪手"。枪手在唐朝科举考试中就已经比较活跃了，曾有"入试非正身，十有三四"[⑤] 的说法。到了宋代，枪替已成为科举考试中盛行的舞弊手法，北宋大文学家欧阳修就曾为人做枪替。枪替的形式多种多样，有的考生雇人代替自己入场考试，有的则买通监守把考卷带出考场请枪手代答，还有的会冒领几个人的考卷，答完后填上假名，取中后或让弟兄亲属去冒认，或卖给

---

① 刘海峰、李兵：《中国科举史（修订本）》，东方出版中心，2021，第90页。
② 脱脱等：《宋史》卷一百五十五，中华书局，1977，第3605页。
③ 牛明铎：《明代科举防范与惩治作弊制度研究》，福建师范大学博士论文，2016，第40—45页。
④ 奎润等：《钦定科场条例》卷三十五，李兵、袁建辉点校，岳麓书社，2020，第597页。
⑤ 杜佑：《通典》卷十七，中华书局，1984，第97页。

别人，从中牟利。明清的枪替问题也十分严重，如"童试大弊稽查之尤难者，则为枪手代倩之风"①。挟带，指考生趁监考官不备将与考试有关的内容带入考场。挟带物品一般为袖珍本"四书"、"五经"、历次考试公布的优秀考卷、猜题习作等。挟带方式有随身夹带，如把准备好的小抄夹在衣帽鞋袜中；有考具夹带，如将小抄放在被褥、食物、餐具、文房四宝中；有的干脆买通考官，如万历十年（1582年）壬午科，考官林应训为徽州监生怀挟，即所谓"监生不自怀挟，御史代之"②；还有些考生为了躲避搜检，会先把写好的文字埋藏在考场内，入场后再取出备用。传递，指在科举考试中以口头或文字的形式传递答案，类似于现在考试中的交头接耳和传纸条。除了在考场之内相互传递答案以外，还有些考生会买通考官把试题传出考场，由预先安排好的人答好后再传入考场，或者通过考官转送饮食等方式传递答案。通关节，指考生主动找考官拉关系、走后门。"关节"在《唐摭言》一书中被定义为"造请权要"③，即拜访有权势的人。《清代六部成语词典》将"关节"解释为："旧时以请托贿赂谓之关节，此处指科闱弊窦之一。考生行贿，考官为其潜通消息，均谓之关节。"④即考生在科举考试中向考官说情或者行贿，考官受考生请托或者收取贿赂与考生暗通款曲。清代科场的关节种类很多，其中比较常见的是考生在考卷上使用特定的字眼，再把这些字眼写在条子上递给考官以求关照。⑤

针对代考、挟带、传递、通关节等舞弊行为，历代统治者在考试中主要设置了搜验、按榜就座、监守巡察等制度，不仅加强了考场管理也有效防止了考生作弊。

1. 搜验制度防止考生挟带入场

搜验是在应试者入场时对其进行严格搜查以防止挟带作弊行为。唐玄宗天宝二年（743年），皇帝敕曰："礼部阅试之日，皆严设兵卫，荐棘围之，搜索衣服，

---

① 商衍鎏：《清代科举考试述录及有关著作》，百花文艺出版社，2004，第4页。
② 周晖：《金陵琐事》卷四，张增泰点校，南京出版社，2007，第146页。
③ 王定保：《唐摭言》卷一，中华书局，1959，第4页。
④ 李鹏年、刘子扬、陈锵仪编著《清代六部成语词典》，天津人民出版社，1990，第235页。
⑤ 李世愉、胡平：《中国科举制度通史·清代卷》，上海人民出版社，2017，第377页。

讥诃出入。以防假滥焉。"①此后举行礼部试时，朝廷便安排兵丁在考场入口处搜查入场考生衣物，防止挟带。但是挟书之禁直到北宋时期才正式成为定制。宋太宗雍熙二年（985年），朝廷开始设置监门官，专门负责考生入院搜检工作。②明代要求参加科考的举子进入考场时必须脱帽解衣，接受监门军吏的严格搜查。若搜出挟带，考生会被押送到兵马司问罪，并上枷标明罪状示众一个月，结束后罚充吏员，期满再降为平民。③为了防止考生挟带，清朝对考生的服饰、考试用具等都作了严格的规定。如毡帽和大小衫袍裤只能是单层且不能有补丁，毡衣要去掉里层，袜子只能用单毡，鞋子不能是厚底；砚台不能太厚，给砚台注水的水柱必须是瓷的，笔管必须是镂空的，蜡台只能是单盘且柱子必须空心通底；糕饼等食物需要一一切开；即使是放文具和食物的考篮，也只能用竹条或者柳枝编成，底和面要一样，都要有格眼，使里面的物件一目了然，便于搜查。④严格的搜验制度对防止考生挟带作弊起到了较大的威慑作用。

2. 按榜就座制度避免考生传递答案

按榜就座制度始于宋太宗雍熙二年（985年）的贡举考试，在宋真宗大中祥符四年（1011年）被写入《礼部贡院条例》。雍熙二年正月二十四日，宋太宗诏礼部贡院："应九经、诸科举人，并令参杂引试人，贴科目字号，间隔就坐，稀次设席。轮差官二人在省门监守，分差官于廊下察视，勿容朋比，私相教授。"⑤后来殿试也实行按榜就座制度。刘一清曾对此有过详细记述：首先士子根据省试排名与中式等级请号与取号，"试前数日，书铺告报，士人请号。礼部给正奏名进士号，次日给特奏名及四川进士三色宗子号。书铺知委体例，请号之日，士人天未明到书铺，黎明而裹幕入都，书铺引入，尚书、宰执据案坐于庭中，设桌子及历外吏部。依省榜次第唤姓名而前，逐人自书姓名、押字于历记，则得号一枚。

---

① 王钦若等：《册府元龟（校订本）》卷六百四十，周勋初等校订，凤凰出版社，2006，第7394页。

② 高承：《事物纪原》，金圆、许沛藻点校，中华书局，1989，第91页。

③ 李东阳、申时行：《大明会典》卷七十七，文海出版社，1964，第1229页。

④ 昆冈等修，刘启端等撰《钦定大清会典事例》卷三百四十一，收入《续修四库全书·史部》第803册，上海古籍出版社，2002，第394页。

⑤ 《宋会要辑稿》第9册，刘琳等校点，上海古籍出版社，2014，第5287页。

吏使与之号，则唱而戒之曰：'牢收号，入殿不得唐突。'号以白纸半片为之，有字数行。尚书侍郎、郎中皆衔押字，及有中官某人监集英殿门。试日以其号照入殿门，一失其号，则不得入矣"；在殿试日，士子入场拜见天子后，"各依坐图行列而坐，每位有牌一枚，长三尺，幂以白纸，已书某人某乡贯，或东西廊第几人，不得移动及污损。坐定，中官行散御题，士人皆以御题录于卷头草纸上，以黄纱袋子垂系于项上，若有损污，谓之不恭，纳卷所不受"。[1] 考试时，士子"不得与邻座说话"，中官、从官等会对考场进行巡逻，"董之宰执巡行至申时"。[2] 按榜就座的做法对于防范考生之间相互传递答案、维持考场秩序发挥了积极作用。

3. 监守巡察制度防止考生违反考场纪律

为了防止考生在考场内外传递试卷、答案等舞弊行为，古代科考实行了严格的门禁监守和考场巡察制度。唐宪宗时期，朝廷会在贡院围墙上插棘枝，将考场与外界隔离，防止传递作弊行为。这也是贡院又被叫作"棘院""棘闱""棘围"的原因。唐代科举考试时，御史台须派人前往贡院监试，此后各个朝代在科考时也会派御史充当监试官。宋太宗雍熙二年，礼部组织九经等科目考试时，轮番差官二人在省门监守，廊下亦有差官察视。南宋时期，贡院大门、中门也安排有差官监守，考场内还设有巡察官，对考官和考生进行严格监察。明代为了防止考生在考试过程中有交头接耳、更换号舍等行为，在贡院的每个号舍都派了一名兵丁看守，另外还专门安排兵丁在贡院内来回走动巡逻，如果发现考生有换座、换卷、扔纸条、说话等行为，就立刻将其赶出考场，情节严重的还会枷锁警示。此外，明朝还在科举考试中设内、外帘官负责考场巡察，且内、外帘官之间互不联系。清朝规定：京城乡试考场用号军千名，会试用七百名，由步军统率；考场四周修建围墙，围墙外派巡察、监试御史率军纠察；考场内，考生按卷号进入号舍，每排号舍考生进满后，巷口的栅栏门就会马上关闭上锁，禁止考生私自外出和传递物品；贡院大门在所有考生入场完毕后也立即关闭上锁，并由监临官贴上封条。

---

① 刘一清：《钱塘遗事》卷十，上海古籍出版社，1985，第223—224页。
② 刘一清：《钱塘遗事》卷十，上海古籍出版社，1985，第225—226页。

整个考试期间，兵丁们日夜在考场内外巡逻，防止考生发生换卷、代考等行为。明清两朝为了便于监察考生和差役人员，还在考场中设有可以俯视全场的高楼，考生号舍分列高楼两侧，考试时考官、监临、监试、巡按御史等都可以登楼监场，考场情况尽收眼底。

4.异色笔阅卷制度便于追究考生责任

异色笔阅卷制度设立的初衷是保证考官公正地评阅试卷。这项制度规定考生、誊录官和考官在答题、誊录和试卷评阅三个不同环节要使用颜色各异的笔，其中考生答题必须使用墨笔，誊录官誊写试卷使用红笔，主考官、同考官等评阅试卷时使用青笔，不准混淆。一旦出现问题，可以快速找到出错环节，确定作弊者，精准问责。因此，这项制度在监督考官的同时，对考生也起到了一定的监督作用，在一定程度上防止了考生的作弊行为。

5.严明惩处措施对考生予以警示

唐玄宗时期，朝廷对私怀文策的科举人实行"坐殿三举"[1]，此举可视为朝廷对作弊考生进行停举数科惩罚的开端。宋真宗景德二年（1005年），礼部贡院规定对"怀挟书策"考生的处罚一般是"扶出，殿一举"。[2]明初基本沿袭了宋廷对怀挟考生的处罚制度，但从明宪宗开始，朝廷加重了对怀挟考生的处罚。如成化二年（1466年）的相关律令规定，应试举子如果有怀挟文字的行为，就要遭受"充吏"的处罚。[3]万历三十四年（1606年）应天府乡试场闱，监生查允先、查允亮和童钟瓒三人怀挟，依律令问革。[4]《大清律例》关于考生在考试中作弊的处罚规定多集中于第三条例文，其中，怀挟文字、银两的考生，一旦当场被搜出，即被枷号一个月，期满当天再杖一百，革去职役；离开号舍与他人换写文字、临时换卷和花钱雇人代考、夹带、传递的考生，收受财物的夫匠、军役人，代考生

---

[1] 王钦若等：《册府元龟（校订本）》卷六百四十三，周勋初等校订，凤凰出版社，2006，第7427页。

[2] 王栐：《燕翼诒谋录》卷二，孔一校点，上海古籍出版社，2012，第20页。

[3]《明宪宗实录》卷二十五，收入《明实录》，北平图书馆红格抄本微卷影印本，1962，第503页。

[4] 黄儒炳：《续南雍志》卷七，伟文图书出版有限公司，1976，第429页。

夹带传递、知情不检举缉捕的官吏，全部要被发配到边疆之地充军。①

三、试后以惩治震慑为重

考后较容易发生的考生舞弊行为主要是换卷，常见的表现形式有：考生贿买考场工作人员，在考场内直接更换试卷；考生贿买考官，在阅卷和录取时调换考卷，把考生甲的考卷换给考生乙；考生收买誊录手，在誊录考卷时把别人的答案抄写在自己的考卷上。为了防范换卷的舞弊行为，历代统治者在考试后实行了覆核、覆试、磨勘等措施。考生作弊行为一旦被发现和查实，相关人员必定会被施以重罚。

1. 覆核和覆试制度遏制考生代笔行为

覆核和覆试制度始于唐代，宋代继承和发展了这两个制度。不同于唐代把这两个制度作为对考官舞弊行为的监督举措，宋代用这两个制度来防止考生代笔行为。宋代贡举有解试、省试和殿试三个阶段，其中解试一般是秋季在地方州府举行，省试则是第二年春季在京城由礼部主持。覆核是在省试后、殿试前由当时的监察机构御史台实施。简单地说，御史台长官御史大夫和他的副手对省试及第的考生的解试试卷和省试试卷进行对比覆核，主要是看两张试卷的字迹是否相同。如果笔迹相同，就证明考生没有代笔行为，可以进入殿试；如果笔迹不同，则说明考生在考试中有请人代笔，不但要取消这名考生参加殿试的资格，还要革除其之前取得的功名。对于没有参加解试的考生，则要求他们亲笔书写个人及家庭情况，与省试考卷一起送到御史台进行字迹对比。②覆试制度的最初目的是防范世家子弟利用家族权势作弊以登科及第，凡是权贵子弟中试都需要进行覆试，合格后才会赐第。通过覆试可以考查考生的真实水平，评判考生是否存在请人代笔行为，可以说，这是发现考生作弊的有效手段，能较好遏制枪替现象的发生。宋朝覆试在不同的考试阶段，执行的主体也不相同。省试阶段的及第者由御史台执行

---

① 马建石、杨育棠主编《大清律例通考校注》，中国政法大学出版社，1992，第217、354—356页。
② 《宋会要辑稿》第9册，刘琳等校点，上海古籍出版社，2014，第5296页。

覆试，各州、府、军、监的举人由其监委官执行。覆试制度发展到明朝万历年间已经趋于完善，朝廷对覆试对象、覆试官员等都作了明确的规定。覆试对象已不仅仅限于世家子弟，而是扩大到了平民子弟，无论考生出身、家世如何，只要疑似存在问题都要进行覆试。覆试由礼科官员、都察院官员、原考试考官以及考务官一同执行。考生如果因为父母去世或者自认水平差而不参加覆试的，将被打回原籍；如果自称生病而无法覆试甚至索性逃跑弃考的，就直接被除名并且接受相应的惩处。清代自顺治年间开始对乡试覆试，会试覆试则是从康熙年间开始的。

2. 磨勘制度利于打消考生作弊意图

如本章第二节所述，磨勘制度始于明初，由礼部对乡试取中举人的试卷进行核验，以检查考生试卷中是否存在没有回避庙讳以及御名等情况。到了万历年间，磨勘制度已经发展得更加严密和完善，朝廷规定乡试结果公布后的三天内，礼部和礼科要派出官员共同对朱卷和墨卷进行笔迹对比，同时通读全文以检查文章是否存在不合礼法的情况。这实际上是对主考官命题、考生答卷、外帘考务、考官阅卷等环节进行的一次细致的核查，重点检查有没有作弊的疑点、命题是否有纰漏或过错、内帘官评阅试卷是否公正规范、誊写的朱卷是否规整等。这样，磨勘在无形中就成了一种可以及时发现考生通关节、代笔等舞弊行为的有效手段。磨勘制度的实行让有作弊意图的考生望而生畏，必须严格遵守科场纪律。

3. 惩处制度发挥震慑作用

覆试、覆核和磨勘能够有效防止考生的代笔等舞弊行为，而有些作弊行为则是在试后甚至是揭榜后才被人揭发的。对于这些考试后才发现的舞弊行为，历朝统治者都坚持重法严惩。《明神宗实录》卷五百记载，万历四十年（1612 年）顺天乡试，礼部左侍郎翁正春磨勘朱卷后发现，童学贤、傅皇谟和房考邹之麟通关节，最后直接取消了童学贤第二名的成绩，傅皇谟被罚停三科会试。[①]《明神宗实录》卷五百四十三记载，（万历四十四年三月甲戌）礼科给事中姚永济、御史朱阶等

---

① 《明神宗实录》卷五百，收入《明实录》，北平图书馆红格抄本微卷影印本，1962，第 9463—9464 页。

人一并疏言："沈同和目不识丁，其试卷尽出怀挟及赵鸣阳之手，乞敕礼部会同科、道严行覆试"[①]。朝廷覆试后发现，沈同和所答文策"文理荒悖，经《孟》题懵不知所出"。最后，此案的处理结果为："上下法司议罪，同和遣戍，赵鸣阳杖责除名。"[②]清代把通关节、偷改等舞弊定为违法行为，并重典惩处。《大清律例》中就有关于对作弊人员处以死刑的规定："乡会试考试官、同考官及应试举子有交通嘱托贿买关节等弊，问实斩决。"[③]咸丰八年（1858 年）发生的戊午科场案被称为"清朝三大科举舞弊案之首"，因牵连之广、处罚之重，在科举历史上绝无仅有，又被称为"中国古代科举第一案"。当年顺天乡试发榜后，御史孟传金上奏揭发第七名中式举人平龄"朱墨卷不符，物议沸腾"，请特行覆试。咸丰帝对此案非常重视，专派载垣、端华、全庆、陈孚恩"认真查办，不准稍涉回护，并将折内所指各情，可传集同考官，一并讯办"。平龄因有买通阅卷官舞弊的行为，被革去举人头衔并罚停三科，最后死于狱中。[④]

第三节　科举考试防弊制度存在的问题及其启示

科举制度作为我国古代选拔贤能之士的重要制度，一反先前察举制、九品中正制"只看门第，不问才能"的做法，建立了一种以考试成绩获取功名官位的新标准。读书人通过参加科举获取功名，有助于打破社会阶层之间的固有壁垒。由

---

①《明神宗实录》卷五百四十三，收入《明实录》，北平图书馆红格抄本微卷影印本，1962，第 10312 页。

②《明神宗实录》卷五百四十三，收入《明实录》，北平图书馆红格抄本微卷影印本，1962，第 10317 页。

③ 徐本、三泰等：《大清律例》卷六，收入《景印文渊阁四库全书·史部》第 672 册，台湾商务印书馆，1986，第 498 页。

④《文宗实录》卷二百六十六，收入《清实录》第 43 册，中华书局，1986，第 1127 页。

于科举能带来现实的利益，在科考中利用各种舞弊手段求取功名的问题也层出不穷。为保障科举制度顺利实行，历代统治者都十分重视对科举考试的监督。从监督主体来看，从唐代到清代，古代统治者先后通过中书大臣、御史台、监试官、监察御史、监试御史等对科举考试进行监督，皇帝有时也会亲自参与监督。从监督范围来看，唐代省试，宋代省试、殿试和各类发解试，以及明清的乡试、会试、殿试也都被纳入了监督范围。从监督方式来看，唐代设立保结制度、回避制度、弥封制度、巡考制度等来保障科举考试有序运行；宋代通过推行殿试制度、监试官制度、按榜就座制度等对考官和考生进行监督；明代在前几朝监督制度的基础上，进一步创设了戒誓、异色笔阅卷、分经房阅卷、会同搜校落卷等制度来加强对考官的监督；清代沿袭和发展了历朝科举监督的做法，对舞弊之举严加惩处。可以说，历朝统治者针对各种舞弊行为都制定了相应的防范措施，在很大程度上保证了科举考试的公正和公平。

然而，古代的防弊制度并未能从根本上遏止科举舞弊行为的发生，即使是防弊措施已趋于完善的明清时期，不仅各种舞弊行为禁而不绝，舞弊手段也愈加精巧多样，科举舞弊已然成为司空见惯的社会现象。究其原因，根本在于科举制度本身具有无法根治的顽疾，且科举监督制度存在先天不足。

一、科举考试监督的问题

历朝历代对考试舞弊行为采取了周密的防范措施，对舞弊案件的处置更是异常严厉。特别是明清时期，朝廷对科场的防范和惩治措施最严，然而舞弊之风也最盛。古代科举考试监督制度没有很好起到杜绝舞弊行为的效果，究其原因，主要有以下几个方面的不足。

1. 监督制度执行不力

科举考试舞弊之风盛行，往往与官场和科场的严重腐败分不开。特别是明清时期，科举考试法规已发展得较为严密、完善，然而这两朝吏治极其腐败，科场成了腐败官员敛财的市场，朝廷制定的科举考试监督法规沦为摆设，得不到良好的执行，导致两朝科举舞弊问题日益严峻。

2. 监督手段受到制约

古代技术条件相对落后，虽然统治者在考生进入考场时安排了专人查看考生面貌、核对考生口音，但由于缺乏照片比对、指纹识别等技术，仍然存在识认官难以发现考生代考行为的情况。此外，明清科举主要以"四书""五经"为考试内容，考试形式是八股文，试题覆盖面小，题型单一，考试监督手段的效力受到了较大限制。

3. 舞弊查处标准不一

历朝对舞弊考生和考官的查处，总体比较严格，并且呈现出惩罚力度不断加大的趋势。然而，就一定时期而言，朝廷对舞弊行为的惩处比较主观，即使是相同的舞弊行为，处理方式也不尽相同，时宽时严，其宽严程度往往取决于皇帝的个人意志，而不是从管理制度上进行明确和统一。

4. 防弊制度自身存在弊端

出于对"公平"的追求，科举对杜绝考试舞弊提出了更高的要求，明清统治者也将更多精力投入到如何更好地防弊上，防弊措施愈加严密。科举选才的重要性逐渐让位于考试的公平性与秩序性。由于所考非所用，八股文等考试文章只能作为入仕的敲门砖，与实际治政并无多大关联；科举制度的指挥棒效应愈加显著，社会上的功利奔竞之风愈演愈烈；考试人数日多，中额的竞争也日趋激烈。凡此种种，让许多读书人放弃了性命道德、通经致用之学，萌生了通过怀挟、通关节等走捷径的方式进入仕途的想法并屡屡付诸行动。

二、科举考试监督的启示

披沙沥金，以为镜鉴。古代科举考试监督制度虽然存在一定的不足，但也不能完全否认其曾经发挥的积极功用，我们应该本着"取其精华、去其糟粕"的原则，不断完善我国研究生考试招生监督制度，使得有关人员"不能作弊""不敢作弊""不想作弊"，进而维护教育公平和社会公平。

1. 风险预防是避免考试违规问题的重要措施

古语有云"君子以思患而预防之"，这句话意在告诫我们要有忧患和预防意识。通过对科举舞弊问题进行研究，可以发现科举作弊行为可能发生在考前、考中和考后任何一个阶段。为了减少舞弊现象的发生，古代统治者在科举考试前、考试中和考试后三个阶段都非常重视对考官和考生行为的防范。同时，历代统治者通过制定和实施搜验、锁院、弥封、监守、巡察等一系列制度，减少了考官和考生作弊的机会，降低了考场上的舞弊风险。

现如今，要做好考场舞弊预防工作，一方面要加强公民道德理念和诚信观念的培养教育，提高全社会对考试作弊危害性的认识。只有让考生和考务人员充分认识到作弊会产生践踏社会秩序、影响社会公平、损害个人和国家利益等一系列恶劣影响，才能从内心树立起诚实守信的考试意识和自信自立的自我成就意识。另一方面，要制定严密的考试规则、采取有效的管理措施和借助最新的技术手段，把防弊战线前移，化被动防御为主动防范。命题时，应提高试题的科学性；考试时，应充分利用金属探测仪、人脸识别、指纹验证等监测手段查验考生身份，优化考位排布，强化考场内电子监控和人工巡视，规范考卷运送和批阅管理过程。总之，要努力构建全过程、全方位的舞弊风险防控体系。

2.惩治并重是治理考试违规行为的有效方式

从史料来看，古代统治者对敢于以身试法的舞弊人员绝不姑息。唐代对接受贿赂请托、敷衍渎职致使举选谬滥、泄题的考官的处罚主要有贬官、罚俸，对舞弊考生一般予以剥夺一次或几次录取资格的处罚并株连保人。宋代会对违纪考官进行贬官、罚赎等处罚，对作弊考生则予以取消考试资格、取消录取资格、送回原籍服役、永不得应举等处罚。明代对考官的处罚有罚俸、枷示、贬官、革职、戍边和斩刑，对考生的处罚包括发回原籍、杖刑、枷示、谪戍边卫等。总体来看，历朝对舞弊人员能做到从严处理，但不能一以贯之，存在有法不依、时宽时严的情况。清代对严厉打击科场舞弊行为，明确挟带、代考、传递、偷改等为违法行为，实行重典惩处。对舞弊士子的惩处有枷示、革职、充军、处死；对徇私舞弊官员更是从重治罪，会予以包括降职、罢官、充军、斩首等在内的惩罚。大案要案的违法者不仅要被处以极刑，还会殃及父母、兄弟、妻子。古代这些处罚制度的制定和施行，限制了权贵对科举取士的干预和考官对录取职权的滥用，对防范考生的作弊行为具有积极的意义。但由于古代封建社会具有显著的人治特征，存在权大于法、有令不行，人存政举、人亡政息，吏治腐败等弊病，防弊制度难以得到严格执行，致使科举舞弊现象层出不穷、禁而不止、愈演愈烈。

从历代科举考试的乱象可知，舞弊惩治制度措施被束之高阁，有令不行、执法不严，是导致科举舞弊行为禁而不绝的重要原因。鉴古通今，为了有效打击现代研究生考试招生中的违规行为，我们要加大对舞弊人员的惩处力度，彻底整肃考场上的不正之风，坚决做到有令必行、有弊必惩。一旦发现作弊考生，不仅要根据考试规章制度对其进行惩处，还要将作弊情况记入其诚信档案。监考人员和相关管理人员如果对作弊考生心慈手软或对作弊行为隐瞒不报，也要重惩，只有这样才能打消违规人员的侥幸心理，督促其遵照考试规定行事。

3.制度建设是防止考试违规问题的根本途径

为了遏制科场舞弊行为，历代统治者制定了一系列科举考试管理制度和舞弊惩戒措施。自唐朝开始实行科举制度以来，考试制度化建设就备受历代统治者的重视。唐朝制定了考场规则，建立了锁院、覆核、别试、糊名等制度，并在《唐律疏议·职制》中对贡举不当行为作出了明确的处罚规定。宋朝自太祖登基后就着手对科举进行改革，旨在革除科举制中的种种弊端，逐步废除了袭自唐朝的公荐、公卷制度，实现了"一切以程文为去留"，发展了锁院、别试、覆试、连保连坐等制度，创立了殿试、弥封、誊录、按榜就座、考场巡察等制度，明确了挟书、传义、继烛之禁，制定了《亲试进士条制》《礼部考试进士敕》《贡举条制》《熙宁贡举敕》等涉及科举考试的法规。元朝颁发的《大元通制条格》《皇庆诏书》也有对科考舞弊行为的惩处规定。明朝进一步加强科考制度建设，先后颁布了《初设科举条格诏》《大明律》《科举成式》《大明会典》，清朝沿用和发展了前朝的防弊措施，在科举制度化建设上又上了一个新台阶，形成了《钦定科场条例》《续增科场条例》等专门的科举法规制度，《大清律例》中也有关于科场舞弊惩处的内容。这些制度法规规范了科举考试纪律，同时也为舞弊惩治提供了制度依据。

科举考试历史经验证明，只有重视考试法规制度建设，坚持依法治考，才能从根本上减少违纪舞弊行为的发生，进而构建良好的考试秩序。经过多年实践，我国招生考试制度逐步完善。目前，已出台了《高等学校招生全国统一考试管理处罚暂行规定》《国家教育考试违规处理办法》《普通高等学校招生违规行为处理暂行办法》《普通高等学校学生管理规定》等规定，明确要对考试舞弊行为进行惩处，但处罚力度普遍较轻。与历史上的科举考试舞弊惩治措施相比，这些法规制度对考试作弊的处罚多以纪律或行政处分为主。即使从 2015 年 11 月 1 日起考试作弊已被纳入《中华人民共和国刑法》的处罚范围,但其最高处罚上限仅为"三年以上七年以下有期徒刑，并处罚金"。由于舞弊人员违规的成本远远小于实际的收益，所以他们铤而走险的可能性依然很大。惩治舞弊还须使用重典，如果国家将考试作弊定性为违法行为，作弊者就可能会被依法追究法律责任甚至刑事责任。只有这样才能沉重打击各类考试作弊行为主体，进而保障考试的公平性与公正性。

第五章　国（境）外研究生考试招生监督的做法及其借鉴

国（境）外研究生教育较之我国起步更早，并在发展过程中形成了许多相对成熟的做法。受教育管理制度、社会文化等因素的影响，国（境）外现代研究生招生方式与我国现代研究生招生方式存在一定差异，即使同样通过考试方式招生，环节和要求也不尽相同。本章介绍了国（境）外高等院校研究生考试招生方式，梳理了国（境）外现代研究生考试招生监督情况，以期为我国加强研究生考试招生监督提供有益经验。

第一节　美国"招考分离"制度下的权力监督

一、招生权与考试权的相互独立

美国现行的研究生选拔制度具有"招考分离"的特征。研究生招生单位拥有招生自主权，不组织考试，也不直接参与命题。研究生入学考试由非营利性的民间专业行业组织或机构组织实施，不受政府和招生单位管理。

（一）研究生招生考试制度

1. 社会机构组织的研究生入学考试

美国的研究生入学考试（Graduate Record Examination，简称 GRE），并非是在美国教育主管部门主持之下举办的全国性统一考试，而是各高校研究生院自主相约实施的，带有浓厚的民间色彩。随着 GRE 成绩被越来越多研究生院视作录取的必要条件，教育考试服务中心（Education Testing Service，简称 ETS）作为专门负责全美 GRE 研发组织实施的民间权威机构应运而生。经过几十年的发展，目前绝大多数美国高校都要求硕士和博士研究生申请人必须提供 GRE 成绩。除了 ETS 负责的 GRE 以外，为满足部分高校对特定专业申请人的考察需求，美国社会还建立了管理专业研究生入学考试委员会（Graduate Management Admission Council，简称GMAC）、法学院入学考试委员会（Law School Admission Council，简称 LSAC）和医学院联合会（Association of American medical college，简称 AAMC）三家考试机构，分别负责组织实施企业管理专业研究生入学考试（Graduate Management Admission Test，简称 GMAT）、法学院入学考试（Law School Admission Test，简称 LSAT）和医学院入学资格考试（The Medical College Admission Test，简称 MCAT）。ETS、GMAC、LSAC 和 AAMC 都是非营利性组织，它们不隶属于美国任何行政机关和高校，负责研究生入学考试出题、评阅和向招生单位及考生寄送成绩报告。这些组织提供的试题和答案的标准化程度普遍较高，因此，同一学科试卷在全国范围内具有统一的信度和效度。

GRE 是美国各高等院校公认的衡量申请入学者水平和确定是否录取的权威性考试。[①] GRE 成绩不仅决定考生是否能进入所申请的院校进行专业学习，还关乎考生能否获得奖学金，具有广泛的认可度。GRE 分为一般能力考试（General Test）和专业考试（Subject Test），前者是被各种研究生项目广泛接受的入学考试，

___
① 孙义燧主编《研究生教育辞典》，南京大学出版社，1995，第364页。

188

重点考查考生的语言推理、定量推理、批判性思维和分析写作技能，[①]后者主要考查考生在特定学科或专业领域的知识以及能力水平[②]。一般来说，GRE 一般能力考试是必考科目，而 GRE 专业考试只有在考生跨专业申请、GPA 分数不够高以及学校有特别要求时才需要参加。[③]

在管理方面，ETS 于 1966 年成立 GRE 董事会（GRE Board），其主要成员来自美国大学联盟下属的研究生院联合会和美国研究生院协会，主要职责是制定 GRE 考试的大方针和政策，并对 GRE 考试运作进行领导和监督。GRE 董事会下设行政委员会、研究委员会、服务委员会和少数民族教育委员会等，大多数工作人员都是熟悉大学课程、研究生教育以及考试、心理学理论的专业人士，少部分是教育行政官员。GRE 试卷命题采用题库的形式，考试时只需从提前设定好的题目库里抽取试题即可，不需针对每次考试单独命制试卷。为了防止考生替考或相互抄袭，考试一般同时使用不同版本且难度相当的试卷，每份试卷各部分试题的排列顺序不同，而且座位之间还需保持一定距离。ETS 对试题编制和题库的管理非常严格。一般能力考试试题主要由 ETS 的试题编制专家编制，专业考试试题则由学科测验主考委员会编制和审核，出题人员大都是各高等院校具有较高学术水平的教学人员和各学科领域专家，他们熟悉大学课程内容、研究生学习要求和招生方式。[④]为了避免地理、种族、文化背景等因素对试题的影响，在组建主考委员会时还考虑了地理上的代表性以及少数民族和妇女代表的比例等。[⑤]所有试题经出题人员制作出来后，均要经过重审、编组、试做、修改等环节后才能输入题库。每套考卷的考题组合好后，还要再三审查，通过后才能印刷。考后，ETS 相关专家还要逐一分析试题是否达到预期结果。如果试题超出了预期测验范围，则此次考试成绩不计入考生总分；相关专家对未达到要求的试题进行修

[①] "Test Content," https://www.ets.org/gre/revised_general/about/content.

[②] "About the GRE Subject Tests," https://www.ets.org/gre/subject/abou.

[③] 孙健：《美国研究生招生制度的特点及其对我国的启示》，《中国农业教育》2018 年第 4 期。

[④] 孙义燧主编《研究生教育辞典》，南京大学出版社，1995，第 367 页。

[⑤] 许红：《中美研究生培养模式比较研究》，四川大学出版社，2010，第 109 页。

改，或重新输入题库，或直接移出题库。试题标准答案的确定过程也极其谨慎严格，需要多名审核试题专家先各自独立地解答题目，每道试题答案必须经过三位专家同意才能被最终确定为标准答案。[①] 因为有严格的出题和审题程序，GRE 考试在社会上始终有着高度的信度和效度。为了方便考生，ETS 在世界各地设立了1000 多个 GRE 考试中心，[②] 这些考试中心承担了保管、监考、清点试卷及将试卷运回 ETS 等工作，考试中心工作人员也需要严格遵守考试程序和考试纪律。为了防止考题泄露、更改试题答案和遗失考卷，考试中心配备有保险柜等设施对试卷进行妥善保管。在考试过程中，监考人员需要全程待在考场里，把控考试时间、防止考生作弊和处理诸如更换瑕疵试卷等事宜。考试结束后，考试中心工作人员还要负责清点考卷并送回 ETS 进行计算机阅卷。[③] 考试分数评定完毕后，ETS 还要提供向考生本人和考生申请的美国院校或研究机构寄送考试成绩的服务。

在监督方面，GRE 董事会对 GRE 考试运作进行领导和监督。大学有权决定申请人申请时需提交哪些材料，也即大学的需求决定了 GRE 考试的方向。ETS 只有根据这一原则研发具有更高效度和信度的试题，才能让 GRE 考试更加符合美国大学的需求。为了证明考试的有效性以及实用性，ETS 会向考生、高校和社会公开其关于试卷有效性测试的研究成果和报告。在命题工作方面，GRE 尤其注重选用来自不同地区、不同民族、不同背景、不同性别的高学历人员担任命题组工作人员，在确保广泛代表性的同时，还要求具有实际教学经验人员和某学科领域专家须达到一定比例，这样就保证了理论和实践的有机结合以及命题的实际效果。GRE 采用计算机阅卷，由于试卷选用了大量客观题，计算机阅卷更加方便快捷，在大大降低阅卷成本的同时，也避免了阅卷老师因个人喜好或主观评价尺度不同而导致的评卷标准差异。与那些由招生单位自行组织、教师参与阅卷的考试相比，GRE 考试能够从源头上有效地避免招生单位阅卷老师在试卷批改过

---

① 孙义燧主编《研究生教育辞典》，南京大学出版社，1995，第 65 页。

② "About the GRE Subject Tests," https://www.ets.org/gre/subject/about.

③ 北京师范大学外国教育研究所编《美国和日本的研究生入学考试》，北京师范大学出版社，1987，第 110—111 页。

程中可能发生的徇私舞弊行为。此外，ETS 还设立了由调查人员、专家和分析人员组成的考试诚信办公室（Office of Testing Integrity，简称 OTI），办公室人员与训练有素的监考人员合作，采用人工智能和数据分析技术等现代技术，持续打击考试作弊行为，确保考试的有效性和完整性，维护诚信考生权益。值得一提的是，在过去的六十多年里，ETS 在考试安全和技术基础设施方面投入了数十亿美元，用以提高防弊技术和改善考试安全。[①] 现在，许多由 ETS 首创的考试安全措施已成为行业标准，并被世界各地的机构和组织采用。

2. 招生院校开展资料审核和面试

美国多数招生单位将 GRE、GMAT、LSAT、MCAT 等标准化考试成绩作为研究生入学的必要条件，但不仅限于此。一般来说，美国高校研究生入学申请标准分为认知性知识标准和非认知性知识标准。前者除了 GRE 等研究生标准化成绩以外，还包括申请人本科阶段的平均 GPA 分数；后者则包括申请人的创新能力、个人兴趣、学习能力和学术潜能等。[②] 美国高校通常会根据申请人的具体情况在认知性知识标准上设置几种条件，并充分考查非认知性知识标准，设定出多样化的研究生招生选拔标准。而认知性知识标准的其中一种条件就是当 GPA 分数达到一个高值（有些高校要求达到 3.5 以上）时，也即本科成绩优异的申请人，可以不用提供 GRE 等研究生标准化成绩而直接申请入学。[③]

对非认知性知识标准的考查，主要通过审核申请人提供的教授推荐信和包含申请人学习计划、工作经历等在内的申请书以及举行面试来实现。面试由教授组成的面试工作小组组织实施，绝大多数招生高校允许入学申请人以视频或电话方式参加面试，方式较为灵活。面试的过程通常是师生进行双向交流和双向选择的过程。面试工作小组根据入学申请人在面试中的表现及其综合条件作出评价，从

---

① "Five Things You Didn't Know About Test Security at ETS," https://www.ets.org/news/press-releases/five-things-you-didnt-know-about-test-security.html.

② Schmittn, Keeney, Oswald, "Prediction of 4-year college student performance using cognitive and non-cognitive predictors and the impact on demographic status of admitted students," *Journal of Applied Psychology*, no.6 (2009): 79-97.

③ 张秀三：《美国研究生招生选拔机制研究及启示》，《高教探索》2015 年第 8 期。

而选拔出值得培养的学生。相比而言，申请人本科阶段的 GPA、GRE 成绩等硬材料并不是决定其是否被录取的最重要评判标准，相反，面试工作小组成员会通过面试环节了解申请人的入学动机、研究经历、学术兴趣以及对所申请项目的知晓程度等，并据此判断申请人能否胜任研究生阶段的学习。申请人在面试中也并非完全处于被动回答的状态，他们可以根据自己的研究兴趣询问有关研究项目的具体情况，同时还可以通过交流来获取生活和就业方面的相关信息，从而决定是否选择这所学校、这位导师开始研究生活。通过面试了解，如果申请人对学校和导师不满意，还可以主动放弃录取资格。因此，可以说，美国研究生招生面试不仅仅是教师挑选申请人的过程，也是申请人挑选学校及导师的过程。

（二）研究生招生录取制度

1.院校自主拥有招生录取权

美国大学拥有研究生招生的自主权，各所大学会根据自身办学情况，自主确定研究生招生流程、招生方式、招生人数、录取标准等。各大学的研究生院会依据学校的总体情况以及学校对相关学科的重视程度，将各学院硕士和博士研究生招生名额规定在一个大概的范围，进而实现对全校研究生招生名额的总体把控；具体的招生名额则一般由学院依据申请人的科研素质以及招生导师拥有的研究经费自行确定。一般来说，导师经费与招生人数呈正相关关系，即导师科研经费多的情况下就可以多招生，反之则少招生。此外，市场需求、导师能与研究生共同开展研究的时间、实验室和图书馆容量、学校能提供的奖学金及助学金比例都是确定研究生招生名额时需要考虑的因素。美国联邦政府和州政府都不会直接规定研究生招生名额，但它们会根据劳动力市场需求，并通过拨款等方式对大学各专业具体的招生人数进行宏观调控。[①] 从监督的角度来看，美国高等院校在确定研究生招生名额上虽然具有较大的自主权，但是招生名额的确定并非随心所欲的，也不可以随意增减。毕竟，招生名额要受到劳动力市场需求、各院系招生项目的

---

① 许红：《中美研究生培养模式比较研究》，四川大学出版社，2010，第 108—109 页。

相对教育成本以及教育基础设施的承载量等多方面因素的制约。

在录取方面，美国各高校秉持"自主录取、院系负责"的原则。"自主录取"是指全国没有统一的研究生录取标准，各招生高校研究生院和院系招生委员会根据自己的需求自行确定录取条件。美国高校的研究生录取标准具有多元化的特点。尽管 GRE 分数在美国研究生院录取工作中扮演着重要的角色，但它并不是唯一的条件。教授推荐信、申请人大学本科期间的学习成绩、个人自荐材料和研究计划等都与录取与否有着直接的联系。"院系负责"是因为美国高校素来以学术为中心，学科实力才是影响自主权的决定因素，这就使得大学的管理权被掌握在学科实力较强的院系中。因此，在不违背招生政策的前提下，院系在研究生招生中拥有更多的话语权。一方面，在研究生院制定的录取标准之上，院系可以根据招生专业的特点和培养目标，自主提高或降低录取标准，决定考查重点。另一方面，申请人录取与否，也往往是由院系招生委员会按照事先定好的评审规则，共同研究、集体决定的；少数情况下导师也可以个人拍板，对录取工作全权负责。此外，美国博士研究生招录还有一种教授个人举荐的做法，也即系里的普通教授可以向招生委员会陈述理由，推荐某位学生，然后由招生委员会进行集体投票决定是否将其录取。例如，某位教师看中了一位学生，或者在教学过程中发现某位旁听的学生适合攻读博士学位，可以说明推荐其就读的理由。如果招生委员会成员无较大异议，那这位学生极有可能被录取。[①]

2. 内外因素共同发挥监督作用

无论是招生委员会负责，还是导师个人拍板，教师在研究生招生中拥有实质的自主权，但行贿或受贿事件却鲜有发生。[②] 美国教师在录取工作中的自主权较少被滥用，究其原因，主要是内外两种因素共同作用的结果。

从内部来说，集体决策、市场经济以及处罚机制产生的制度约束贯穿于美国研究生招生的全过程。首先，从决策的角度而言，被多数高校所采用的由招

[①] 万圆：《美国博士生招生制度的特点及启示》，《研究生教育研究》2014 年第 4 期。

[②] Jennifer Jun、Li Chen、Yi Yang：《哈佛大学招生特点对中国高教的启示》，《交通高教研究》2003 年第 1 期。

生委员会集体决定录取对象的制度制约着个人的力量，避免个人在招生中权力过大而使录取工作丧失应有的公正性。同时，招生委员会成员名单并不对外公布，成员身份也严格保密，教授们不仅不能公开身份，反而需要谨言慎行以免泄露身份。其次，从市场经济的角度来看，教授的科研项目需要研究生参与，经费导向又制约着教授的招生计划，如果招收的研究生不能完成既定的研究目标，那么就浪费了教授的招生指标和研究经费。这就迫使教授必须招收具有较高研究能力的研究生。最后，从违规成本来说，高昂的违规代价对教授的招生行为起到了较强的约束作用。美国教授一般实行聘用制，能获得终身教授称号的更是寥寥无几。如果教授违规录取学生并被学校仲裁委员会证实，不仅意味着其学术生涯的终结，甚至还会受到法律的严惩，同时，校长和董事会也会被追究责任。由于违规的代价极其高昂，教授的录取决定都基于对申请人才能的判断，任何人都不敢搞暗箱操作。[①]

从外部来讲，大学之间的竞争和崇尚诚信的社会文化促使教授在录取工作中保持着高度的自律性。一方面，美国是一个市场化程度很高的国家，高校需要用良好的声誉来吸引经济资助，维持正常运转，进而在竞争中脱颖而出。正如美国教育学家克拉克·克尔所说："声誉一旦建立，它就是一所大学的独一无二的最大的财产。"[②]要维护和提高声誉，学校和教授就得培养出高质量的研究生，而提高生源质量、选拔优秀人才是实现这一目标的前提。另一方面，诚信是美国社会文化的特征之一，是多数美国公民崇尚的道德准则。高校尤其注重诚信，很多大学设有诚信办公室或者学术诚信监控委员会，旨在大力推广学术诚信教育。如果学生涉嫌造假，将会受到非常严厉的处罚。教授也非常注重诚信，将学术诚信视为和生命一样珍贵的东西，因为诚信危机一旦出现就有可能终结其学术生涯。因此，教授一般不会给不熟悉的学生写推荐信，即使是熟悉的学生，也会耗费一段时间来客观评价其学术水平，以免对其他教授招生造成误导，进而影响自己在学

---

① 万圆：《美国博士生招生制度的特点及启示》，《研究生教育研究》2014 年第 4 期。
② 伯顿·克拉克：《探究的场所——现代大学的科研和研究生教育》，王承绪译，浙江教育出版社，2001，第 247 页。

术界的声誉。在决定是否录取学生时，教授也会保持公平、公正的高度自律意识，在申请人书面材料的基础上，综合其面试表现，给出客观评价。美国高校素有"宽进严出"的特点，假如个别教授在招生过程中徇私，"走后门"学生在入学后也会被各种考核淘汰，教授反而要承受声誉受损的风险。[①]总之，诚信已经成为美国师生的共识，这使得教授在招生过程中始终保持高度自律。此外，美国无处不在的新闻监督和社会监督对高校研究生招生的公平公正也发挥了积极作用。

（三）"招考分离"制度利于防范考试招生风险

为满足高校对考试与评价的多样化需求，美国社会建立起了一套立体的考试理论研发与实践应用体系，除了前文提到的 GRE、GMAT、LSAT、MCAT 等标准化研究生入学考试以外，还有被称为"美国高考"的学术能力评估测试（Scholastic Assessment Test，简称 SAT）和美国大学入学考试（American College Test，简称 ACT）等考试。这些考试由特定的社会机构组织、管理和实施，专注于考试产品的高质量供给，为高校招生选拔提供高质量的专业化考试服务。高校则专注于强化作为生源选拔责任主体的核心职责。考试与招生的这种分工分离机制保障了考试机构与高校各司其职、各有所专，促进了美国高校考试招生体系的专业化发展。

从美国研究生招生考试制度可以看到，"招考分离"包含了招生与考试的主体分离、职能分离和责任分离三个重要内容。从主体来看，招生主体是高校，考试主体是社会考试机构，它们分工明确、各司其职。招生完全由高校自主决定，考试机构只是为高校招生决策提供服务。从职能来看，考试是衡量考生学习效果和学习能力的有效手段，考试中心的主要功能是提供考试数据和参照信息，为高校在入学学生甄别和选拔方面提供专业服务。只有不断改善和优化服务，提高考试质量，考试机构才能更好地生存和发展。在这个过程中，各类教育考试、招生

① 李传波、潘峰：《自主与自律：美国博士生招生申请机制的显著特征》，《学位与研究生教育》2014 年第 4 期。

录取等学会组织和学术团体提供了广泛的智力支持，促使教育考试理论和实践得到了共同发展。招生是高校根据特定评价标准选拔适合学生并按照特定教育目标综合培养学生的过程。面对激烈的生源竞争，高校也要主动开展研究，明确本校招生需求和潜在生源的关键特征，不断促进高校招生能力建设。从责任来看，GRE、GMAT、LSAT、MCAT 等考试一年要举行多次，考试成绩在一定年限内有效，考试机构要提供等值可比的考试服务，并承担相应的考试责任。招生的本质是价值判断，高校招生决策理由要符合教育发展规律和高校核心利益，招生过程中还内嵌有各种责任，这些都要由高校承担。总的来说，考试服务于招生，招生依托于考试，两者相辅相成。

总之，"招考分离"制度使美国研究生入学考试的管理和组织工作从招生单位脱离，由权威的专业考试机构负责试卷的命题、评阅和向招生单位及考生寄送成绩报告，考试的规范性、科学性、保密性和透明度在较大程度上得到了保障。招生单位与组织命题和阅卷工作的机构处于相对"绝缘"的状态，也有利于规避原本由招生单位自主命题、阅卷产生的风险。

二、学术权与管理权的相互牵制

学术权和监管权是大学中的两种不同权力。前者是为保护学者利益而逐渐形成的一种权力，表现为教授个人、团体或学者团体参与大学管理工作并在其中发挥作用。后者则是为监管大学各项学术和非学术性事务、提高管理效能而建立的一种权力，其主体是行政管理人员。这两种权力的相互协调和相互制衡在一定程度上可以展现高校内部管理机制的活力。

美国多数大学拥有研究生招生的自主权力。各所大学根据自身办学情况，自主决定研究生招生流程、招生方式、招生人数、录取标准等，政府干预得较少。各大学的研究生院对全校的研究生招生名额进行总体把控，根据学校总体情况以及学校对相关学科的重视程度，将各学院硕士和博士研究生招生名额规定在一个大概的范围内，具体的招生名额则一般由学院依据申请人的科研素质以及招生导师拥有的研究经费自行确定。在录取工作中，美国大学一般有两个主体，一个是大学研究生院，另一个是院系招生委员会或者导师。研究生院作为学校负责研究生培养的职能部门，主要承担政策制定层面的工作，对入学基本要求等相关事项作出规定并进行管理，对报名材料进行初审，对预录取名单进行复审，对招生政策的执行情况进行监督等，总之，都在行使监管权力。院系招生委员会一般由同一专业学科一位以上教授或副教授组成，有时也包括行政人员和博士生志愿者，具体负责招生录取工作的组织实施，拥有录取决定权。[①] 还有些录取是导师个人拍板。但无论哪种，都是教授参与大学管理的一个体现，是代表了学术权力的教授团体在招生录取工作中发挥作用的有力证明。

可见，在研究生招生录取领域，大学研究生院和院系招生委员会或导师有各自的角色定位，研究生院负责政策制定、资格审查等非学术性事务，研究生学术能力考查评估和录取决策等学术性事务则由院系招生委员会或导师负责。两个权力主体之间分工明确，互相配合并相互制约。这种监管权力和学术权力的相互制约，最大限度地降低了权力在行使过程中的随意性，防止了权力滥用，形成了以权力约束权力的良好监督机制。

三、监督权与决策权的相互制约

美国大学普遍实行董事会领导、校长负责的管理体制，多数大学的决策机构由董事会、行政管理部门及大学评议会组成。董事会是大学的权力机构，决定大学的发展方针和政策。校长由董事会任命，对董事会负责，是大学的行政负责人，主要负责管理和协调大学的行政工作。行政管理部门在校长的领导下负责大学内部日常事务的管理。大学评议会由教授、行政官员、各学院院长、研究人员等组成，负责处理各种学术和教学事务，致力于大学教育和研究职能的充分发挥。[②] 教授

---

① Jennifer Jun、Li Chen、Yi Yang：《哈佛大学招生特点对中国高教的启示》，《交通高教研究》2003 年第 1 期。

② Altbach P G, "The Logic of the Mass Higher Education," *International Higher Education*, no.8 (1997): 9-14.

团体的学术管理职能主要就是通过大学评议会来实现的。[①] 在这个结构中，决策权力，也即大学内部决策主体对大学的各项事务、活动等所拥有的决策、建议的权力，在董事会、校长、大学评议会等决策主体之间进行了配置。如，大学治理和决策权力归属董事会，以校长为首的行政管理部门拥有行政性事务的决策权力，而学术性事务的决策权力则由大学评议会享有。[②] 这种多方参与决策的机制构成了相互合作、相互促进、相互制约的互动关系，一定程度上提高了决策的科学化水平。同时，为确保上一级决策主体所作出的决策得到有力执行，实现决策所要达到的目标，包括校长及其领导的行政管理部门、大学评议会在内的决策权力主体都要行使相应的监督管理权。如，校长作为大学的行政负责人，要对其领导的行政管理部门进行监督管理。

研究生招生录取的决策环节也同样体现了相互监督、相互制约的特点。美国各高校坚持"自主录取、院系负责"的研究生招生录取原则，即各招生高校研究生院和院系招生委员会根据自己的需求自行确定录取条件。一般情况下，研究生院负责招生政策和录取标准的制定以及申请人申请材料的审核，院系根据研究生院制定的招生政策和录取标准以及所招生专业的特点和培养目标，自主提高或降低录取标准，决定考察重点。研究生院审核通过申请材料后，把符合录取标准的申请材料转入各个院系，院系招生委员会按照事先定好的评审规则，对申请者的申请材料进行评估，共同研究、集体决定是否录取；少数情况下导师也可以个人拍板，再将录取名单提交研究生院长（或副院长）复审。由此可以看出，美国高校招生录取工作的权力架构包含了研究生院、院系招生委员会和导师等不同的决策主体，其中研究生院负责招生政策的制定，院系招生委员会除了可以调整招生政策外，还负责招生政策的具体实施，并拥有录取决定权。这样就形成了不同主体、不同环节相互制约的模式，避免了"一人说了算"或"暗箱操作"的情况，同时增加了决策的有效性和认可度，保证了研究生招生工作的有序进行。

---

① 苏志武、吴远香主编《论现代高等学校管理》，教育科学出版社，2003，第36—59页。
② 赵丽娜：《共同治理视野下的美国州立大学内部权力制约机制——以弗吉尼亚大学为例》，《高教探索》2016年第3期。

第二节　欧洲申请审核制度下的综合能力考核监督

一、既往学业和面试表现双并重

英国、德国、法国等欧洲高校研究生招生没有统一的标准化研究生入学考试，实行的是申请审核制度，普遍看重申请人综合能力与素质。招生院校通过审核研究生申请人的既往学业成绩、研究计划等申请材料和举行面试，详细考查申请人的综合能力与素质，并以此作为录取的依据。

（一）英国的申请审核制度侧重考查申请人的综合素质

英国的大学是具有公共性质并拥有独立法人地位的自治机构，大学、学院能否招收研究生，取决于其是否具备学位授权资格，以及能否从科学与教育部下设的各研究委员会获得奖学金拨款。大学系统的学位授予资格审核由政府授权大学负责，其他高教机构的学位授予资格审核由政府授权国家学位授予委员会负责。[①]英国的大学没有全国统一的标准化研究生入学考试，各招生院校在法律和政府的双重监督约束之下，根据自己的办学条件和办学特色，制定本校的研究生招生政策和录取标准。各类大学通常采取论文计划、面试等方式代替考试进行招生，侧重通过面试来考查申请人的整体素质与能力，并以此作为录取的依据。大学的研究生招生人数取决于该校从科学与教育部下设的各研究委员会获得的奖学金份额。

在研究生入学申请条件方面，一般学士学位获得者都有资格申请修读硕士研

---

① 冯增俊：《现代研究生教育研究》，广东高等教育出版社，1993，第 79 页。

究生。如果申请人是一等和二等高级荣誉学士学位获得者，那么他只需要通过面试就可以被录取。而学士学位课程成绩比较低的申请人，除了需要提供学位证和两位学者的推荐信以外，还要参加招生单位的审核考试（通常考查大学里的3—4门主要课程），通过考试后还需要通过面试才可以入学。国外申请人除非从少数世界著名大学毕业，否则也要通过考试或者一段时间的研究能力考查，再加上通过面试才能入学。[①]博士学位入学申请人一般应该具备硕士学位，但是也有例外。例如，本科毕业生如果课程成绩特别优异，而且获得了一级荣誉学士学位，就可以直接申请攻读博士学位。博士研究生招生没有入学考试的要求，但申请人在面试之前必须先选择一位指导教师，还要提交一份拟在博士就读期间开展的研究计划书。在通过面试并获得导师的许可后，再经过学校、系或院的有关部门审核认可，申请人才可以正式注册入学。[②]

在录取条件方面，英国大学比较侧重于考查申请人的综合素质，同时参考其本科就读的学校层次及本科成绩。导师制是英国研究生教育的一大明显特点。一般而言，英国大学教师，无论职称高低，都可以指导硕士研究生、博士研究生乃至博士后的研究工作，基本也都有招生权。[③]导师是招生选拔的主导力量，通过举行面试来考查申请者的能力与素质，从而决定是否录取。面试时，有招生权的导师既可以组成面试小组，也可以单独进行面试。面试形式既可以是导师提问申请人回答，也可以是申请人提问导师回答，还可以是导师和申请人相互交谈，比较灵活。面试内容涉及广泛，有与本专业相关的知识，也有个人工作经历等与专业无关的各种问题，目的是对申请人进行全面的了解。

---

① 刘晖、李军编著《二十国研究生教育》，东北师范大学出版社，1989，第151—152页。
② 王燕：《发达国家研究生招生制度研究》，载袁振国主编《中国教育政策评论（2012）》，教育科学出版社，2012，第91页。
③ 陆益民、黄险峰：《英国研究生导师制度及借鉴》，《广西大学学报（哲学社会科学版）》2006年第S1期。

（二）德国的申请审核制度注重考查申请人的研究能力

德国是现代研究生教育的发源地。与许多国家的三级学位体系不同，德国高校只设硕士和博士两级学位，普通教育阶段包含了普通大学教育和硕士研究生教育，真正的研究生教育是从攻读博士学位开始的。[①]在德国，博士研究生教育被认为是大学教育的自然延续，没有专门的入学考试，一般情况是以大学毕业文凭代替研究生入学考试。[②]如果博士阶段不改换专业，只要本科毕业成绩高于平均值，研讨课和实习课成绩优良，原则上申请人就具备了攻读博士学位的资格。除非申请人本科阶段学业成绩无法反映其申博研究的课题水平，才需要考试委员会对申请者进行课程考试，并在正式录取前，由教授与其面谈，了解其大学学业成绩的有效性，考查其是否具备从事研究的基本素质、对今后的研究方向是否感兴趣等。攻读博士申请人如果不是从本学科专业毕业，一般需要参加两门本学科专业课程考试，用以考查申请人是否具有足够的本学科专业知识；对于已从事与本学科专业相关工作多年但不是本学科专业毕业的申请人，可能需要由数位教授对其进行有关专业知识的面试。[③]

德国高等学校没有"研究生院"这样的行政机构，导师在研究生录取上具有绝对权威。研究生申请人必须取得综合大学颁发的学位，还要先找到一名愿意帮助其确定论文题目并对其进行指导的教授，向该名教授提出自己的研究计划并征求其意见。只有在教授认为这名申请人已经具备了比较扎实的基础知识并具有较强的独立开展科研工作能力时，他才同意担任申请人的导师并向系里进行推荐。在申请人和导师达成建立指导关系或导师关系协议之后，申请人向系里正式提交攻读博士学位的书面申请材料，主要包括大学各年级考试成绩、语言证明、与导师达成的论文及工作领域协作关系的简要报告、是否有过攻博

---

① 王秀卿、张景安编《国外研究生教育》，科学技术文献出版社，1987，第198—199页。

② 陈学飞等：《西方怎样培养博士：法、英、德、美的模式与经验》，教育科学出版社，2002，第143页。

③ 索昭昭：《研究生招生考试制度的国际比较与借鉴》，苏州大学硕士论文，2008，第17页。

失败经历的证明、导师同意接收的书面通知书等。系博士学位委员会负责审核书面申请材料，同时审查申请人资格、教授的导师资格及其学科背景是否与即将指导的学科专业对口。在所有条件都满足的情况下，系博士学位委员会正式告知申请人可以攻读博士学位。如果导师的资格及学科背景与申请人的学科专业不对口，系博士学位委员可以为申请人更换导师或者不作录取。[①]在招生名额方面，德国对导师招收博士研究生人数及最终录取名额没有指标限制，由导师自行决定。导师主要根据研究所经费和申请者科研能力、研究兴趣及方向等招录学生。

（三）法国的申请审核制度重视考查申请人的综合能力

法国高等教育历史悠久，结构复杂，学位种类独特，没有明确的"研究生教育"概念。1984年，《萨瓦里法》颁布后，法国对学位制度进行了改革，研究生教育被认为是在完成第一阶段和第二阶段教育后进行的，也即第三阶段教育。这一阶段实际为攻读博士学位阶段，在培养上又可以分为前、后两个阶段：前一阶段的学习以获得深入学习文凭（DEA）为结束标志，后一阶段的目标是通过研究论文答辩获得博士学位。法国研究生教育被认为是第二阶段学习的自然延伸，不举行全国统一的招生入学考试。一般完成第二阶段学业并取得硕士学位或相应文凭的人员，以及持有大学校（经法国工程师职衔委员会授权）颁发的工程师文凭人员，即可申请攻读博士学位。虽然各校没有入学考试，但在录取研究生时会制定一定的标准。申请人须向大学相关学科主管研究生工作的负责人提交硕士文凭、第二阶段学业成绩、研究计划、申请书（说明其动机）等书面申请材料，由学校对申请人的申报资格、学习情况、研究能力等进行考查，并给予综合评定。多数专业还会要求指导教师对符合条件的申请者进行面试，进一步判断申请人是否具备在本专业就学的能力和水平。一般情况下，校长会根据申请人的书面材料、本校

---

① 吴春录：《浅析中、美、德工科研究生招生考试制度》，《北京高等教育》1999年第5期。

的招生规模和培养能力、指导教师及博士生培养小组的建议择优录取学生。[①]

法国各高校的研究生招生院（系）会选派由一名教授担任研究生工作负责人，具体负责研究生招生、教学等工作。特定专业的招生工作，则由博士生培养小组成员全面负责，他们会严格审查报名者的档案，了解其过去的学习情况和能力。[②] 博士研究生招生面试环节的工作完全由导师主导。导师先根据申请人所提交的论文对其作出初步评价，然后对其进行面试。如果申请人不能参加现场面试，导师还会对其进行电话问询，全面考查所招收学生的资质。

二、导师招生制约意识逐步增强

（一）内外监督强化约束

英国没有统一的标准化研究生入学考试。研究生招生院校普遍看重申请人的综合能力与素质，且主要是通过组织导师进行面试来考查的。可以说，面试是英国大学录取研究生的重要环节和必要环节，而导师拥有绝对的话语权。在研究生招生工作中，一旦监管缺位，极容易降低选拔标准和质效，产生不公平问题。为了保证研究生招生录取的公正公平，英国采取了内外监督相结合的机制。在招生院校内部，严格导师遴选，确保导师招聘公正透明，重视对导师的培训和培养，在一定程度上保证了导师在面试和招生录取过程中行为的公平性和公正性；在招生院校外部，英国政府成立了公平入学办公室、高等教育独立仲裁办公室等机构，同时还建立了公平入学论坛、高校招生巡视员制度。若考生对录取结果有疑问，可以有反映和解决的渠道，这对研究生导师公平招录学生起到了较好的监督作用。

（二）自律他律协同作用

自律和他律是康德的道德哲学用语。简单来说，自律指支配道德行为的道德

---

① 刘晖、李军编著《二十国研究生教育》，东北师范大学出版社，1989，第315—321页。
② 索昭昭：《研究生招生考试制度的国际比较与借鉴》，苏州大学硕士论文，2008，第13—14页。

意志是由个人自身理性所决定的，而不受制于外部必然性；他律指支配道德行为的道德意志并非由理性自身决定，而是受制于外部必然性。德国导师在研究生录取过程中有着明显的自律和他律相结合的特点。如前文所述，导师在研究生招录方面有很大的权力。一方面导师可以自行决定招生名额，另一方面申请人最终录取与否很大程度上也是由导师决定的。表面上，导师似乎没有受到监督和约束，但由于博士研究生是导师的科研助手，他们之间甚至需要以合同的方式来确保特定研究目标的完成，因此，在录取时，导师必定以申请人的研究能力、研究方向等为重要参考，而不太会发生徇私录取的情况。从这个角度来说，出于理性思考，导师一定不会降低标准来录取不符合条件的申请人。此外，导师同意录取的申请人还需经过系博士学位委员会的批准。从这个角度来说，系博士学位委员会的审核把关也是对导师是否正确行使录取权利的一种监督，导师必须依据申请人的能力素质高低作出是否录取的决定。

（三）加强面试过程监督

法国博士研究生招生面试环节完全由导师负责。虽然看上去导师在面试环节中没有受到监督，但他们并非想招谁就招谁。申请读博的学生在获得导师同意后，还要面对学校评审团的最终考核，由评审团确定最终录取名单。可见，导师虽然在面试中，甚至在整个博士研究生招生录取中拥有很大的发言权，但并没有录取的最终决定权。学校考核实际上是一种导师监督制度，既防止了博士生导师在招生时可能会出现的无意偏差，又遏止了导师主观降低招生标准的有意行为。评审团的集体考核也杜绝了导师个人权力过大的弊病，保证了录取的公正性。

第三节　俄罗斯、日本和中国台湾地区
自主招生制度下的政府监管

一、特征明显的制度约束

（一）俄罗斯注重政府对研究生考试招生的监管

俄罗斯高等教育学位设置和授予制度异于欧美各国和我国，硕士学位属于本科阶段的学位，研究生教育只包括副博士和博士两个等级。[1] 其中，副博士分别相当于欧洲各国的一级博士和我国的博士，博士则与我国的博士后相对应。[2]

俄罗斯副博士研究生招生实行考试制度，但国内不设统一的招生考试机构，也没有统一的招生入学考试。招生高校或科研机构根据《俄罗斯联邦科学教育和科学干部培养条例》《俄罗斯联邦高等和大学后职业教育法》《俄罗斯联邦高等职业教育机构（高等学校）标准条例》等文件，自主命题、自行组织入学考试和招录副博士研究生。[3] 在入学考试前，高等学校校长或副校长、科研机构所长或副所长牵头的招生委员会要先对报考人员提交的材料进行研究，并在听取导师的意见后决定其能否参加入学考试。得到招生委员会同意的报考人员需要参加专业课、哲学以及外语（英语、法语、德语、西班牙语、意大利语中的一个语种）三个科目的考试。各科考试由招生单位的招生考试委员会组织实施。招生考试委员会由

---

① 段芳：《中俄研究生教育发展之比较研究》，河南大学硕士论文，2009，第45—47页。

② 王淼：《近二十年俄罗斯副博士学位研究生培养情况透视》，《外国教育研究》2012年第3期。

③ 李申申、黄思记：《俄罗斯副博士研究生招生制度及其借鉴意义》，《学位与研究生教育》2013年第9期。

高等学校校长或科研机构所长任命，原则上由相关专业的教授或科学博士组成。在科学博士和教授缺乏的情况下，科学副博士和副教授也可以参与其中；外语考试还可以邀请不具有学位、学衔的相关语种高技能教师参加。[①] 考试内容由招生单位根据国家高等职业教育标准制定，考试形式可以是笔试或口试，也可以两种方式都采用，但考试只举行一次，不举行复试。如果考生的硕士毕业考试已经包含了哲学和外语两个科目，那么就可以免于参加入学考试中的这两科考试，可以用硕士毕业考试中的哲学和外语成绩作为副博士生部的入学考试成绩。[②] 另外，报考人如果在入学考试前已全部或部分通过《俄罗斯联邦大学后职业教育系统中科学教育和科学干部培养条例》和《大学后职业教育各学科国家教育标准》所规定的教育职业课程（必修课）——专业课程、哲学和外语的国家考试（又称俄罗斯副博士考试），则可以完全免于参加或部分免于参加招生单位自主举行的入学考试。[③] 俄罗斯博士研究生招生不需要参加入学考试，由高等学校校长或科研机构领导审核申请者提交的材料，结合相关教研室（部门和实验室）、高校学术委员会或科研机构科技委员会的意见并最终公布录取结果。[④]

俄罗斯实行中央集权的高等教育领导体制，研究生招生具有鲜明的行政监管特征。在政策制度方面，俄罗斯联邦政府制定了《俄罗斯联邦科学教育和科学干部培养条例》《俄罗斯联邦高等和大学后职业教育法》《俄罗斯高等职业教育机构（高等学校）标准条例》等文件，对招生高校或科研机构开展副博士研究生入学招生考试工作进行了规范。从招生计划来看，俄罗斯研究生招生计划根据研究生培养经费来源不同分为两类：一类由俄罗斯联邦政府预算内经费支付，此类研究生录取名额由招生单位所属管理机关和俄罗斯联邦教育与科学部协商制定；另一类由研究生个人承担，此类研究生录取规模与招生单位教学能力相适应，同时也

---

① 李申申、王森等：《中俄博士研究生教育比较》，人民出版社，2014，第99页。

② 段芳：《中俄研究生教育发展之比较研究》，河南大学硕士论文，2009，第39页。

③ 李申申、黄思记：《俄罗斯副博士研究生招生制度及其借鉴意义》，《学位与研究生教育》2013年第9期。

④ 李申申、王森等：《中俄博士研究生教育比较》，人民出版社，2014，第159页。

要与上级主管机关协商确定。[①] 在招生条件方面，除了国家规定以外，招生单位也可以根据各学科专业特点和培养传统自主确定招生条件。[②] 副博士研究生报考者应具有俄罗斯专家文凭或科学硕士文凭，需要参加入学考试。硕士毕业时参加了哲学和外语考试（国家考试）的报考人，可以免试哲学和外语。通过俄罗斯副博士考试部分或全部科目的报考人，可以部分或全部免于参加招生单位组织的入学考试。博士生的招生对象是副博士学位获得者，且须具有相应学科领域的科研成就。博士研究生选拔不设考试，由高等学校的校长或科研机构领导审核博士生申请人提交的材料，并根据相应专业教研室或实验室的结论和高校学术委员会或科研机构科技委员会的决定综合考评，最终发布录取通知。从监督的角度来看，俄罗斯招生单位虽然有权自主制定合同制（副）博士研究生招生计划，但其计划外自主招生并非盲目且不受约束的。与国家计划内（副）博士研究生相同，计划外自主招生的（副）博士研究生招生、录取和培养也要按照《俄罗斯联邦高等和大学后职业教育法》《俄罗斯联邦科学教育和科学干部培养条例》《俄罗斯联邦高等职业教育机构（高等学校）标准条例》《学位授予程序条例》等国家和有关政府部门制定的制度和规定来实施。因此，可以说，俄罗斯高校和科研机构的研究生招生工作受国家和有关政府部门的影响较大。

（二）日本强化高校考试招生审查委员会的内部监督

日本没有全国统一的标准化研究生入学考试，但各研究生招生院校很注重对报考人员资格和能力的考核。各研究生招生院校享有招生自主权，会根据自身特色与招生需求，自主命题、自行组织入学考试来选拔人才。同时，各研究生招生院校也拥有录取的最终决定权。各学部所属研究科委员会是具体负责各院校研究生招生工作的机构，由各研究科的教授和副教授组成，工作职责包括出题、对考生进行评价和筛选等。考生的论文和考卷必须经过审查委员会的严格审查。审查

---

① 李申申、王森等：《中俄博士研究生教育比较》，人民出版社，2014，第94—159页。
② 段芳：《中俄研究生教育发展之比较研究》，河南大学硕士论文，2009，第48—49页。

委员会是一个由各研究科委员会推选出来的五人工作小组，成员均为教授，负责提出拟录取名单并报各研究科委员会审批和备案。①日本对研究生入学考试时间有一个整体性的规划，即只规定了大致的时间范围，但具体日期由各招生单位自行确定。一般情况下，日本大学的研究生招生入学考试一年举行一次，也有少数大学一年内举行两次。②

硕士课程的招生考试分为特别选考和一般选考两种。想进入研究生院学习硕士课程的本校优秀本科生，可以不参加研究生院的招生考试，直接以本科阶段的学习成绩和口试（或面试）成绩参加选考，这种制度叫作特别选考。一般选考则指无论考生的毕业院校和毕业专业是什么，只要具备硕士课程报考资格条件，就可以通过参加笔试和口试进行选考。③本书将重点讨论一般选考的情况。一般选考的笔试内容要根据各大学和研究科的要求确定，通常有外语和专业知识两门考试科目。外语考试一般是从学术期刊中摘录部分内容让考生翻译，这样既可以考查考生的翻译水平，又能促使他们主动去了解本学科的研究现状和前沿动态。专业知识考试重点考查考生对专业基础知识和基本科学研究方法的掌握情况，具体考试形式根据文理科不同又有所区别，其中理科考生通常被要求开展实验或者进行具体操作，而文科考生则一般需要撰写论文。笔试结束，成绩合格的考生可以参加面试。一般情况下，面试主考官就是考生将来的导师，通常会要求考生简要介绍自己的研究领域，同时，考官也会随机抽取与学科相关的关键问题进行提问，学生即兴回答即可。通过面试，考官可以进一步了解考生对相关专业知识的掌握程度，同时，可以知晓考生的逻辑思维、表达能力以及未来的研究计划、研究兴趣等。④

博士课程的招生考试一般分为笔试和口试两个环节。其中，笔试主要考查专

---

① 北京师范大学外国教育研究所编《美国和日本的研究生入学考试》，北京师范大学出版社，1987，第110—111页。

② 李全毅：《日美两国研究生招生制度比较》，《日本研究》1991年第3期。

③ 刘晖、李军编著《二十国研究生教育》，东北师范大学出版社，1989，第75—76页。

④ 李妮：《中日硕士研究生招生制度的比较研究》，中南民族大学硕士论文，2011，第25页。

业知识和两门外语，专业知识考试内容与硕士课程的一般选考内容相似，但考题难度更大。口试主要考查考生是否具备攻读博士课程的资格和获取博士学位的知识基础及能力，同时还审查考生硕士课程毕业论文的内容。已完成硕士课程想继续在本校修读博士课程的学生，只需参加两门外语的笔试和口试，不用再参加专业课笔试。①

录取工作具体由各大学、各学部所属的研究科委员会负责。在录取标准方面，虽然考试分数是录取的主要参考依据，但是同时也要参考申请人的大学毕业成绩单和教授推荐信。此外，学生的论文水平与科研潜力也是各招生院校注重考查的内容，因此考生报考时一般需要提交一份研究计划书。在监督方面，日本采取了多种手段来维护招生录取的公正公平。除了各院校成立的审查委员会对考生论文和考卷进行审查并负责提出建议录取名单以外，各地招生院校负责人也会参加相关说明会，不断强化招生工作的公正性和公平性。文部省颁布了《大学设置标准》，对日本各招生院校的招生工作提出了要求，明确要严把研究生招生录取关，注重录取质量。另外，日本对招生录取过程中的投机取巧、腐败等问题绝不姑息，一经发现，严惩不贷。

日本大学有较大的研究生招生自主权，但并非可以随心所欲，需遵循日本法令的规定。颁布于1947年3月的《学校教育法》是日本历史上一部划时代的教育法律，也是日本大学管理制度的法律基础，其中对硕士生和博士生的入学条件进行了明确规定：研究生院的入学资格是大学本科毕业生或根据规定被确认为具有同等学力以上者；研究生的入学资格则为具有硕士学位者或根据规定被确认为具有同等以上学力者。②此外，文部省对研究生工作也制定有一般性原则和规定。如《设置研究生院的审查准则要点》要求招收研究生必须按其素质严格选拔，③《大学设置标准》也明确在确定招生指标时要充分考虑导师指导学生的精力。除了日

① 刘晖、李军编著《二十国研究生教育》，东北师范大学出版社，1989，第76页。
② 刘晖、李军编著《二十国研究生教育》，东北师范大学出版社，1989，第74页。
③ 李兴业：《美、苏、日、法、德五国研究生招生制度的比较和几点建议》，《黑龙江高教研究》1986年第4期。

本政府和文部省制定的法律制度，各招生院校还根据自己的实际情况制定了《研究生院规则》《研究生院章程》等规章。凡此种种，都对研究生入学资格、考试形式等进行了明文规定，如，研究生院每年须颁发各研究科招生要项，公布当年各专业招生人数、报名和考试事项等内容。[①] 其中，招生计划的制定必须先经由专业教师对学科发展形势进行估计，还要确定招生人数是在研究生导师的指导能力范围内，同时也要兼顾用人单位的需求。[②] 这样一来，日本自上而下建立起了一个较为完备的研究生招生制度体系，促进了研究生招生工作的规范化与法治化，推动了研究生招生工作的良性运作。

（三）中国台湾地区发挥主管部门制度文件的监管作用

中国台湾地区高校研究生招生计划由教育主管部门统一规划，各大学由教育主管部门授权，自行负责各院校研究生教育招生工作。[③] 为了协助各大学顺利完成硕士及博士招生事务，台湾地区"教育部"制定了《大学办理硕士班博士班招生审核作业要点》（以下简称《要点》）。《要点》规定，各招生院校要成立招生委员会，并秉承公平的原则开展招生工作。此外，《要点》还要求，各院校招生简章应当明确报考资格、招生名额、报名流程、考试时间、考试科目、评分标准、录取方式以及纷争处理程序等细节，命题、制卷、监考、阅卷、密封、核计成绩等考务工作也都应当妥善安排和慎重处理。除了要求所有参与考务工作的人员必须履行保密义务以外，各院校还应当建立并实施考生亲属回避制度。台湾地区"教育部"还规定，各院校招生办法及招生简章中应当有关于处理考生疑虑的内容，明确有疑虑的考生可以向学校招生委员会提出书面申诉，招生委员会应当在收到申诉一个月之内查明事情原委并给予考生正式答复，必要时也可以成立专案小组进行调查处理。同时，招生办法和招生简章中必须写明对申诉人进行行政救济的

---

① 刘晖、李军编著《二十国研究生教育》，东北师范大学出版社，1989，第75页。

② 孟秀丽、王松婵、吴卓平：《中日硕士研究生招生工作的比较与启示》，《中国研究生》2015年第4期。

③ 杨李娜、张亚群：《台湾研究生入学考试制度及其特点》，《教育与考试》2009年第2期。

程序。^①

在招生指标方面，台湾地区"教育部"规定，各院校硕士、博士研究生招生名额，应当提前纳入学校年度招生总量，并报请"教育部"核定。^②"教育部"根据各研究所招生录取情况对招生名额作出增减决定，即录取率过高的研究所要减少招生名额，录取率过低的研究所要酌情增加招生名额，以此调节各研究所的招生数量。针对博士研究生招生中的径修读博考生，"教育部"颁发的《学生径修读博士学位办法》明确规定，各院系径修读博名额不得超过该院系当年博士班招生名额的40%，如果当年"教育部"核定的博士班招生名额低于5名，那么"径修读博"的名额最多可以是2名。前项名额应包含于年度"教育部"核定的学校招生总量内。^③台湾地区各校、院系根据"教育部"办法制定本校、院系本科生、硕士生修读博士学位办法，但名额由"教育部"总体把控。可见，台湾地区高校研究生招生方案、计划名额的编制过程是自下而上的，即由各招生单位拟定后提请台湾地区教育主管部门核定实施。

台湾地区高校研究生招生方式一般有考试入学和甄试入学两种。考试入学，顾名思义，就是通过参加硕士研究生入学考试的方式进入研究生阶段学习。考试一般由各大学招生委员会自行组织，其中笔试是必要环节，口试与否可以由各招生单位自行决定。各个大学的笔试科目基本一样，都有共同科目和专业课程科目。其中，共同科目考语文和英文，而语文又是必考科目，目的是提高学生的写作水平，弘扬中华文化。专业课程科目最多有三科。各笔试科目采取的是权重计分的方法，通过各科目所占权重计算出各科成绩，再算出总分并进行排名。此外，考生研究计划、学术成果等书面材料同样也很重要，也要采用加权计算的方法计入总分。有些院校很看重书面材料审查，个别招生单位要求书面材料审查达到一定

---

①《大学办理硕士班博士班招生审核作业要点》，http://gra103.aca.ntu.edu.tw/gra2007/gra/weimasdocruler.htm。

②《大学办理硕士班博士班招生审核作业要点》，http://gra103.aca.ntu.edu.tw/gra2007/gra/weimasdocruler.htm。

③ 转引自刘盾：《台湾博士研究生招生考试政策研究及启示》，《教育与考试》2015年第3期。

分数才能参加笔试，笔试达到一定分数才有口试资格。而各科目具体的排列顺序和权重则完全由招生单位自主确定。[①] 甄试入学指的是省去笔试部分，只以书面材料审查和面试来考核学生。[②] 这种招生方式使得各招生单位具有较大的自主权，可以自主制定申请条件，如有些研究所对申请人本科阶段所修专业课程学分及学业成绩排名有着严格的规定。甄试入学又分为考生所在大学向招生单位推荐和考生自己申请两种，一般于每年 11 月至 12 月举行。其中，受推荐的学生需接受培养单位的书面材料审查和参加培养单位举行的面试。在此过程中，培养单位非常注重对考生的研究能力和自身特长的考查。申请参加甄试的考生需要提交自传、学术论文代表作、研究报告等证明自身学术水平的材料。某些招生单位非常看重考生的研究计划和研究能力，其所占比重甚至超过笔试成绩。台湾地区的博士研究生招考结合了硕士研究生招考的两种形式，既有笔试，又有书面材料审查和面试。书面材料审查、笔试和面试所占的分值比例由各校和各院系自行制定，各校、各院系的考试科目和内容也不尽相同。笔试一般考查两门专业课，有的院校增加考查一门外语。此外，台湾地区博士研究生招生中还有径修读博的方式。径修读博招录计划面向本科生和硕士生，只要学业成绩优异且具备较强的研究能力，经原就读系所两位以上副教授推荐，并通过拟就读系所相关会议以及校长的核定就可以攻读博士学位。《要点》和《学生径修读博士学位办法》等"教育部"颁发的制度文件，对台湾地区高校研究生招生工作提出了具体要求，对招生过程进行了规范，为各院校招生办法和招生简章的制定提供了制度依据。

二、主管部门的外部监督

俄罗斯、日本和中国台湾地区的高校研究生招生录取工作体现了一个共同点，即教育行政主管部门会在不同程度上对研究生招录工作产生影响，并通过行使监督权对研究生招录工作进行监督。如，俄罗斯联邦教育与科学部和招生单位所属

---

① 熊熊：《关于大陆与台湾硕士研究生招生制度的比较分析》，《中国考试》2015 年第 9 期。
② 刘盾：《台湾博士研究生招生考试政策研究及启示》，《教育与考试》2015 年第 3 期。

管理机关会协商决定政府预算内研究生录取控制名额，研究生招生、录取和培养等环节要受有关制度规定的约束，相关工作也要接受联邦国家和有关部门的监督。日本对高校研究生招生录取工作进行监管的主要部门是文部省；为规范招生录取工作，文部省颁布了《大学设置标准》《设置研究生院的审查准则要点》等制度，对日本各招生院校开展研究生招生录取工作提出了明确要求。中国台湾地区"教育部"对台湾高校研究生招生录取工作的规定更是达到了事无巨细的程度，从报考资格、招生名额、报名流程、考试时间、考试科目、评分标准、录取方式以及纷争处理程序到命题、制卷、监考、阅卷都作出了明确要求，同时还要负责审核各招生院校的招生办法和招生名额，对研究生招录工作进行监督。

第四节 国（境）外研究生考试招生监督经验借鉴

我国研究生教育担负着为国家培养拔尖创新人才的重任，而研究生招生是选才育才的第一关，需要有完善的监督机制作为基础保障。较之我国，国（境）外研究生教育起步较早，在招生监督方面有特定的做法并积累了一定经验。受中外文化和社会制度差异、人口基数和教育资源不对等因素影响，我们不能全套照搬国（境）外研究生招生监督的做法，但是可以取其精华，去其糟粕，结合我国实际情况，探索出一套适合中国特色的研究生考试招生监督机制。

一、责权明晰是研究生考试招生监督的前提条件

通过考察美、英、法、德、俄、日等国家和中国台湾地区的研究生考试招生工作可以发现，除了俄罗斯、日本和中国台湾地区等少数国家（地区）拥有关于研究生考试招生录取工作方面的法规制度以外，美、英、法等国家的高等院校具有较大招生录取自主权，受政府和教育部门的影响较小，录取的主观性和随意性

较大。这些高校一般会在官方网站上公布纠纷处理或申诉程序，但并没有对调查过程进行监督。即使是政府监管较严的俄罗斯、日本和中国台湾地区，也没有专门的研究生招生录取管理制度，对研究生招生录取工作的规定和要求都是零零散散地写在研究生培养办法、学位条例等制度文件中的，既没有对各方决策、执行主体的职责进行明确规定，也极少涉及监督的具体内容。在这种情况下，容易发生职责不分、越权、钻制度漏洞的问题，会对招生录取工作造成不良影响。我国教育部于 2003 年制定了《关于普通高等学校招生录取工作监督办法》，实行集上级组织管理与监督于一体的层级监督机制，但目前我国研究生考试招生工作的法治建设还有待进一步加强。基于此，国家应制定教育考试法，构建考试招生监督工作机制，明确学校招生工作委员会或招生工作领导小组、招生部门、院系、导师、纪检部门等不同主体的具体职责，使各种主体都有清晰的职责边界和范围，进而促进各主体认真履行职责和保证考试招生工作规范进行。

二、技术治理是研究生考试招生监督的有效工具

在我国目前的研究生入学考试制度中，教育部对命题、考务、录取等环节实施全过程监控，然而面对越来越激烈的升学压力和就业压力，特别是新冠疫情暴发以来，研究生复试由现场面试转为线上面试，复试地点从学校转到家庭，考试行业发生了深刻的变革，再加上信息技术被运用到考试作弊中，考生作弊手段可谓是五花八门、层出不穷，严重地影响了研究生考试招生录取工作的公平性和公正性。针对这一情况，借鉴美国研究生招生选拔的经验，我们可以采取两个措施来应对。一是实施试题防弊设计。参照美国"招考分离"的做法，将我国研究生入学考试科目中的专业课考试交由第三方机构命题并组织，采用计算机抽题和无纸化考试，让同一考场相邻考生的考题和选项顺序不同，使他们不能相互传抄答案。同时，第三方机构组织考试还能使招生单位人员彻底与考试隔绝，杜绝泄题、自命题阅卷不公等风险的发生。二是加强考场管理。开展考试安全和技术基础设施建设，提高作弊检测技术水平。例如，进入考场时，采用指纹和面部图像识别技术验证考生身份，使用金属探测仪检查考生是否携带具有发送或者接收信息功

能的设备，使用手机信号屏蔽器切断考场手机信号。针对线上考试等新的考试模式，采用面部识别、注视跟踪和全程视频记录等方式来防范考生舞弊行为。

三、外部监督是研究生考试招生监督的重要补充

外部监督包括招生录取工作上级行政管理部门的监督和社会监督。教育部作为研究生考试招生工作的行政管理机构，要加强研究生考试招生工作的调查研究和组织领导，推动研究生招生录取相关法律法规的建立。省级教育行政部门、教育招生考试管理机构要充分发挥管理职能，加强对研究生招生单位考试招生工作的统筹管理和指导监督。如，随机对考场进行突击检查，加强考试期间考场内部巡查等。对考试招生工作中的违规违法行为，发现一起、严查一起，绝不姑息。信息是一种社会资源，信息不对称是权力寻租和利益交换的主要原因，招生过程中的信息公开不到位会造成社会监督缺位，在客观上为权力滥用提供了灰色土壤。"阳光"是最好的防腐剂，"公开"是最佳的消毒液。社会公众的监督可以在很大程度上缩小违规操作的空间。招生院校要完善招生信息公开制度，通过官方微博、微信公众号等平台，主动公开非涉密招生政策、招生结果等信息，尽可能做到信息公开透明。如此才能保障考生知情权、维护考试公平性，同时也能降低部分招生人员利用信息不对称来获取私利的可能性，让考试招生在阳光下运行。

第六章　我国研究生考试招生监督机制的优化对策

　　党的二十大报告明确要求，"要坚持教育优先发展、科技自立自强、人才引领驱动，加快建设教育强国、科技强国、人才强国"。研究生教育作为我国高等教育的重要组成部分，肩负着培养高素质创新人才的使命任务。在人才培养过程中，考试招生选拔工作既是选才育才工作的第一关，也是研究生教育的起点，事关教育强国战略、人才强国战略、社会公平正义、诚信体系建设以及广大考生的切身利益。因而，在研究生考试招生过程中，需不断完善各环节的工作，聚焦考前、考中、考后全过程，进行精准监督，充分发挥各部门的监督作用。本章将结合已检视出的研究生考试招生风险点，从研究生考试的考前、考中和考后三个阶段入手，以期进一步提出符合新时代要求的监督优化策略。

第一节　准确把握监督基本原则

　　研究生考试招生作为我国高等教育中人才选拔的重要方式，在新时代背景下有着特殊的内在要求和时代内涵。具体来说，新时代研究生考试招生工作需要彰显监督理念的时代性、增强监督过程的有效性以及强化监督方式的灵活性。

一、彰显监督理念的时代性

教育公平是社会公平的重要基础。教育公平理念古已有之，如孔子所提倡的"有教无类"。现如今，人民对美好生活的向往赋予了教育公平新的时代内涵——更加公平、更高质量的教育。[①] 党的二十大报告指出，"要办好人民满意的教育，坚持以人民为中心发展教育，加快建设高质量教育体系，发展素质教育，促进教育公平"。科举考试是一种重要的人才选拔方式。[②] 为了保证科举制度的顺利实施，中国古代历代王朝制定了一系列科举监督法令和条规，同时也采取了锁院、封弥、誊录等一系列措施，从制度层面规避了考试舞弊行为的发生。随着时代的发展，研究生考试招生工作有了质的变化，国家为构建适应新时代发展要求的研究生考试招生模式进行了制度安排。研究生考试招生制度是一项基本的教育制度，只有持续深化改革，才能在保障教育公平的基础上不断提高人才选拔水平。其中，监督机制的建立和完善是促进考试招生公平的重要基础。

在新时代背景下，要坚持以习近平新时代中国特色社会主义思想为指导，积极发展新技术，不断规范考试招生工作。习近平总书记在网络安全和信息化工作座谈会上强调，要加强社会网络环境建设，充分发挥网络引导舆论的作用。同样地，研究生考试招生监督工作也要适应新时代发展要求，充分发挥网络监督的作用。特别是在信息技术发展迅速的背景下，要充分利用新技术带来的便利和优势，将其运用到多种社会情境之中，改进考试招生的方式，强化网络监督的作用，最大限度释放新技术在研究生考试招生过程中的监督红利。

由于新冠肺炎疫情的影响，研究生考试招生工作较过去发生了很大变化。[③] 目前，各招生单位普遍采取网络复试，这种形式对研究生招生工作提出了更高的

---

① 冯建军、高展：《新时代的教育公平：政策路向与实践探索》，《东北师大学报（哲学社会科学版）》2022 年第 4 期。

② 刘海峰：《千年科举与中国传统文化》，《大学教育科学》2020 年第 4 期。

③ 李琳娜、时悦琪、葛学玲：《疫情防控常态化背景下硕士研究生招生考试面临的舆情风险及应对措施探析》，《中国考试》2022 年第 9 期。

要求，尤其是在程序规范、过程透明、结果公正等方面。各级相关部门应严格按照国家相关要求，紧密结合研究生考试招生过程中的风险点，综合运用现代化技术，瞄准改革重难点，不断创新实践。其中，在工作规范上要进一步增强监督意识，强化监督环节，加大信息公开力度，切实将监督工作落到实处。

二、增强监督过程的有效性

一般来说，科学性和合法性是实现监督有效性的基础条件。美国为提升考试招生监督过程的有效性，专门成立了教育考试服务中心（ETS）。中心主要承担试卷保管、监考、清点试卷及试卷运回等工作。中心工作人员需要严格遵守考试程序和考试纪律，尤其是在考试过程中，监考人员需要全程把控考试时间、防止考生作弊和处理诸如更换瑕疵试卷等事宜。监督作为严格的外部标准，为规范考试招生流程提供了保障，同时也有助于提升招生考试的管理水平和效率。

探寻有效的监督方式，及时发现存在的问题，有针对性地提出解决方案，是各监督主体共同的工作目标。各监督主体的相关工作人员，不仅要自觉肩负工作职责和使命，还要将各项监督工作落到实处。此外，关于监督方式的使用也应兼具科学性和合法性。一方面，监督的科学性强调监督的内容要符合规范，即要在合理使用的范围内达到提高监督效能、满足社会需求的目的。随着研究生考试招生监督机制的不断完善，社会对考试招生监督的效率和质量提出了更高的要求。[①]另一方面，监督的合法性强调监督的过程要有法可依，既要严格按照相关规定制定实施标准，又要不断规范监督主体的责任。总言之，监督内容和程序的合法性是保障监督顺利实施的基础。研究生考试招生监督是一个复杂的过程，要严格按照科学性和合法性来实施。

要提升研究生考试招生的有效性，必须改进管理方式，如重点聚焦安全保密、考风考纪、信息公开、责任追究等内容，细化工作流程和落实监督责任。在具体

---

① 胡向东：《体育单招考试实施第三方监督评估的体系架构与现实价值》，《上海体育学院学报》2020 年第 12 期。

工作中，招生单位应成立不同层级的招生领导小组，压实考试招生监督责任，及时公布有效申诉联系方式，保障申诉渠道的畅通。为更好地提升监督有效性，各招生单位应成立研究生考试招生工作领导小组、督查组等来确保招生程序的安全规范，从组织上保证监督机制有效运行。同时，还应与教育、公安、保密等政府职能部门通力协作，采取强有力的方式来加强关键风险点的监督工作，进而为考试营造良好的社会环境。特别是在疫情期间，各招生单位要在督查现场、试卷保密室、试卷专用通道、备用考点考场和防疫特殊通道等关键环节开展常态化监督，如遇问题，要立行立改，确保考前问题归零，提高研究生考试招生监督的有效性。此外，还要狠抓考风建设，通过建立和完善监督管理机制，紧盯研究生考试招生各环节的风险点，及时发现问题，精准纠偏治弊。以上措施对提升我国研究生考试招生监督工作的有效性起着基础性作用，也是落实新时代研究生考试招生监督工作的现实要求。

三、强化监督方式的灵活性

根据问题采取措施，以灵活的方式应对突出问题，是实现研究生考试招生监督方式转变的关键。研究生考试招生过程甚为复杂，涉及人员范围更广且环节更为多样，这些为监督工作的科学性和有效性提出了更多的挑战。在整个考试招生工作中，招生单位要学会抓住关键点，找到产生问题的关键因素，对容易产生问题的环节以及整个考试招生监督过程的关键风险点加强布控。特别是在容易滋生问题的考试招生环节，应及时采取灵活有效的方式加以应对。当前，考试招生监督方式多种多样[①]，总的来看，主要有内部监督、外部监督和协同监督三种方式。

在实际监督工作中，一方面要用好用活现有的监督形式，另一方面要积极探索和逐步创造更多、更加灵活自主的监督方式。如采取"互联网＋"等大数据监督模式，创造灵活、有吸引力的监督形式，不断增强监督效果。此外，监督的灵

① 袁蓓：《关于高校艺术招生考试监督机制的思考——基于政策网络理论的视角》，《云南行政学院学报》2017年第2期。

活性还体现在监督内容、监督流程和制度机制等方面，要根据实际情况具体分析，进而积极探索和总结加强、改进研究生考试招生监督工作的新要求、新思路、新路径和新举措。

欧美各国虽然都以考试的方式来招录研究生，但各国的具体做法又有所区别，监督方式也不尽相同。在监督机制方面，不同环节的监督侧重点各异，整体呈现的特征也不同。在招生政策制定、面试、录取环节中，美国的招生单位和导师受外部条件、市场机制等制约，也接受新闻监督、社会监督等外部监督。由于灵活多样的监督形式是监督工作取得实效的有力支撑，因此，各招生单位在监督方法上也在不断求"新"。针对研究生考试招生的全过程，纪检监察机关要从专业的角度出发，对研究生考试监督所面临的新问题、新情况、新形势进行分析，积极探索监督的新方法和新理念，重点关注监督工作的落实情况，及时发现问题和提出对策。

当前，信息化已经成为推动研究生教育高质量发展的重要手段。有鉴于此，我们应充分运用数字化手段，积极探索有针对性的解决方式，如对特殊考场、考生进行特殊化监督，分类处理和制定考试工作方案。此外，在研究生考试招生监督工作中，还要灵活运用多种监督方式，突出体现在对关键风险点的应对和对外界环境的适应上，力求监督效果实现最大化。在应对方式的灵活性上，要根据实际问题具体分析，结合外部环境变化和各个监督关键点的风险特征，不断寻求提高研究生考试招生监督有效性的新方法、新途径、新模式。

第二节　健全内部监督管理体系

内部监督作为研究生考试招生监督的重要方式，发挥着积极的主导性作用。从已有研究来看，健全研究生考试招生的内部监督管理体系，需要厘清监督主体之间的权责边界、建立考试招生风险防范体系和科学规范考试招生工作程序。

一、厘清监督主体之间的权责边界

研究生考试招生工作中的监督主体主要有两大类，即内部监督主体和外部监督主体，而且各主体之间的关系极其复杂。当前，我国考试招生仍存在着不可忽视的问题，各个考试招生环节均存在不同程度的风险点。究其原因，主要是内部监督的缺失。[①]因此，有必要进一步理顺内部监督各主体之间的关系，特别是招生单位的纪检监察机构和研究生管理部门要明确自身的监督优势、监督路径和监督职责边界。一方面，要强化招生单位相关管理部门的领导责任和岗位职责，将研究生考试招生监督工作落实、落细。另一方面，要全面梳理研究生考试招生工作事项，构建严密的考试招生监督体系，对相关工作人员执行政策和纪律的情况进行监督。

内部监督是自我约束和自我完善的重要方式。针对研究生考试招生过程中产生的新问题，笔者认为，加强内部监督要从以下几个方面下功夫：第一，确立明确的内部监督原则。在内部监督工作中，招生单位作为重要主体，要严格按照国家相关规定，结合自身招生实际，加强内部监督工作，坚持系统性原则、责任性原则、操作性原则。第二，强化内部监督环境建设。要逐渐完善研究生考试招生治理结构，重视内部监督，在具体的实施过程中，充分落实相关考务工作人员的意见和建议。要完善高校考试组织结构设计，在设置职能部门时，应避免重叠冗余，并将每个岗位都纳入考试监督流程设计中。要加强监督文化的宣传，营造公平、公正的考试氛围；对考务人员进行集中培训，进一步提升考务工作人员的自我约束力和监督意识。第三，明确具体的内部监督重点。在内部监督环境建设的基础上，要分析各个阶段的监督重点和关键环节。尤其在复试环节，各招生单位应设立复试纪检小组，对招生单位研究生招生复试工作展开监督检查，深入复试现场，重点关注复试命题、考试组织形式、考生招录流程等关键工作环节。

---

① 樊华强：《论我国高校自主招生权的监督与制约》，《黑龙江高教研究》2017年第1期。

二、建立考试招生风险防范体系

就我国而言，从总体上看，国家在研究生考试招生方面的风险防范措施是比较全面、完善的，但基层教育主体对考试招生工作的重视程度还不够，系统的防范机制尚未真正建立。[①] 因此，在研究生考试招生中要提前做好全面风险防控，针对关键环节还要做好应急预案。面对考试风险的扰动和冲击，筑牢公平防线和加强风险治理是构建风险防范体系的首要任务。做好研究生招生风险防范，需要认真做好以下几方面的工作。

第一，强化考务工作人员的风险防控意识。研究生招生工作具有时间跨度大、工作复杂等特点，如果没有较强的风险防控意识，容易在工作中出现失误。树立正确的思想意识是做好研究生招生风险防控的根本保障，考务工作人员必须牢固树立道德意识、责任意识和法律意识。同时，要不断增强考务工作人员的风险防控意识，提高工作的政治敏锐度。考务工作人员在面对风险挑战时，既要全面了解风险，更要精准施策、靶向发力。在招生工作中，各招生单位还要不断提高专业课教师的保密意识，以便更好地防范各种风险的发生。泄题是研究生考试中最突出的风险之一，做好泄题的防范工作也是规范研究生考试招生工作的重点。近年来，新冠肺炎疫情的反复影响，无疑对面试过程的监管提出了更大的挑战。总言之，只有不断强化社会组织及个人在研究生考试招生风险防范中的责任意识，激发其治理积极性，保证其协作高效性，才能实现风险防范效能的提升。

第二，强化制度的风险防范约束力度。制度是对人的行为、观念构成约束的显性的或者隐性的规则总和。[②] 只有用制度来约束人的行为，才能真正做到有章可循。充分发挥各监督主体在考试招生中的作用，加强各部门间的配合，抓实风险防范措施，有助于推动风险防范体系的建立。此外，各招生单位要狠抓考试安全管理，加大力度防范和打击考试舞弊行为。纪检监察部门应协助学校相关部门

[①] 倪娟：《教育领域风险点：类型、后果、成因与防范》，《教育发展研究》2020年第9期。

[②] 李宝庆、张善超、樊亚峤：《多重制度逻辑下高中学业水平考试改革的风险及其规避》，《教育发展研究》2016年第6期。

持续推进廉政风险防控，形成廉政风险防范教育制度、廉政风险防范决策制度、廉政风险防范执行制度、廉政风险防范责任追究制度。各监督主体应围绕研究生招生的重点领域、重点岗位和权力运行的关键环节，积极探索符合招生特点和规律的廉政风险防范机制，既有助于从源头上预防腐败的产生，也能为学校治理体系和治理能力的现代化提供坚强的纪律保障。

第三，强化考试前风险防范工作。一方面，在研究生考试招生过程中，各招生单位要不断完善硬件建设、规范考务流程，做到每个环节有章可循、有迹可查。与此同时，还要严格落实防作弊措施，如招生全程录音录像、没收相关电子设备等。另一方面，在研究生考试招生工作完成之后，各监督主体要对先前的各项工作进行检查，一旦发现问题要及时改正。总之，风险防范工作应贯穿研究生考试招生的整个过程，各监督主体要通力配合，聚焦关键环节，有针对性地采取措施，从而健全相关预警与防范机制。

三、科学规范考试招生工作程序

招生工作人员作为研究生考试招生的重要主体，对整个招生环节和相关流程更为熟悉，一旦有泄露试题等的行为发生，将会给招生工作带来严重不良影响。因而，各招生单位要严格规范招生工作人员的监督、管理制度，实行监督制度、巡视制度、岗位负责制度和责任追究制度；各招生单位的研究生招生工作领导小组及纪检监察机构也要对整个录取工作进行全程监督。以美国为例，研究生院在招生工作中主要负责政策层面的工作和监督招生政策的执行，而相关工作人员则坚持原则，秉公办事，带头遵纪守法，自觉抵制不正之风。

在考试工作中，合理安排人员也很重要。在研究生考试招生过程中，各招生单位一般会要求教务科安排人员负责试卷发放，并指派监考教师和巡视教师。巡视教师必须不间断地在指定范围内开展巡视，并在该考试结束后撰写巡视通报。在考试结束后，各招生单位还要对试卷进行管理，如收卷、装订、保管等，必要时还要对试卷进行密封。各招生单位在组织阅卷时，要制定统一的评分标准，并确定阅卷分工，如在阅卷过程中遇到问题要及时报告。各招生单位在完成阅卷后，要对成绩进行统计、登记，若有需要更正的情况应及时上报并进行更正。

在考试管理上，由于研究生考试考点分散在全国各地，各地在组织研究生考试招生工作时，要集中统筹、协调一致，以更好地确保考试的公平性和公正性。考试中的监管主要包括试卷的管理、人员的安排、考场规则的落实以及监考人员的约束等。其中，监考人员既要负责检查考场、严明纪律和维持考场秩序等工作，还要履行自身职责，严格遵守监考规则，不做与考试无关的事。各招生单位的相关负责领导需要仔细巡视考场的设置情况和详细调研突发事件的应对处理等，深入考场考点主控室、视频监考室查看考务工作，并对相关工作人员进行慰问。同时，要不断提高政治站位，加强考试监督，严肃考风考纪，做好考试各环节的安全保密工作，确保考试安全平稳进行。

录取工作作为研究生考试招生工作中的重要环节，仍存在不规范、不完善等问题。各招生单位要严格按照教育部印发的招生规定及相关要求开展招生录取工作，切实落实招生录取主体责任。其中，主要负责人员作为研究生考试招生录取工作的第一责任人，要亲自把关、亲自协调、亲自督查；分管负责人员也要积极参与其中，对录取流程进行组织和管理。各招生单位要认真梳理总结，进一步完善工作方案，并做好风险评估和相关应对预案。高校作为研究生考试招生工作的重要主体，要对整个招生工作进行安排，如工作制度、人员管理、监督工作等。在工作制度上，要根据招生工作制定严格的制度，从制度上约束招生行为；在人员管理上，要明确各工作人员的岗位职责，对违法犯罪行为进行严厉惩处；在监督工作上，要做好录取各环节的监督工作，及时公布招生录取监督方式，对有疑问的招生环节及时展开调查。

研究生考试招生工作中的录取规范主要包括行为规范、程序规范。行为规范是指招生责任主体在招生过程中要严格按照招生录取要求，做好录取工作，确保录取过程的公平性和公正性。程序规范主要体现在录取过程是否合理合规。在实践中，应严格按照学校作为主要负责人、二级学院或科研中心统筹协作监督的原则开展相关工作。在录取过程中，各招生单位要综合考生的考试成绩、思想品德、专业素养、创新能力等择优录取，并及时公示最终录取名单。若在公示期间收到举报，应及时解决，保障考生的权益。在录取环节，除了要科学规范录取方式外，还要积极创新，促进录取方式的灵活性与多样性。美国的研究生考试招生普遍采取"自主录取、院系负责"的原则，所谓的"自主录取"是指美国没有全国统一的招录标准，各招生单位的研究生院及招生委员会根据自身的需求自行确定录取标准。同时，美国高校的研究生录取标准也具有多元化的特点。① 在录取结束后，各招生单位应对本单位的招生工作进行总结和反思，特别是对录取过程中存在的问题进行深入分析，总结经验和吸取教训，以便进一步优化相关录取工作。

第三节　健全外部监督约束机制

外部监督作为研究生考试招生监督的重要补充，在研究生考试招生工作中发挥着不可替代的作用。有效的外部监督，不仅能够弥补内部监督的不足，还能促进研究生考试招生更加公平。因此，我们迫切需要从健全招生信息公开制度、构建多元协同监督体系、加强社会监督制度建设等方面入手来不断完善外部监督约束机制。

一、健全招生信息公开制度

信息公开是接受社会监督的重要前提，而研究生招生信息公开就是将所拥有的不涉及保密的相关信息向社会公开。当前，研究生考试招生中仍存在着信息公开力度不够、公开不及时、公开不全面等问题。为不断提高研究生考试招生工作的透明度和公信力，可以从以下两个方面着手来逐步健全信息公开制度。

一方面，要完善相关法律法规，让研究生考试招生信息的公开有章可循、有

---

① 宁园：《信息不对称规避视域下美国硕士研究生招考制度研究》，《教育评论》2020年第5期。

法可依。同时，要加大考试招生信息的公开力度，提高信息公开的透明度，这在一定程度上可切实降低腐败的风险。在信息公开的同时，各招生单位还要加强研究生考试招生信息公开配套制度的建设，确保招生工作整体有序推进。当前我国实行的"研究生考试招生阳光工程"，就要求将研究生考试招生中的各个流程和环节，包括招生计划、考试大纲、考试成绩、录取名单等，全方位地向社会公开。在考前监督环节中，关键是要监督各招生单位做好招生计划、考试大纲等的发布工作。同时，还要规范信息公开的程序、内容和形式，确保招生单位依法依规向全社会公开招生信息。此外，内外部监督是做好信息公开的重要保障，要借助内外部的监督力量不断推进考试招生单位信息公开监督的法治化建设。①

另一方面，要坚持以人为本的管理理念，积极创新管理理念和转变工作作风，不断强化主动公开意识。各招生单位要逐步完善对研究生考试招生信息公开工作的管理，及时公开相关信息，积极回应各种质疑，并建立常态化监督反馈机制。考试招生信息的公布需要借助一定的平台，各招生单位应积极整合媒体、网络、报刊等多种现代信息传播资源，既要主动发布招考信息接受社会公众监督，也要提供信息反馈的有效渠道。不断加强信息公开平台管理，各招生单位要充分利用"全国硕士研究生招生信息公开平台"，在保护学生隐私、保障数据安全的基础上，按照规定及时发布并实时更新有关研究生招生的相关信息，方便利益相关考生进行监督。此外，各招生单位要积极借助新兴媒介，如微博、微信公众号等，及时发布信息。社会公众也要积极关注相关考试信息，并依法行使监督权，助推各招生单位更完整、及时和准确地公开研究生招生信息，在维护并实现自身权益的同时，也能促进社会公平与正义的实现。

二、构建多元协同监督体系

内部监督是招生单位对研究生考试招生工作的开展情况进行监测、审查的一

---

① 施彦军、陈俊源：《当代高校信息公开法治化建设：价值分析、现实困境与突破路径》，《黑龙江高教研究》2019 年第 12 期。

种监督管理形式，外部监督则是由招生单位之外的其他主体对研究生考试招生工作的开展情况进行监测和审查，虽然二者发挥作用的方式不尽相同，但都会对行使考试招生公权力的相关机构或人员产生强制性的约束力。也就是说，内外部监督具有目的的一致性和内在的统一性，可以互相补充，并在具体监督实践中形成合力。协同监督是研究生考试招生单位经常采取的一种监督形式，因涉及的主体较多，如招生单位的分管领导、研究生管理机构与纪检监察部门的相关人员，能更高效地做好研究生考试招生的统筹、协调及监督工作。ETS 有着较为完善的协同监督机制，一方面，它在内部实施极为严格的 GRE 命题和试题管理制度，在保持考试信度和效度的同时，也增强了试题的保密性；另一方面，它在外部接受 GRE 董事会、招生单位以及社会的监督，有助于提升考试的科学性和公平性。为有效改善和显著提升研究生考试招生监督工作的协同性，笔者认为，可以从监督主体、监督方式等方面入手，充分发挥内外部监督的主体优势，推动监督工作有力、有序、有效开展。

在研究生考试的初试阶段，纪检监察部门应重点关注命题、笔试、阅卷和成绩公布等关键环节；在复试阶段，纪检监察部门应与研究生院等管理部门共同深入二级学院或科研中心，现场检查网络设备、人员配备等的落实情况和面试工作的开展情况。当前的研究生考试招生监督工作要求招生信息全方位公开，纪检监察部门作为重要的监督主体，要广泛动员社会力量，畅通信访举报渠道，严肃查处违规违纪行为，确保考试工作阳光、透明、廉洁。

三、加强社会监督制度建设

要想增强招生工作的透明度，就得接受社会监督。[①] 加强社会监督制度建设，总的来说，要从以下三个方面入手。

首先，要完善社会监督制度。广大人民群众是社会监督的主体，在外部监督

---

① 宗俊峰、杨悦：《高校招生工作中的制约与监督机制——清华大学的经验》，《清华大学教育研究》2003 年第 4 期。

中发挥着重要的作用。由于信息不对称等问题的存在，社会大众接收到的考试招生信息会有差别，因而各招生单位要全面接受考生和社会大众的监督，减少和规避违法违纪行为的发生。另外，各招生单位要积极开发新的有效的社会监督渠道，如开通考试举报热线、设置社会监督员等。

其次，要完善大众传媒监督制度。大众传媒监督是外部监督的一种重要方式，尤其是随着数字化、信息化的快速发展，其监督效力日益彰显。新闻媒体不仅能客观揭露研究生考试招生工作中的违规行为，还能及时向社会公开相关的处理情况，有助于进一步提高社会大众参与研究生考试招生监督的积极性。

最后，要完善司法监督制度。从宏观层面来看，研究生考试招生涉及国家教育资源的配置问题；从微观层面来看，研究生考试招生关乎公民受教育权的保护问题。司法监督是相关制度有效实施的重要保障，也是加强对权力运行制约和监督的迫切要求。在研究生考试招生的监督工作中，我们需要借助相关法律制度来将权、利、责、罚等纳入法治化轨道，进而提升司法监督的效力。

第四节　聚焦风险关键环节监督

研究生考试招生工作是一项复杂的系统工程，拥有若干风险环节。因此，在研究生考试招生监督的具体实践中，不能眉毛胡子一把抓，要聚焦风险关键点。具体来说，就是要确保考试命题过程科学规范、考试审核环节公平公正、复试环节客观合理和考研调剂信息公开透明。

一、强化考试命题过程的规范管理

命题是研究生考试招生活动的关键环节，是招生单位自命题工作的重要组成部分，既能充分展现招生单位的办学特色，也有助于提高人才选拔质量。

　　研究生考试与高考有明显区别，各高校在研究生考试招生中拥有更多的自主权。作为选拔人才的关键一环，各招生单位要结合招生目标和工作计划，设计合理、科学的题目。近年来，各高校越来越重视研究生考试招生的命题工作，但相关工作依然缺乏科学性、严谨性和规范性。[①] 国家历来高度重视研究生考试招生命题工作，如 2019 年教育部办公厅印发了《全国硕士研究生考试招生自命题工作指导规范》，对研究生考试招生的自命题工作提出了明确要求。第一，要严格落实主体责任，建立责任追究制度。责任落实不仅能明确相关人员的工作职责，还能提高工作人员的责任意识。第二，要加强制度建设，规章制度既能为各项工作的顺利开展保驾护航，也能约束工作人员的相关行为。第三，要重视队伍建设，团队人员既要各司其职又要团结协作，努力提高工作效率和水平。第四，要重视命题的质量，特别是要强化命题的科学性和客观性，尽可能结合学科特点和考试选拔功能来命题。另外，各招生单位要树立综合评价、能力为重的理念，进一步增强考试的有效性。第五，要进一步明确相关负责人的领导职责，加强工作领导和纪律监督。

　　在上述文件精神的指引下，各招生单位应严格按照相关要求进一步加强自命题管理，制定与本单位自命题工作相配套的规章制度。同时，还要加强对相关命题人员的培训，严格规范对命题、审题、制卷、试题答案保密、试卷保管和运送交接等工作环节的管理和监督，确保试题、答案、试卷绝对安全。

　　笔者认为，可以从以下几方面着手来规范研究生考试命题工作。第一，在研究生考试命题工作的统筹上，应加强统一领导和管理。各招生单位党政主要负责人要不断提高政治站位，甄选一批政治素质过硬和专业能力突出的教师组成命题工作组，严格落实相关规定，高效完成命题工作。第二，在研究生考试命题工作的程序上，应强化科学管理和监督。各招生单位应切实保障研究生考试命题工作的规范性和严谨性。同时，还要严明工作纪律，加强对研究生考试招生工作中关

---

　　① 张立迁：《全国硕士研究生招生考试初试自命题科目及其考试内容标准编制刍议》，《中国考试》2019 年第 10 期。

键环节、关键岗位和关键人员的监督，注重过程管理。第三，务必做好研究生考试命题的保密工作，严格落实"分级管理、逐级负责"的保密责任制度。第四，务必提高研究生考试命题工作的科学性，应严格按照学科专业特点，合理设计题型、题量和难度，在保留专业特色的同时切实保障考生权益。

二、落实考试审核环节的公平公正

在研究生考试招生工作中，审核主要是对初试和复试结果进行综合性评价，因此，要严格规范初试和复试的人员安排和评价方式。在人员组成上，各招生单位应成立由相关学科至少 5 名专家组成的考核专家组，对考生的创新能力、专业素养和综合素质等进行审查并给出考核意见。在考核形式上，各招生单位应综合采用笔试加面试的方式，其中，笔试由各招生单位在国家的统筹安排下自主实施，面试则采取公开答辩的形式，旨在考查考生攻读硕士学位的目的、科研兴趣和态度、外语听说应用能力、专业理论知识水平、语言表达能力与逻辑思维、科研潜质与创新能力。此外，还需参考其他评价标准，如政治素养、道德修养、组织纪律以及本科期间的学习情况等。政治素养的考查应重点关注考生对重大政治活动的看法，以及对党和国家路线、方针、政策的态度；道德修养的审查应重点关注考生的道德品质，尤其是学术道德品质；组织纪律的考核应主要关注学生是否遵守校纪校规；本科阶段的表现情况包括平时成绩、社会实践情况、文章发表情况等。面试过程中，考生和面试官还会自由问答，此举既能帮助面试官进一步了解考生未来的发展规划，也便于考生全方位地向面试官展示自我。总之，在整个审核过程中，各招生单位要想实现择优录取的目标，就必须全面而客观地考察和评价每一位报考的学生。

审核作为一项系统性的工作，一般在考生参加完初试和复试之后展开。各招生单位会综合考量考生的考试成绩、提交的书面申请材料以及思想政治素质和道德考核结果，并形成最终意见。相比过去唯分数论的做法，审核更注重考生的综合能力和素养。在审核的过程中，各招生单位要站在更加宏观的角度去分析和认识问题，并就过程中出现的不规范行为采取相应的措施，不断凸显综合考核的科学性和规范性。此外，因为审核需要严格按照考核标准来确定考生在不同考核模块中的分值，所以各部分分值评定的科学性、规范性也应受到重视。

三、完善复试环节的客观评定机制

研究生考试招生工作中的复试环节，既是研究生招生自主权力最大的一个环节，也是研究生考试招生风险防控的重中之重。[①]研究生复试的工作流程极其复杂，具体包括各招生单位发布考试办法、学生寄送申请材料、各招生单位组织笔试和面试、各招生单位最终公布录取结果等。面对如此繁复的工作流程，各招生单位要想加强对招生复试工作的监督，就必须紧抓关键环节。在资格审查工作中，各招生单位要严格根据复试工作安排和相关要求，仔细核实考生信息，确保考生资料的准确性，一旦发现问题要及时反馈。在复试管理工作中，各招生单位要成立监督检查小组，对招生录取的工作程序、信息公开的情况和工作人员的廉洁问题等进行监督检查。尤其是在相关工作人员的管理上，应实行责任追究制度。在复试过程中，各招生单位应加强工作监督，开展工作巡视，若发现问题应及时解决。在复试结束后，各招生单位要及时公布录取结果，并接受社会的监督。若有人对录取结果有疑问，各招生单位应积极开展自查，并将最终调查结果和处理结果及时反馈给考生。在招生工作结束后，各招生单位仍要保证投诉、申诉和监督渠道的畅通。

当前，研究生考试招生复试过程中依然会出现一些低级失误，如成绩录入错误，甚至还有些问题是违规操作、监督失效导致的。[②]新冠肺炎疫情暴发以来，各高校普遍通过网络来开展复试工作，这为确保招生工作程序规范、过程透明、结果公正提出了更高的要求。在复试阶段，各高校应将二级学院或科研中心作为重点监督对象，重点部署好复试现场网络设备和人员配备等工作。在研究生复试过程中，仅靠纪检监察人员来进行监督是远远不够的，还需要积极发动考生、家

[①] 邢大立、魏东初、梁汉钧：《政治监督在高校研究生招生录取中的实践研究》，《继续教育研究》2021 年第 12 期。

[②] 徐光木：《研究生复试程序及其法律价值》，《教育与考试》2020 年第 5 期。

长等社会力量。依靠社会力量来监督研究生复试工作，需要更完善的监督机制和更畅通的投诉渠道，认真查核和处理考生等举报反映的问题；要让整个招生过程中处于阳光监督之下，做到监督全方位、无死角，形成协同监督的局面；还要对研究生考试招生复试进行全面、规范的管理。在美国研究生招生考试中，复试普遍采取面试的形式进行。在面试过程中，申请人的本科成绩、GRE 成绩等硬性材料并不是最重要的条件，导师主要通过面试来了解申请人的读研动机、研究经历、学术兴趣等，并最终选出能胜任研究生阶段学习的申请人。实际上，面试的过程通常也是师生进行双向交流和双向选择的过程。新时代的研究生复试工作应坚持公开、公平、公正和科学选拔、择优录取、宁缺毋滥的原则，在重视学生德智体美全面发展的基础上，可突出对专业素质、科研能力以及创新精神等的考核。

四、做到考研调剂信息的公开透明

研究生考试招生调剂信息的公开透明，是确保研究生考试招生公平性的重要保障。第一，要做到调剂指标和调剂原则的公开。在研究生考试招生调剂过程中，各招生单位应当明确调剂的具体指标和基本原则，包括调剂专业名称、调剂数量、调剂条件、调剂复试原则等，并将其及时公布在招生网站上，以便符合条件的申请人及时了解调剂信息和要求。第二，要做到调剂过程和时间安排的公开。各招生单位应当公开调剂的时间安排和调剂流程，以便申请人及时了解截止日期、审核流程、结果公布等关键信息。同时，应当及时更新调剂信息，包括可调剂的招生计划、调剂申请人的数量、已经完成调剂的计划数等。第三，要做好调剂咨询服务。招生单位应当提供便捷且权威的咨询服务，让申请人能够及时了解调剂政策和流程。第四，要确保调剂结果的公平性。各招生单位应当建立调剂结果审核机制，确保调剂结果的公平性和合理性。在具体的调剂过程中，调剂结果应当按照成绩排名、专业吻合性等关键指标综合得出，不能出现任何不公正的情况。第五，要加强调剂反馈机制的建设。各招生单位应积极收集申请人对调剂政策和流程的反馈意见，尽可能做好调剂的答疑工作。

第五节　强化监督结果有效应用

研究生考试招生监督的关键在于监督结果的应用。无论是研究生考试招生的内部监督还是外部监督，一旦监督结果未得到有效应用，考试招生的公平性和公正性就会受到极大质疑。当然，研究生考试招生监督结果的应用是多方面的，包括推动考试监督法制建设、加强考试招生舆论管控、加大违纪违法追究等。

一、推动考试监督法制建设

推动研究生考试招生监督法制建设，需要政府、学校、师生和社会各方共同参与。在实践中，可通过加强宣传、建立监督机制、增强监督力度、加强法律法规建设、加强教育培训等措施，确保研究生考试招生工作顺利开展。一是要提高社会公众的法治意识。社会公众对研究生考试招生监督的法制建设缺乏了解和关注，因此，需要加强宣传和教育。具体实践中，可以通过多种形式，如播放宣传片、张贴宣传海报、开展公开课等，向广大师生宣传有关研究生考试招生监督法制建设的意义、目标、举措和成效，引导公众重视研究生考试招生监督法制建设。二是要加强法律法规建设。政府部门应当逐步完善研究生考试招生监督的法律法规建设，完善相关制度，明确责任和权限。同时，要加强法律法规的宣传和解释，让广大师生能够充分理解和自觉遵守相关法律法规。三是要建立监督机制。建立研究生考试招生监督机制，加大对招生工作中违规行为的查处力度，能有效确保考试的公平性和公正性。同时，要注重预防工作，加强对研究生考试招生工作的监督和评估，及时发现和纠正不规范的招生行为。四是要增强监督力度。要加大对研究生考试招生工作的监督力度，畅通举报渠道，接受广大师生的监督和举报。同时，要建立违规行为曝光机制，公开曝光各种违规行为，形成舆论压力，提高违规成本。五是要加强教育培训。针对参与研究生考试招生工作的师生和相关人员，要加强相关法律法规的培训和教育，帮助其增强法律意识，进而提高招生工作的规范性。

二、加强考试招生舆情管控

研究生考试招生作为社会关注的焦点，容易产生舆论热点，引起社会舆论关注。因此，加强研究生考试招生舆情管控显得尤为重要。加强研究生考试招生的舆情管控，需要综合运用各种手段和技术，做好舆情监测、预警和预测，加强考试机构和监考人员的管理，积极回应和处理舆情事件，提高信息公开度和透明度，进而确保研究生考试招生工作的安全和稳定进行。一是要加强舆情监测技术的应用。在舆情监测机制中，我们可以采用一些先进的技术手段，如人工智能、大数据分析等，对舆情信息进行自动化、智能化处理和分析，提高舆情监测的效率和准确性。二是加强舆情预警和预测能力。在舆情监测机制的基础上，进一步加强舆情预警和预测能力，通过预测和预警，提前预防可能会出现的舆情风险，采取相应的措施进行应对，避免负面影响的产生。三是加强对考试机构和监考人员的管理。考试机构和监考人员是研究生考试招生过程中的重要主体，需要加强对他们的管理和监督。建立完善的考试机构和监考人员管理制度，严格执行考试纪律，防止作弊等违法行为的发生。四是积极回应和处理舆情事件。当出现不良的舆情时，需要采取积极的措施进行回应和处理，如及时发布信息进行澄清和解释，积极与舆情发酵的相关方进行沟通和协商，采取必要的法律措施进行维权和维稳。

三、加大违纪违法追究力度

从科举制度的历史发展情况来看，严惩考试舞弊行为已经成为保障科举考试顺利开展的重要手段。针对作弊行为，唐朝初年科举制度刚施行时，中央王朝就制定了相关律令来惩治知贡举者的违纪行为。可以说，历代统治者对科举舞弊行为的严厉处罚，对考生起到了很大的震慑、威慑作用，维护了科举取士制度的公平性与公正性。近年来，随着科学技术的发展，考试作弊现象不减反增，作弊手段更是层出不穷。① 在当今的研究生考试中，法律法规是对违纪违法行为进行追究的重要依据。在严格执行国家相关规章制度的同时，各招生单位应结合实际工作情况，制定出台相配套的制度来监督研究生考试招生工作的开展情况。其中，责任追究制度是做好招生单位考试招生监督工作的重要措施。进一步增强监督的针对性和可操作性，能真正守好考试招生工作的"红线"。另外，要履行好主体责任，加强组织协调，全力做好保障工作。责任追究体系的建立是做好考试招生工作的重要方法，在对招生工作进行严格规范的同时，也能对招生工作者进行思想教育。不断改进责任追究体系中尚不完善的地方，切实将责、权、利三者结合起来，在明确职责、行使权力的同时约束其行为。此外，还要强化对关键岗位的监管和考试安全的监督，确保研究生考试招生工作有序、公正进行。

此外，违纪违法追究机制要在实践中不断完善。监督是追究问责的前提，追究问责是监督的必然结果，两者之间紧密相连。各招生单位的纪检监察机构作为监督的主要主体，要依规依纪开展监督检查，严格落实责任追究制。一旦发现问题，要及时纠正、快速处理。针对责任不落实和工作不到位的情况，各招生单位要追究相关人员的责任，并进行批评教育；造成严重后果的，要给予停职检查、调离岗位等处罚，同时对相关领导进行问责。在责任追究过程中，要坚持惩戒与教育相结合的原则。在具体执行过程中，应当根据事实、性质、情节、影响、后果和责任程度等依规依纪依法追究相关人员的责任。以责任追究促主体责任落实，有助于强化考试招生廉政监督的主体责任，进一步规范相关人员的行为。

---

① 邱静远：《从"作弊入刑"谈国家考试的法律规制》，《中国高教研究》2020年第3期。

结　语

研究生考试招生监督是一项复杂的系统工程，涉及研究生考试招生的各个环节和全部过程。构建符合新时代要求的研究生考试招生监督机制，需要结合古今中外考试招生监督工作的实践经验，把握研究生考试招生监督机制的历史演变和运行逻辑，明晰研究生考试招生不同环节的风险点和监督关键点。本章将着重对上述重点研究内容进行归纳总结，进一步指出本书存在的局限和不足，并展望未来研究的突破重点和努力方向。

一、研究主要结论

本书在全面系统的文献调研和客观合理的比较分析的基础上，对我国研究生考试招生监督机制的发展历程进行了追溯，总结和提炼了我国研究生考试招生监督机制的演变特征；从教育公平与效率关系、多元监督主体协同治理的视角，深入分析了研究生考试招生监督机制的生成机理，进一步讨论了主体要素、对象范围、监督工具等内容；基于关键点控制理论，结合相关案例，对当前我国研究生考试招生的不同环节以及不同招生类别的风险点和监督关键点进行了比较分析；对我国古代科举考试中形成的监督制度和防弊措施以及国（境）外研究生考试招生活动中积累的科学做法和成功经验进行了深入阐述，总结和提炼了古今中外有关考试监督实践的有益经验；针对我国当前不同类型的研究生考试招生风险点，提出了具有针对性、可操作性的研究生考试招生监督机制优化对策。总的来说，本书的主要结论体现在以下六个方面。

第一，我国研究生考试招生监督机制的发展过程，就其本质而言，就是我国研究生考试招生制度的历史演变过程，具有明显的阶段性特征。在我国教育现代化的历史进程中，现代研究生教育从无到有，经历了不同的发展阶段。具体来看，主要经历了四个历史发展时期。第一个历史时期是中华人民共和国成立前研究生考试招生监督机制的萌芽时期，也是我国教育从古代向现代转型的关键时期。在这一阶段，晚清政府制定了"壬寅学制"和"癸卯学制"，而关于研究生考试招生的内容基本处于构想阶段。虽然民国时期的教育体制主要是在仿照英国和美国的教育体制，但将研究生教育和学位授予制度相结合的做法推动了研究生教育的发展。由于客观历史条件的限制，当时我国研究生教育的发展，在规模、质量和持续时间等方面都受到了极大的阻碍。除了在机制上为现代研究生考试招生提供了一定的参考范式外，并未取得突出的历史成效。第二个历史时期是中华人民共和国成立后研究生考试招生监督机制的框架性建立时期，该时期的研究生教育是在接管和改造旧有的研究生教育的基础上新建的，经历了曲折的发展过程。第三个历史时期是改革开放后研究生考试招生监督机制的制度化发展时期。改革开放后，我国研究生考试招生工作迅速恢复并取得了长足的发展，研究生招生规模逐年递增，研究生招生专业不断丰富，研究生考试招生工作不断走向制度化、规范化，研究生考试招生监督机制也越来越完善。第四个历史时期是21世纪初以来研究生考试招生监督机制的法治化改革时期。这一时期的高等教育逐步走向大众化，研究生招生规模迅速扩大，《国家教育考试违规处理办法》等法律法规纷纷出台，国家监察、党内监督、行政监察、群众监督逐渐成为研究生考试招生监督的重要方式。总体来看，我国研究生考试招生监督理念经历了从重结果轻过程向过程结果并重的历史性转变、监督主体从单一的行政性向多元的整合性转变、监督决策从分散的经验性向系统的科学性转变。

第二，研究生考试招生监督机制是确保考生利益和招生单位声誉都不受损害的一套制度，由若干复杂的要素构成，有着符合自身特点的运行逻辑。从理论逻辑来看，研究生考试招生监督至少存在两个方面的理论逻辑，一是教育公平与效率的内在逻辑，二是多元监督主体协同的治理逻辑。从实践层面来看，我国研究生考试招生监督由多类型、多层次的主体构成，而且这些主体间存在一种多层级交叉重叠的复合关系。同时，我国研究生考试招生的监督对象也十分广泛，主要是拥有考试招生公权力与行使相关公权力的机构和人员。当然，能否被视作研究生考试招生监督的对象，不仅跟特定的职责、岗位、身份有紧密关系，也与在研究生考试招生中的行为有重要联系。在研究生考试招生过程中，常见的监督工具包括制度性工具和器物性工具。其中，制度性工具是我国研究生考试招生监督机制的核心组成部分，但随着大数据时代的到来和信息技术的发展，以信息技术为代表的器物性工具在研究生考试招生监督领域发挥了越来越重要的作用，成了我国研究生考试招生监督机制的重要补充。

第三，不同类型的研究生考试招生工作中存在不同的风险。从关键点控制理论的视角来看，当前我国研究生考试招生的不同环节中存在着不同表现形式的问题和风险。在考前阶段，存在推免硕士研究生选拔推荐环节易被忽视、自命题环节风险防控难度大、博士研究生"申请－考核"制准入条件设置存在争议等监督风险。在考中环节，一方面，考试作弊仍是现代考试风险防控的重点；另一方面，还需加强对博士研究生"申请－考核"过程的监管。我国的博士研究生"申请－考核"制是在21世纪才开始从探索走向较大范围实践的，虽然已经探索出了一些可行的路径，并对健全研究生考试招生制度起到了十分重要的作用，但对博士研究生招生过程中自主权的有关讨论还有待进一步深入，实践中也出现了各种各样的问题和风险，如审核专家组形同虚设、审核过程违反招生规定、准入条件设置较高等。审核专家组形同虚设的问题主要集中在材料审核阶段，虽然招生单位都明确规定各二级学院应成立材料审核专家组（或初审组），但对组内成员构成并无硬性规定，导致专家组不能严格按照规定程序参加审核工作。审核过程违反招生规定的问题主要表现为审核材料的流程流于形式，未对材料审核的具体程序进行规定，只对考生的学术能力、外语能力等相关材料进行审查而忽视考生其他报考条件。准入条件设置较高的问题主要表现为对外语能力普遍有一定的分数要求，对有无公开发表学术论文有较为明显的倾向。在考后阶段，存在阅卷公平常被质疑、复试分数管控难、组织管理经不起倒查等监督风险。考试分数高低至关重要,直接决定了考生能否被录取。在这个阶段,核定分数的环节是比较容易出现问题的,主要表现为复试分数评定随意和复试分数篡改容易。

第四,我国古代科举考试中形成的监督方式对当前的研究生考试招生监督具有重要的借鉴意义和参考价值。中国古代的历代统治者为了确保科举制度的公平,实现选拔贤能的目标,针对考官和考生的作弊行为,在考试前、考试中和考试后都进行了一些积极有效的探索。在考试前,针对请托、泄题和冒籍等舞弊行为,对考生采取了资格审查、身份鉴别、保结、搜验等措施,对考官则采取了选派、回避等措施。在考试中,针对枪替、挟带和传递等舞弊行为,采取了按榜就座、监考巡察等措施对考生监管,通过实行锁院、别头试、弥封、殿试等制度对考官进行约束。在考试后,针对通关节、换卷等舞弊行为,制定了覆核、覆试等监督制度。为了防止考官在阅卷和录取阶段徇私舞弊,自科举制度产生以来,历代统治者在考试后采取了各种监督措施,逐渐形成了誊录、异色笔阅卷、分经局房、会同搜校落卷、会同拆卷填榜、磨勘等制度,在一定程度上防止了考生和考官的作弊行为,但受时代条件的限制,由此产生的弊病也不容忽视。

第五,健全研究生考试招生监督机制,切实防治各种风险,需要结合我国实际,充分借鉴国(境)外研究生考试招生监督的有效做法和成功经验。由于教育管理制度、社会文化差异的影响,国(境)外研究生考试招生方式与我国现代研究生考试招生方式存在一定差异,研究生考试招生过程中采取的监督方式也不尽相同。虽然美国、英国、德国、法国、俄罗斯、日本等国家和中国台湾地区的各招生单位都以考试的方式来招录研究生,但具体做法不尽一致,尤其是采取的监督方式。其中,在政策制定阶段,美国、英国、德国、法国、俄罗斯和中国台湾地区采取的是外部监督方式;在命题阶段,美国和中国台湾地区采取的是内外结合的监督方式;在笔试阶段,美国和中国台湾地区采取内外结合的监督方式;在面试阶段,美国采取的是内部监督方式;在评卷阶段,美国采取内外结合的监督方式;在录取阶段,美国、日本主要采取惩罚监督方式。同时,针对申请审核型研究生考试招生的监督，虽然英国、法国和中国台湾地区实行申请审核型的研究生招生选拔方式，但不同环节的监督侧重点也各异。针对推荐免试型研究生考试招生的监督，美国主要侧重于对推荐教授的监督，中国台湾地区则有着明确具体的监督程序和处置办法。国（境）外研究生招生考试制度各具特色，但受教育发展规律的影响，又呈现出一定的共同特征。如，学院和导师在美国、英国、日本、法国四个国家的研究生考试招生工作中都扮演了非常重要的角色，相关录取标准也都十分重视考生或者申请人的综合能力。总的来说，国（境）外不同国家和地区的研究生招生方式上，对我国的研究生考试招生工作有以下启示：研究生录取的标准应当多样化和综合化，而不能唯分数论；完善相关法律法规，有助于研究生教育健康发展；建立第三方考试机构，逐步实现"招考分离"。

第六，新时代的研究生考试招生工作正面临着前所未有的新问题，需不断探寻适应新形势的优化路径。研究生考试招生工作不仅是选才育才工作的第一关，还是研究生教育的起点，事关国家人才培养战略、社会公平正义、诚信体系建设以及广大考生的切身利益。做好新时代研究生招生监督，需要彰显研究生考试招生监督理念的时代性，增强研究生考试招生监督过程的有效性，强化研究生考试招生监督方式的灵活性。与此同时，还应针对不同的研究生考试招生环节，逐步完善相关的研究生考试招生监督机制。在考前，应健全研究生招生信息公开制度，规范管理考试命题过程，完善研究生招生风险防范体系，落实落细各种监督措施。在考中，应科学规范考试工作程序，努力提高招生复试监督质量，着力强化综合考核制度监督，通过对考中各环节的严格规范管理，更好地提升研究生考试招生工作的科学性和规范性。在考后，应积极有序部署招生录取工作，构建考试协同监督机制，加大违纪违法追究力度，更好地提高研究生考试招生工作的公平性和公正性。

二、研究创新与贡献

本书在研究理论、视角、方法、观点与结论等方面皆有一定的创新与贡献，列举如下。

第一，研究技术路线创新。本书重新设计了我国研究生考试招生监督机制研究的技术路线，即"发现问题—透视机制—识别风险—优化制度"。同时，笔者将已有研究成果与长期从事研究生考试招生监督实践的工作经验相结合，并在积极反思现阶段研究生考试招生相关问题的基础上，创造性地搭建了我国研究生考试招生监督机制研究的基础框架。笔者通过对"研究生考试招生监督机制的变迁特征""当前我国研究生考试招生中的易发高发风险点""古今中外考试招生监督实践经验""我国研究生考试招生监督机制完善路径"等四个主要问题的深入剖析，确定了研究生考试招生监督机制的研究范畴，并最终形成了相关研究框架和得出了相关研究结论。

第二，研究视角创新。基于人才强国战略的深入实施，笔者站在健全党和国家监督体系的高度，将人才选拔与监督机制结合起来研究。特别是以监督为切口，以研究生考试招生监督机制为研究对象，梳理了研究生考试招生监督机制的发展历史和现状，在研究视角上具有新颖性。

第三，研究方法创新。笔者对散存在各个学科中的有关研究生考试招生监督的研究成果进行了系统梳理与细致分析，掌握了较为系统的、全面的研究资料。同时，还主要借助了教育学、管理学、社会学等学科的相关研究理论，如教育公平理论、控制关键点理论，集中阐释了我国研究生考试招生监督机制的基本原则和运行逻辑，为新时代下研究生考试招生监督更好地服务人才强国战略夯实了理论基础。

第四，研究结论创新。本书在深入系统的研究过程中，提出了一些可能的创新性观点，主要包括：我国研究生考试招生监督机制的发展过程具有明显的阶段性特征，考前、考中和考后不同环节的风险具有不同的表现形式；高质量做好新时代研究生招生监督工作，需要彰显研究生考试招生监督理念的时代性、增强研究生考试招生监督过程的有效性和强化研究生考试招生监督方式的灵活性。

三、研究不足与展望

近年来，国务院学位委员会、教育部等部门印发了《关于加强学位与研究生教育质量保证和监督体系建设的意见》《关于加快新时代研究生教育改革发展的意见》《关于进一步严格规范学位与研究生教育质量管理的若干意见》等政策文件，旨在加强研究生教育质量管理和监督体系建设。

把好研究生考试招生关，是提升研究生教育质量的前提和基础。[①] 研究生考试招生工作流程繁复、环节复杂，稍有不慎，就会滋生腐败。尽管国家和招生单位都为研究生考试招生工作制定了相关的规范，但各种问题依然层出不穷，严重影响社会教育公平。究其原因，是研究生考试招生的规章制度建设还不完善，廉政制度建设还很薄弱。[②]

本书在以往研究的基础上对研究生招生监督机制作了一些积极有益的探究，总结和归纳了我国古代科举考试监督和国（境）外研究生考试招生监督的主要做法和成功经验，揭示了我国研究生考试招生制度的阶段性发展特征和监督机制的演进特征，全面把握了现阶段我国研究生考试招生不同阶段的风险类型和监督关键点，提出了符合新时代要求的研究生招生监督机制优化策略，但仍存在一些不足和有待进一步完善的地方。

具体来说，主要体现在研究方法和研究内容两个方面。其一，在研究方法上，本书主要采用文献研究法、案例分析法、比较分析法等定性研究方法，相对比较单一，有待进一步吸纳一些定量的科学研究方法，包括问卷调查法、统计分析法和政策模拟实验法。其二，在研究内容上，研究生考试招生监督机制研究是一个复杂的研究问题，涉及不同的研究生考试招生类型和不同的研究生考试招生监督主体，本书仍存在有待进一步拓展的研究空间。此外，在古今中外监督经验适用

---

① 汪保安、葛苏放：《高校研究生招生监督机制研究》，《高教学刊》2017 年第 18 期。

② 文蓓、方湘妹：《现行体制下硕士研究生招生考试存在的问题及监督对策》，《邵阳学院学报（社会科学版）》2007 第 3 期。

性、监督风险点识别、监督机制协同性等方面，也有待进一步丰富。基于上述研究不足，未来研究拟从以下几个方面进一步深化。

第一，研究生考试招生监督机制的变迁拥有一个复杂的演进过程，要科学揭示这一复杂的演进规律和变迁特征，需要借助科学的研究方法和成熟的理论分析框架。下一步的研究，笔者拟在全面系统地梳理研究生考试招生监督政策文件的基础上，采用政策量化研究方法和制度变迁理论，揭示不同发展阶段我国研究生考试招生监督机制的主要特征、演进规律和变迁动力，进一步探寻我国研究生考试招生监督机制变迁的驱动因素和优化路径。

第二，由于不同的研究生考试招生环节存在不同类型的风险，要采取针对性、有效性的监督措施，就得全面了解和把握不同类型风险发生的规律性特征，也就是说，要正确揭示研究生考试招生风险的发生机制。未来研究过程中，笔者拟采取扎根理论研究方法，细致考察研究生考试招生风险的发生过程，仔细洞察不同风险发生的关键性因素。同时，也会运用定性比较分析法对不同风险的发生路径进行分析，着重探讨什么样的因素组合容易导致研究生考试招生风险。

第三，研究生考试招生监督实践中存在一定程度的条块分割，不同部门制定的研究生考试招生监督制度也会存在一定的冲突，因此，建立健全研究生考试招生风险防范监督体系必须注意不同类型制度的协调配合，以防不同类型机制效果的抵消。下一步研究过程中，笔者拟采用实验研究法，结合研究生考试招生风险的发生机制、阶段特征及演变趋势，探讨不同类型监督制度的协调原则、方式，着力研究构建有效且协调的研究生考试招生监督机制。

研究生考试招生监督机制的健全发展直接关系我国研究生考试招生的规范、有序、高效开展，是确保教育公平的重要保障，是新时代教育高质量发展的重要内容。从现阶段看，研究生考试招生监督机制运行中仍存在监督制度还不健全、监督意识不到位、监督力量不足够、重要环节监督管控有漏洞等问题。但是从发展历程来看，我国研究生考试招生监督机制总体呈现科学化、规范化的趋势；从具体实践来看，我国研究生考试招生监督机制也更加重视问题导向、过程导向和结果导向。客观而言，在坚持和完善党和国家监督体系的历史进程中，我国研究生考试招生监督机制的纵向层级、横向协作体系已经建立，并在研究生考试招生工作中发挥了重要作用。用一种整体、全面、动态、系统的思维来看待目前我国研究生考试招生监督机制存在的问题，推动其在否定之否定中实现系统性提升，是每一位参与研究生考试招生工作人员的责任和使命。研究生考试招生监督机制是一个复杂的体系，关于研究生考试招生监督机制的深层次理论问题和实践难题的研究还需进一步深化和拓展。本书从历史维度和现实维度进行了一些探讨，聚焦的内容和探究的深度有限，如能为从事该领域研究的学者提供些许启发，也未尝不是一件幸事！

参考文献

一、中文类①

（一）古籍类

[1]　管仲. 管子 [M]. 北京：北京燕山出版社，1995.

[2]　孔子. 尚书 [M]. 北京：线装书局，2007.

[3]　王充. 论衡 [M]. 长沙：岳麓书社，1991.

[4]　许慎. 说文解字 [M]. 北京：中华书局，2013.

[5]　陈寿. 三国志 [M]. 北京：中华书局，1959.

[6]　范晔. 后汉书 [M]. 北京：中华书局，1965.

[7]　杜佑. 通典 [M]. 北京：中华书局，1984.

[8]　徐坚，等. 初学记 [M]. 北京：京华出版社，2000.

[9]　王定保. 唐摭言 [M]. 北京：中华书局，1959.

[10]　刘昫，等. 旧唐书 [M]. 北京：中华书局，1975.

[11]　高承. 事物纪原 [M]. 北京：中华书局，1989.

[12]　李焘. 续资治通鉴长编 [M]. 北京：中华书局，2016.

---

① （一）按古籍撰修年代（各个时代或王朝排序以中国历代纪元表为准）、编纂者姓氏字母（A-Z）、出版年份先后依次排序；（二）（三）（四）（五）按论著者姓氏字母（A-Z）、发表年份先后依次排序；（六）按公告来源网首字母（A-Z）、发布时间先后依次排序。

[13] 欧阳修，宋祁 . 新唐书 [M]. 北京：中华书局，1975.

[14] 王栐 . 燕翼诒谋录 [M]. 上海：上海古籍出版社，2012.

[15] 王溥 . 唐会要 [M]. 北京：中华书局，1955.

[16] 王钦若，等 . 册府元龟 [M]. 校订本 . 南京：凤凰出版社，2006.

[17] 章俊卿 . 山堂考索·续集 [M]// 李国钧，王炳照 . 中国教育制度通史：第 2 卷 . 济南：山东教育出版社，2000.

[18] 刘一清 . 钱塘遗事 [M]. 上海：上海古籍出版社，1985.

[19] 马端临 . 文献通考 [M]. 北京：中华书局，1986.

[20] 脱脱，等 . 宋史 [M]. 北京：中华书局，1977.

[21] 黄儒炳 . 续南雍志 [M]. 台北：伟文图书出版社有限公司，1976.

[22] 蒋一葵 . 尧山堂外纪 [M]// 四库全书存目丛书编纂委员会 . 四库全书存目丛书·子部：第 148 册 . 济南：齐鲁书社，1996.

[23] 李东阳，申时行 . 大明会典 [M]. 台北：文海出版社，1988.

[24] 沈德符 . 万历野获编 [M]. 北京：中华书局，1957.

[25] 宋濂，等 . 元史 [M]. 北京：中华书局，2006.

[26] 王世贞 . 弇山堂别集 [M]. 北京：中华书局，1985.

[27] 徐复祚 . 花当阁丛谈 [M]. 北京：中华书局，1991.

[28] 严嵩 . 钤山堂集 [M]// 四库全书存目丛书编纂委员会 . 四库全书存目丛书·集部：第 56 册 . 济南：齐鲁书社，1997.

[29] 俞汝楫 . 礼部志稿 [M]// 永瑢，纪昀，等 . 景印文渊阁四库全书·史部：第 597 册 . 台北：台湾商务印书馆，1986.

[30] 张廷玉 . 明史 [M]. 北京：中华书局，1974.

[31] 张萱 . 西园闻见录 [M]. 杭州：杭州古旧书店，1983.

[32] 周晖 . 金陵琐事 [M]. 南京：南京出版社，2007.

[33] 周元暐 . 泾林续记 [M]. 北京：中华书局，1985.

[34] 朱国桢 . 涌幢小品 [M]// 四库全书存目丛书编纂委员会 . 四库全书存目丛书·子部：第 106 册 . 济南：齐鲁书社，1997.

[35] 杜受田，等．钦定科场条例 [M]//《续修四库全书》编辑委员会．续修四库全书・史部：第 830 册．上海：上海古籍出版社，1995.

[36] 黄叔璥．南台旧闻 [M]// 四库全书存目丛书编纂委员会．四库全书存目丛书・史部：第 261 册．济南：齐鲁书社，1996.

[37] 昆冈，等．钦定大清会典事例 [M]//《续修四库全书》编辑委员会．续修四库全书・史部：第 803 册．上海：上海古籍出版社，2002.

[38] 奎润，等．钦定科场条例 [M]．长沙：岳麓书社，2020.

[39] 陆以湉．冷庐杂识 [M]．北京：中华书局，1984.

[40] 徐本，三泰，等．大清律例 [M]// 永瑢，纪昀，等．景印文渊阁四库全书・史部：第 672 册．台北：台湾商务印书馆，1986.

[41] 赵尔巽，等．清史稿 [M]．北京：中华书局，1977.

[42] 清实录 [M]．北京：中华书局，1986.

[43] 刘琳，刁忠民，舒大刚，等．宋会要辑稿 [M]．上海：上海古籍出版社，2014.

[44] "中央研究院" 历史语言研究所．明实录 [M]．北平图书馆红格抄本微卷影印本，1962.

（二）著作类

[1] 北京大学．北京大学日刊 [M]．北京：人民出版社，1981.

[2] 北京大学研究生院．继往开来：北京大学研究生教育 90 年 [M]．北京：北京大学出版社，2008.

[3] 北京师范大学外国教育研究所．美国和日本的研究生入学考试 [M]．北京：北京师范大学出版社，1987.

[4] 北京市高等学校招生委员会办公室．北京市研究生招生工作文集 [M]．内部资料，1983.

[5] 北京市高等学校招生委员会办公室．北京市研究生招生工作资料（1978—1982）[M]．内部资料，1987.

[6] 毕宪顺 . 决策 • 执行 • 监督：高等学校内部权力制约与协调机制研究 [M]. 北京：教育科学出版社，2013.

[7] 伯顿 • 克拉克 . 探究的场所：现代大学的科研和研究生教育 [M]. 王承绪，译 . 杭州：浙江教育出版社，2001.

[8] 陈学飞，等 . 西方怎样培养博士：法、英、德、美的模式与经验 [M]. 北京：教育科学出版社，2002.

[9] 陈学恂 . 中国近代教育史教学参考资料：上、中、下册 [M]. 北京：人民教育出版社，1986.

[10] 法律出版社法规中心 . 中华人民共和国刑法注释本 [M]. 北京：法律出版社，2017.

[11] 冯增俊 . 现代研究生教育研究 [M]. 广州：广东高等教育出版社，1993.

[12] 国家教委高校学生司 . 高等教育学历问题咨询手册 [M]. 北京：首都师范大学出版社，1997.

[13] 何东昌 . 中华人民共和国重要教育文献（1976—1990）[M]. 海口：海南出版社，1998.

[14] 亨利 • 法约尔 . 工业管理与一般管理 [M]. 王莲乔，吕衍，胡苏云，译 . 成都：四川人民出版社，2017.

[15] 胡向东 . 民国时期中国考试制度的转型与重构 [M]. 武汉：湖北人民出版社，2008.

[16] 教育部高校学生司 . "十五" 期间研究生招生政策与实践 [M]. 北京：北京师范大学出版社，2006.

[17] 教育部高校学生司 . 全国研究生招生工作文件选编 [M]. 北京：北京航空航天大学出版社，2004.

[18] 金滢坤 . 中国科举制度通史 • 隋唐五代卷 [M]. 上海：上海人民出版社，2017.

[19] 来启华，郑若玲，等 . 考试机构文化建设概论 [M]. 北京：高等教育出版社，2016.

[20] 李国钧，王炳照. 中国教育制度通史：第 8 卷 [M]. 济南：山东教育出版社，2000.

[21] 李均. 中国高等教育政策史（1949—2009）[M]. 广州：广东高等教育出版社，2014.

[22] 李鹏年，刘子扬，陈锵仪. 清代六部成语词典 [M]. 天津：天津人民出版社，1990.

[23] 李青山. 行政管理学 [M]. 北京：北京农业大学出版社，1997.

[24] 李申申，王森，等. 中俄博士研究生教育比较 [M]. 北京：人民出版社，2014.

[25] 李世愉，胡平. 中国科举制度通史：清代卷 [M]. 上海：上海人民出版社，2017.

[26] 联合国教科文组织国际教育发展委员会. 学会生存：教育世界的今天和明天 [M]. 华东师范大学比较教育研究所，译. 北京：教育科学出版社，1996.

[27] 梁桂芝，孟汇丽. 中华人民共和国学位与研究生教育要事志：1949.10—1993.3[M]. 西安：西安交通大学出版社，1994.

[28] 刘海峰. 唐代教育与选举制度综论 [M]. 台北：文津出版社，1991.

[29] 刘海峰，等. 高校招生考试制度改革研究 [M]. 北京：经济科学出版社，2009.

[30] 刘海峰，郑若玲. 科举学的系统化与国际化 [M]. 武汉：华中师范大学出版社，2016.

[31] 刘海峰，李兵. 中国科举史 [M]. 修订本. 上海：东方出版中心，2021.

[32] 刘虹. 中国选士制度史 [M]. 长沙：湖南教育出版社，1992.

[33] 刘鸿. 我国研究生培养模式研究 [M]. 青岛：中国海洋大学出版社，2007.

[34] 刘晖. 二十国研究生教育 [M]. 长春：东北师范大学出版社，1989.

[35] 刘建业. 中国抗日战争大辞典 [M]. 北京：北京燕山出版社，1997.

[36] 刘社建. 清代科举监察 [M]. 上海：东方出版中心，2022.

[37] 刘希伟. 清代科举冒籍研究 [M]. 武汉：华中师范大学出版社，2012.

[38] 马建石，杨育棠. 大清律例通考校注 [M]. 北京：中国政法大学出版社，

1992.

[39] 孟洁，史健勇.中国研究生招生制度变革研究 [M]. 北京：中国政法大学出版社，2013.

[40] 潘懋元，刘海峰.中国近代教育史资料汇编：高等教育 [M]. 上海：上海教育出版社，1993.

[41] 覃红霞.高校招生考试法治研究 [M]. 武汉：华中师范大学出版社，2007.

[42] 商衍鎏.清代科举考试述录及有关著作 [M]. 天津：百花文艺出版社，2003.

[43] 舒新城.中国近代教育史资料：中册 [M]. 北京：人民教育出版社，1962.

[44] 斯日古楞.中国近代国立大学学科建制与发展史研究（1895—1937）[M]. 北京：中国社会科学出版社，2016.

[45] 苏志武，吴远香.论现代高等学校管理 [M]. 北京：教育科学出版社，2003.

[46] 孙培青.中国教育史 [M].3 版.上海：华东师范大学出版社，2008.

[47] 孙义燧.研究生教育辞典 [M]. 南京：南京大学出版社，1995.

[48] 王凯旋.中国科举制度史 [M]. 沈阳：万卷出版公司，2012.

[49] 王凯旋.明代科举制度研究 [M]. 沈阳：万卷出版公司，2012.

[50] 王文杰.民国初期大学制度研究（1912—1927）[M]. 上海：复旦大学出版社，2017.

[51] 王秀卿，张景安.国外研究生教育 [M]. 北京：科学技术文献出版社，1987.

[52] 许红.中美研究生培养模式比较研究 [M]. 成都：四川大学出版社，2010.

[53] 杨伯亚，景祖堃.社会主义经济管理学 [M]. 北京：中国经济出版社，1989.

[54] 杨逢华.研究生教育的改革与探索：对外经济贸易大学研究生教育研究论文集 [M]. 北京：对外经济贸易大学出版社，2004.

[55] 杨学为.中国考试史文献集成：第 6 卷 [M]. 北京：高等教育出版社，2003.

[56] 杨学为.中国考试大辞典 [M]. 上海：上海辞书出版社，2006.

[57] 杨智磊，王兴亚.中国考试管理制度史 [M]. 郑州：中州古籍出版社，2007.

[58] 于红.新时期反腐倡廉视角下的舆论监督研究 [M]. 北京：中国人民大学出版社，2014.

[59] 袁振国.中国教育政策评论 2012[M].北京：教育科学出版社，2012.

[60] 张亚群.科举革废与近代中国高等教育的转型 [M].武汉：华中师范大学出版社，2005.

[61] 张亚群，车如山.中国研究生招生考试改革研究 [M].广州：广东高等教育出版社，2013.

[62] 郑若玲，等.苦旅何以得纾解：高考改革困境与突破 [M].南京：江苏教育出版社，2011.

[63] 中国纪检监察报社编委会.以案说纪：党内重要法规解读及"六项纪律"典型案例评析 [M].修订版.北京：中国方正出版社，2018.

[64] 《中国教育年鉴》编辑部.中国教育年鉴（1949—1981）[M].北京：中国大百科全书出版社，1984.

[65] 中华民国教育部.教育法令汇编：第一辑 [M].上海：商务印书馆，1936.

[66] 钟金明.中外学位制度与学位申请 [M].武汉：武汉大学出版社，1988.

[67] 周谷平.近代西方教育理论在中国的传播 [M].广州：广东教育出版社，1996.

[68] 周可达.清流集：网络舆论监督研究 [M].桂林：漓江出版社，2018.

[69] 朱秋卫.我国检察权的定位及职权配置研究 [M].北京：中国政法大学出版社，2012.

（三）期刊类

[1] 包水梅，李祖赠.多源流理论视域下我国研究生培养质量保障政策议程设置分析 [J].西北工业大学学报（社会科学版），2023（2）：35—46.

[2] 别敦荣.如何培养高水平博士？：兼谈高等教育学博士教育 [J].中国高教研究，2020（8）：30—35.

[3] 别敦荣.高等教育普及化背景下研究生教育发展的特点、要求和战略重点[J].学位与研究生教育，2022（2）：15—27.

[4] 车如山.和谐视野中的研究生招生考试改革 [J].教育与现代化，2010（2）：

75—78.

[5] 陈捷.内地高校港澳台考试招生：历史、挑战与展望 [J].高教探索，2021（3）：109—114.

[6] 陈丽，袁雯静，卜佳俊.非全日制研究生招生三题：变化、问题与借鉴 [J].学位与研究生教育，2021（2）：47—52.

[7] 陈睿.关于硕士研究生考试招生制度改革的思考 [J].中国考试，2011（2）：26—33.

[8] 陈睿.硕士研究生招生考试制度改革探析 [J].教育理论与实践，2012（10）：21—24.

[9] 陈涛，卢铮松，陈冠云，等.工程类博士专业学位考试招生制度改革路径研究 [J].天津大学学报（社会科学版），2022，24（3）：230—236.

[10] 陈田香.我国研究生教育的崛起和发展 [J].中山大学学报（社会科学版），1994（3）：128—134.

[11] 邓松.基于风险管理视角的研究生招生风险及其规避 [J].研究生教育研究，2013（4）：62—66.

[12] 邓志.论公立高等学校"录而不到"的法律属性及其治理 [J].时代法学，2020，18（12）：66—72.

[13] 董瑛.中国特色权力运行制约监督机制的三重逻辑 [J].甘肃社会科学，2021（2）：32—39.

[14] 杜成宪.封建国家平衡科举考试管理权限的精心设计：试论唐代贡举权的转移 [J].中国考试，2018（1）：59—66.

[15] 樊华强.论我国高校自主招生权的监督与制约 [J].黑龙江高教研究，2017（1）：18—20.

[16] 冯建军，高展.新时代的教育公平：政策路向与实践探索 [J].东北师大学报（哲学社会科学版），2022（4）：16—23.

[17] 冯艺佳，王兰珍，路燕.互联网时代研究生招生宣传的实践与分析 [J].高教论坛，2020（10）：71—76.

[18] 高等教育部关于 1957 年高等学校招收四年制研究生的规定 [J]. 中华人民共和国国务院公报，1957（33）：706—708.

[19] 高明国，袁建力. 关于改革现行硕士研究生招生制度的思考 [J]. 黑龙江高教研究，2005（1）：74—76.

[20] 高伟涛，曲虹. 信息化管理在研究生招生工作中的应用 [J]. 北京理工大学学报（社会科学版），2004，6（1）：17—18.

[21] 郭琳. 后疫情时代硕士研究生招生复试改革的思考 [J]. 中国考试，2022（3）：51—59.

[22] 郭沫若. 三门峡出土铜镜二三事 [J]. 文献，1959（1）：13—15.

[23] 国务院学位委员会教育部关于进一步严格规范学位与研究生教育质量管理的若干意见 [J]. 中华人民共和国教育部公报，2020（11）：23—28.

[24] 何永怡. 全国法学专业博士研究生招生简章研究 [J]. 法治现代化研究，2021，5（5）：169—187.

[25] 何宗焕. 加强监督　依法治招　把招生管理工作推上新台阶：二〇〇一年全国普通高校招生工作总结研讨会在长沙召开 [J]. 湖南教育，2001（23）：2.

[26] 洪大用. 深入落实全国研究生教育会议精神　加快培养德才兼备的高层次人才 [J]. 中国高等教育，2020（21）：4—7.

[27] 洪雷，张佩. 研究生招生民族优惠政策执行效果调查与分析 [J]. 中南民族大学学报（人文社会科学版），2015（6）：16—20.

[28] 胡伟力，张立迁. 我国硕士研究生初试自命题工作的现实困境及对策研究 [J]. 学位与研究生教育，2021（2）：53—57.

[29] 胡向东. 体育单招考试实施第三方监督评估的体系架构与现实价值 [J]. 上海体育学院学报，2020，44（12）：35—42.

[30] 黄德峰，尹宗利. "行政选拔"转向"专业选拔"：谈研究生招生考试制度改革 [J]. 中国高等教育，2002（19）：33—35.

[31] Jennifer Jun, Li Chen, Yi Yang. 哈佛大学招生特点对中国高教的启示 [J]. 交通高教研究，2003（1）：24.

[32] 姜钢.教育考试信息化面临的挑战和任务[J].中国考试，2017（6）：1—5.

[33] 江莹.研究生招生改革的理论思考与路径选择[J].江苏高教，2005（3）：104—106.

[34] 教育部 发展改革委 财政部关于加快新时代研究生教育改革发展的意见[J].中华人民共和国国务院公报，2020（34）：72—76.

[35] 教育部关于调整全国硕士研究生入学考试科目的通知[J].教育部政报，2002（6）：274.

[36] 教育部关于招收攻读博士学位研究生的暂行规定[J].中华人民共和国国务院公报，1982（15）：684—685.

[37] 教育部关于做好2005年招收攻读硕士学位研究生工作的通知[J].中华人民共和国教育部公报，2004（11）：29—38.

[38] 黎振强.专业学位硕士研究生招生全面质量管理机制建设研究[J].湖南理工学院学报（自然科学版），2019，32（4）：81—85.

[39] 李安萍，陈若恩，胡秀英.博士研究生"申请－审核"制度探究[J].高教发展与评估，2018，34（1）：74—82+93+122—123.

[40] 李宝庆，张善超，樊亚峤.多重制度逻辑下高中学业水平考试改革的风险及其规避[J].教育发展研究，2016，33（6）：1—8.

[41] 李传波，潘峰.自主与自律：美国博士生招生申请机制的显著特征[J].学位与研究生教育，2014（4）：69—72.

[42] 李传波，孙鹤.构建博士生招生"申请－审核"制公平性保障机制[J].中国考试，2018（5）：43—46+51.

[43] 李海萍，郝显露.硕士研究生招生考试制度改革：回顾、反思与应对[J].教育文化论坛，2021（2）：58—68.

[44] 李军，吴海涛，单铁成.考生权益视角下研究生招考制度运行困境研究[J].现代大学教育，2021，37（6）：92—100.

[45] 李琳娜，时悦琪，葛学玲.疫情防控常态化背景下硕士研究生招生考试面临的舆情风险及应对措施探析[J].中国考试，2022（9）：63—68.

[46] 李满林. 我国硕士研究生报考条件中的问题及对策 [J]. 教育探索, 2009（6）: 68—69.

[47] 李全毅. 日美两国研究生招生制度比较 [J]. 日本研究, 1991（3）: 76—81.

[48] 李申申, 黄思记. 俄罗斯副博士研究生招生制度及其借鉴意义 [J]. 学位与研究生教育, 2013（9）: 53—57.

[49] 李松林. 体制与机制: 概念、比较及其对改革的意义: 兼论与制度的关系 [J]. 领导科学, 2019（6）: 19—22.

[50] 李兴业. 美、苏、日、法、德五国研究生招生制度的比较和几点建议 [J]. 黑龙江高教研究, 1986（4）: 112—118+121.

[51] 李延枫. 舆论监督: 概念辨析与重新认识 [J]. 新闻与传播研究, 2017, 24（4）: 120—125.

[52] 李永刚, 孙鹤, 周柯. 基于供给效率的研究生招生计划分配标准与调节改革研究 [J]. 学位与研究生教育, 2021（2）: 58—64.

[53] 李永刚. 我国研究生教育规模扩张的动力、影响与发展方略 [J]. 中国高教研究, 2021（2）: 77—83.

[54] 梁传杰, 曹云. 我国博士生招生模式及其改革走向 [J]. 学位与研究生教育, 2021（2）: 40—46.

[55] 梁传杰, 丁一杰. 我国硕士研究生招生制度: 演变轨迹与演进逻辑 [J]. 研究生教育研究, 2021（4）: 59—65+84.

[56] 梁传杰, 曹云. 博士生招生"申请-审核"制: 主体冲突与调适 [J]. 学位与研究生教育, 2021（9）: 56—61.

[57] 刘昌亚. 加快推进教育现代化开启建设教育强国新征程:《中国教育现代化2035》解读 [J]. 教育研究, 2019, 40（11）: 4—16.

[58] 刘盾. 台湾博士研究生招生考试政策研究及启示 [J]. 教育与考试, 2015（3）: 9—13.

[59] 刘海峰. 科举文献与"科举学" [J]. 台大历史学报, 2003（32）: 269—297.

[60] 刘海峰. 千年科举与中国传统文化 [J]. 大学教育科学, 2020（4）: 4—12.

[61] 刘海峰，王鲁刚．新高考改革网络中的利益博弈和治理策略：基于政策网络理论的视角 [J]．中国教育学刊，2020（9）：20—25．

[62] 刘海峰，韦骅峰．招生考试改革的鉴古知今："唯分数"与"唯升学"问题的历史探究 [J]．教育研究，2021，42（5）：86—100．

[63] 刘红姣，黄姜燕．PDCA 循环视角下硕士研究生招生质量问题探析与对策建议 [J]．湖北招生考试，2021（3）：17—23．

[64] 刘静波．博士招生"申请 - 考核制"的程序公正及其实现 [J]．南京理工大学学报（社会科学版），2018，31（6）：54—57．

[65] 刘希伟．按一级学科还是二级学科：教育学硕士考试招生模式探究：基于全国 137 所院校的统计分析 [J]．教育与考试，2023（1）：50—56．

[66] 刘献君．高校协同治理的路径探索 [J]．北京理工大学学报（社会科学版），2022，24（6）：175—179．

[67] 刘延东．在全国研究生教育质量工作会议暨国务院学位委员会第三十一次会议上的讲话 [J]．学位与研究生教育，2015（1）：1—6．

[68] 陆益民，黄险峰．英国研究生导师制度及借鉴 [J]．广西大学学报（哲学社会科学版），2006，28(S1)：13+116．

[69] 罗敏．我国研究生招生推荐免试制度的特征、矛盾及发展趋势 [J]．学位与研究生教育，2011（12）：39—44．

[70] 马春波，庞贵明，张栋梁．美国 2019 年高校招生舞弊事件分析及对我国的启示 [J]．浙江大学学报（人文社会科学版），2020，50（1）：73—80．

[71] 马雪松，王慧．党和国家监督体系中的有效监督机制构建 [J]．理论探索，2020（3）：61—68．

[72] 孟秀丽，王松婵，吴卓平．中日硕士研究生招生工作的比较与启示 [J]．中国研究生，2015（4）：42—45．

[73] 米红，李小娃．研究生招生考试报考中的"偏好误识"分析：基于公共部门理论的视角 [J]．中国地质大学学报（社会科学版），2009，9（4）：113—117．

[74] 缪志心．再论研究生招生考试"两段考"模式改革 [J]．教育与考试，2021（5）：

57—62.

[75] 倪娟.教育领域风险点：类型、后果、成因与防范 [J].教育发展研究,
2020,40（9）：1—7.

[76] 宁园.信息不对称规避视域下美国硕士研究生招考制度研究 [J].教育评论,
2020（5）：155—161.

[77] 潘峰,张立迁.博士生招生"申请－审核"制的自治路径探析 [J].学位与研
究生教育,2017（3）：15—20.

[78] 潘甦,吕营.研究生招生工作的信息化发展 [J].中国研究生,2021（5）：
36—37.

[79] 潘天文.组织考试作弊罪的构成分析研究 [J].法制与社会,2016（4）：
297—298.

[80] 乔刚,杨旭婷,娄枝.研究生教育质量治理：科学内涵、转变维度与实践路
径 [J].研究生教育研究,2021（6）：51—57+97.

[81] 秦国柱,孙志远.改革开放 40 年来研究生招生选拔模式变革趋势、问题及
对策 [J].黑龙江高教研究,2019（5）：100—106.

[82] 卿海群,韦剑.硕士研究生招生工作中的廉政风险及防范 [J].科教导刊（下
旬）,2016（33）：13—14.

[83] 邱静远.从"作弊入刑"谈国家考试的法律规制 [J].中国高教研究,2020（3）：
65—70.

[84] 邵淑娟,李华,赵越,等.博士研究生"申请－考核"制招生的实践与思考：
以大连医科大学为例 [J]// 赵怀力,吕炜.研究生招生改革探索与实践.大连：
东北财经大学出版社,2017：14—15.

[85] 佘君,刘颖.建国初期中共对接管与改造高等教育的思考 [J].社会科学研究,
2009（3）：163—165.

[86] 施彦军,陈俊源.当代高校信息公开法治化建设：价值分析、现实困境与突
破路径 [J].黑龙江高教研究,2019（12）：34—38.

[87] 石火学.教育政策公平与效率关系和谐的内涵与实现 [J].中南大学学报（社

会科学版），2010，16（4）：101—105.

[88] 史秋衡，康敏.深化高等教育综合改革的历史责任与结构设计 [J].中国高等教育，2018（10）：38—41.

[89] 斯阳.廉政风险防控与现代大学治理 [J].华东师范大学学报（教育科学版），2016，34（4）：79—84.

[90] 宋宽，王干，高明国.硕士研究生招生考试自命题工作风险防控探析：基于内部控制视角 [J].教育教学论坛，2020（9）：101—102.

[91] 孙健.美国研究生招生制度的特点及其对我国的启示 [J].中国农业教育，2018（4）：68—72.

[92] 覃红霞.普通高校招生考试法治化研究 [J].教育研究，2006，27（4）：38—42.

[93] 覃红霞.研究生考试招生改革中的两难问题 [J].高教探索，2008（2）：87—90.

[94] 覃红霞.高校招生自主权的法律阐释 [J].江苏高教，2012（6）：68—70.

[95] 覃红霞，陶涛，王晟.中国早期研究生教育的实践：以厦门大学为例 [J].厦门大学学报（哲学社会科学版），2016（1）：149—156.

[96] 田原晖，王倩，荆红，等.基于管理视角的硕士研究生招生风险识别及规避 [J].产业与科技论坛，2020，19（14）：277—278.

[97] 万圆.美国博士生招生制度的特点及启示 [J].研究生教育研究，2014（4）：90—95.

[98] 汪基德，韩雪婧，王孝培.疫情期间硕士研究生招生网络远程复试：模式、问题与改进 [J].电化教育研究，2020，41（11）：122—128.

[99] 汪栅.竞争异化：精英淘汰机制中的隐形不平等：博士招生考试"申请－考核"制的公平性探析 [J].研究生教育研究，2019（4）：21—26.

[100] 王洪才，靳玉乐，罗生全，等.中国式高等教育现代化的多维思考与协同推进 [J].高校教育管理，2023，17（1）：1—21+68.

[101] 王辉，张淑林.导师权力、约束机制与学术治理体系：关于研究生招生复试

若干问题的断想 [J]. 研究生教育研究，2020（5）：53—57.

[102] 王沛 . 研究生招生工作中信息不对称问题研究 [J]. 教育教学论坛，2014（43）：
6—8.

[103] 王倩，田原晖，荆红，等 . 基于"申请－审核"制的博士研究生招生方法探讨 [J].
教育教学论坛，2018（19）：215—217.

[104] 王森 . 近二十年俄罗斯副博士学位研究生培养情况透视 [J]. 外国教育研究，
2012，39（3）：115—123.

[105] 王志伟，王一 . 教育评价改革下研究生招生程序正义的价值及实现 [J]. 学位
与研究生教育，2021（11）：43—49.

[106] 韦剑，邓珂 . 硕士研究生招生工作中的风险点研究 [J]. 教育现代化，2016
（32）：167—168+186.

[107] 邬大光 . 走出我国大学转型发展的路径依赖 [J]. 中国高教研究，2021（10）：
14—20.

[108] 吴春录 . 浅析中、美、德工科研究生招生考试制度 [J]. 北京高等教育，1999
（5）：44—45.

[109] 吴均，何其迅，肖萍，等 . 研究生招生考试安全保密体系建设的探索与实践 [J].
首都医科大学学报（社会科学版），2012（0）：45—46.

[110] 吴瑞华 . 高校研究生招生的风险表征与规避路径 [J]. 华南师范大学学报（社
会科学版），2021（4）：78—86.

[111] 习近平 . 决胜全面建成小康社会 夺取新时代中国特色社会主义伟大胜利：
在中国共产党第十九次全国代表大会上的报告 [J]. 时事报告，2017（11）：4—
26.

[112] 谢伟卡 . 高校招生信息管理系统开发与应用研究 [J]. 暨南学报（哲学社会科
学版），2001，23（6）：70—73.

[113] 邢大立，魏东初，梁汉钧 . 政治监督在高校研究生招生录取中的实践研究 [J].
继续教育研究，2021（12）：100—103.

[114] 熊丙奇 . "云面试"对深化教育评价改革的积极意义 [J]. 上海教育评估研究，

2020，9（3）：21—23+57.

[115] 熊丙奇.反思清华大学招收国际生实行申请-审核制引发的争议[J].上海教育评估研究，2017，6（2）：29—32.

[116] 熊熊.关于大陆与台湾硕士研究生招生制度的比较分析[J].中国考试，2015（9）：35—41.

[117] 徐光木.研究生复试程序及其法律价值[J].教育与考试，2020（5）：60—65.

[118] 许慧清.大学外部治理视野中的社会监督[J].中国高教研究，2013（1）：82—85.

[119] 薛文飞，高宏飞.研究生招生考试中违纪舞弊现象分析及防范对策研究[J].社会科学论坛，2017（6）：240—245.

[120] 阎俊，谢晶."双一流"建设背景下博士研究生"申请-审核"招生制度刍议[J].高教学刊，2020（35）：35—37+41.

[121] 杨李娜，张亚群.台湾研究生入学考试制度及其特点[J].教育与考试，2009（2）：54—58.

[122] 杨雅茜，王华，鲍琳辉.医学院校"申请-考核"制博士招生考试现状分析与对策研究[J].才智，2021（14）：134—136.

[123] 伊影秋.研究生培养机制改革的成效分析：基于研究生导师制度的视角[J].高教探索，2016（4）：86—90.

[124] 1956年高等学校招收副博士研究生暂行办法[J].中华人民共和国国务院公报，1956（28）：701—703.

[125] 于江，魏崇辉.多元主体协同治理：国家治理现代化之逻辑理路[J].求实，2015（4）：63—69.

[126] 袁蓓.关于高校艺术招生考试监督机制的思考：基于政策网络理论的视角[J].云南行政学院学报，2017，19（2）：171—176.

[127] 张衡，眭依凡.大学内部治理体系：现实诉求与构建思路[J].高校教育管理，2019，13（3）：35—43.

[128] 张宏. 试析研究生复试工作存在的问题及对策 [J]. 黑龙江科技信息，2010（22）：207.

[129] 张奎，祁泽平，楼晓悦. 高等教育公平、效率与制度改革 [J]. 宁夏大学学报（人文社会科学版），2004（3）：109—115+122.

[130] 张力文. 构建互联网思维下社会组织的社会监督机制 [J]. 人才资源开发，2018（6）：15—17.

[131] 张立迁，白丽新. 硕士研究生考试招生自命题安全保密工作探究 [J]. 中国考试，2016（4）：46—50.

[132] 张立迁. 全国硕士研究生招生考试初试自命题科目及其考试内容标准编制刍议 [J]. 中国考试，2019（10）：34—39.

[133] 张立迁. 中国特色硕士研究生考试招生制度的百年探索与新时代改革创新思考 [J]. 中国考试，2021（7）：16—27.

[134] 张卫红，覃伟伟. 我国研究生招考制度改革与发展趋势研究：以中国科学技术大学为例 [J]. 山西大同大学学报（社会科学版），2021，35（2）：118—122.

[135] 张务农. 我国博士招生考试申请考核制的制度设计和规则设定：基于新制度主义的视角 [J]. 教育发展研究，2017，37（9）：11—18+36.

[136] 张心向. 构成要件要素：从文本概念到裁判类型 [J]. 东方法学，2020（1）：58—67.

[137] 张秀三. 美国研究生招生选拔机制研究及启示 [J]. 高教探索，2015（8）：99—104.

[138] 张亚群. 中国近代高校自主招生考试的特点及其演变 [J]. 教育与考试，2016（1）：23—27.

[139] 张亚群. 高校统一招生考试制度40年发展趋势解析 [J]. 陕西师范大学学报（哲学社会科学版），2017，46（4）：5—12.

[140] 张亚群，罗菊芳. 信息化时代招生考试媒体发展面临的挑战及对策 [J]. 湖北招生考试，2021（4）：4—8+13.

[141] 张亚群. 考试文化的内涵、分类与选择：兼析"双减"政策下教育考试改革的导向 [J]. 中国考试，2022（1）：18—25.

[142] 张应强. 高等教育全面深化改革需要对高等教育改革进行改革 [J]. 中国高教研究，2014（10）：16—20.

[143] 张渝，邓亚秋. "依法治考"：中外教育考试制度比较研究 [J]. 西南政法大学学报，2017（2）：13—22.

[144] 章小辉，李国红. 我国研究生招生体制改革初探 [J]. 现代教育科学，2003（2）：68—69.

[145] 赵丽娜. 共同治理视野下的美国州立大学内部权力制约机制：以弗吉尼亚大学为例 [J]. 高教探索，2016（3）：63—68.

[146] 赵园园，张明军. 协同监督的现实困境及拓展路径 [J]. 行政论坛，2020，27（4）：13—18.

[147] 郑若玲，万圆. 我国博士生招生制度的改革与完善 [J]. 中国高等教育，2014（18）：20—22.

[148] 郑若玲，刘梦青. 博士生招生"申请考核制"改革探析：基于 X 大学的调查 [J]. 复旦教育论坛，2017，15（2）：94—100.

[149] 郑若玲，庞颖. 强化高等学校主体性地位：论招生改革的价值转向 [J]. 教育研究，2019，40（12）：88—98.

[150] 郑若玲，庞颖. 高考综合改革系统性的基本要义、实践审思与完善路径 [J]. 高等教育研究，2020，41（3）：18—27.

[151] 中共中央　国务院印发国家中长期教育改革和发展规划纲要（2010—2020年）[J]. 人民教育，2010（17）：2—15.

[152] 中国共产党第十九届中央委员会第四次全体会议公报 [J]. 共产党员，2019（22）：4—7.

[153] 中华人民共和国学位条例 [J]. 中华人民共和国全国人民代表大会常务委员会公报，2004（6）：563—564.

[154] 周广. 美国、日本、中国三国研究生招生制度比较 [J]. 教书育人（高教论坛），

2015（1）：78—80.

[155] 周文辉，曹镇玺. 非全日制研究生招生新形势、问题及对策 [J]. 中国高教研究，2018（1）：81—86.

[156] 朱开轩. 以崇高的历史责任感把研究生教育提高到一个新水平：在全国研究生教育工作座谈会上的讲话 [J]. 中国高等教育，1995（12）：6—11.

[157] 朱子义，崔延强. 照顾的逻辑与实践的偏误：我国少数民族研究生招生政策改进审度 [J]. 清华大学教育研究，2018，39（6）：80—87.

[158] 宗俊峰，杨悦. 高校招生工作中的制约与监督机制：清华大学的经验 [J]. 清华大学教育研究，2003，24（4）：56—58.

[159] 左治兴，王丽萍. 进一步完善监督机制　不断扩大高校招生自主权 [J]. 大学教育科学，2003（2）：68—70.

（四）报纸类

[1] 陈宝生. 中国教育：波澜壮阔四十年 [N]. 人民日报，2018-12-17.

[2] 刘海峰. 通儒院与大学院：中国近代的研究生教育制度 [N]. 光明日报，1987-10-07.

[3] 习近平在十九届中央纪委六次全会上发表重要讲话，强调坚持严的主基调不动摇　坚持不懈把全面从严治党向纵深推进 [N]. 人民日报，2022-01-19.

[4] 中办国办印发《加快推进教育现代化实施方案（2018—2022 年）》[N]. 人民日报，2019-02-24.

[5] 宗河. 构建质量保障体系　提高研究生教育质量 [N]. 中国教育报，2014-03-18.

（五）学位论文类

[1] 段芳. 中俄研究生教育发展之比较研究 [D]. 开封：河南大学，2009.

[2] 李妮. 中日硕士研究生招生制度的比较研究 [D]. 武汉：中南民族大学，2011.

[3] 刘亮.高考命题的历史与理论研究[D].厦门:厦门大学,2018.

[4] 牛明铎.明代科举防范与惩治作弊制度研究[D].福州:福建师范大学,2016.

[5] 索昭昭.研究生招生考试制度的国际比较与借鉴[D].苏州:苏州大学,2008.

[6] 张玉玲.新中国成立以来党和国家监督体系研究[D].长春:东北师范大学,2021.

(六)电子公告类

[1] 中国人民大学:22名考生透露复试内容,计零分![EB/OL].(2021-04-10)[2022-08-18].https://m.gmw.cn/baijia/2021-04/10/1302222167.html.

[2] 南昌大学新传学院博士招生考试被指违规,校方:该生自愿放弃录取[EB/OL].(2021-07-09)[2022-02-12].https://baijiahao.baidu.com/s?id=1704788424467065667&wfr=spider&for=pc.

[3] 关于2022年硕士研究生考试自命题科目成绩的情况通报[EB/OL].(2022-02-25)[2022-02-26].http://yjsc.shnu.edu.cn/93/3a/c17243a758586/page.htm.

[4] 这所211被爆13万买卖研究生名额![EB/OL].(2012-03-05)[2022-04-29].https://new.qq.com/rain/a/20220305A09FK100.

[5] 政协委员要求教育部就研究生考试泄题事件道歉[EB/OL].(2012-03-08)[2022-01-27].https://www.chinanews.com/edu/2012/03-08/3727428.shtml.

[6] 2020年全国硕士研究生招生考试国家分数线和复试安排公布[EB/OL].(2020-04-14)[2022-04-29].https://baijiahao.baidu.com/s?id=1663923281173175658&wfr=spider&for=pc.

[7] 8名研究生复试成绩被修改华南理工四名院领导被查[EB/OL].(2019-02-16)[2022-02-26].http://www.xinhuanet.com/politics/2019-02/16/c_1124121929.htm.

[8] 考试院科长偷试卷转卖 考研泄题案4人被批捕[EB/OL].(2012-05-11)[2022-05-10].http://edu.sina.com.cn/kaoyan/2012-05-11/1128337699.shtml.

[9] 考研女生举报监考老师作弊 [EB/OL].（2007-03-18）[2022-02-26].http://news. sina.com.cn/c/2007-03-18/010011435296s.shtml.

[10] 上海师范大学：有考生泄露复试内容，取消相关考生拟录取资格 [EB/OL]. （2021-05-26）[2022-08-18].http://k.sina.com.cn/article_1893892941_70e2834d 02000zyz2.html.

[11] 2021 全国研究生考试招生调查报告 [EB/OL].（2022-02-12）[2023-03-20]. https://www.eol.cn/e_ky/zt/report/2021/content03.html#sc_3_3.

[12] 全国各地硕士研究生招生考试报名人数 [EB/OL].（2022-12-27)[2023-03-20]. https://www.eol.cn/e_ky/zt/common/bmrs/?params=lnrs.

[13] 北京审结首例考研替考入刑案，"考生"和"替考"被判处拘役 1 个月 [EB/ OL].（2016-01-12）[2022-01-28].https://yz.chsi.com.cn/yzzt/waringtk2015.

[14] 2016 年研究生考试大规模泄题案在湖北开审 [EB/OL].（2017-03-22）[2022- 08-18].https://yz.chsi.com.cn/kyzx/kydt/201703/20170322/1592649822.html.

[15] 研考作弊已入刑，自作聪明毁一生 [EB/OL].（2015-12-26）[2022-08-23]. https://yz.chsi.com.cn/yzzt/waringtk2015.

[16] 教育部印发《学位与研究生教育发展"十三五"规划》的通知 [EB/OL].（2017- 01-20）[2023-03-20].http://www.gov.cn/xinwen/2017-01-20/content_5161660.htm.

[17] 2021 年全国教育事业发展统计公报 [EB/OL].（2022-09-14）[2022-09-16]. http://www.moe.gov.cn/jyb_sjzl/sjzl_fztjgb/202209/t20220914_660850.html.

二、外文类[①]

（一）著作类

[1] Baird L L. The diversity imperative: Managing education in higher education[M]. Routledge, 2016.

[2] Baty P, Mawer F. Global comparison of masters and PhDs[M]. Times Higher Education, 2016.

[3] Bowen W G, Bok D. The shape of the river: Long-term consequences of considering race in college and university admissions[M]. Princeton University Press, 2016.

[4] Burns R L. Graduate admissions and fellowship selection policies and procedures[M]. Educational Testing Service, 1970.

[5] Diminnie C. An essential guide to graduate admissions[M]. Council of Graduate Schools, 2012.

[6] Hamp-Lyons L. Assessing second language writing in academic contexts[M]. Routledge,2019.

[7] Harvey, L. Understanding the organizational culture of institutions of higher education[M]. Routledge, 2015.

[8] Hoffman J. Evaluating applicants in the interview process: Using situational judgment tests and structured interviews to predict job performance[M]. Routledge, 2017.

[9] Kent J D, McCarthy T M. Holistic review in graduate admissions[M]. Council of Graduate Schools, 2016.

---

① （一）（二）按论著者姓氏字母（A-Z）、论著发表年份先后依次排序；（三）按公告来源网首字母（A-Z）、网络发布时间先后依次排序。

[10] Klieger D M, Cline F A, Holtzman S L, Minsky J L, Lorenz F. New perspectives on the validity of the GRE® General Test for predicting graduate school grades (GRE Research Report No. GRE-14-03)[M]. Educational Testing Service, 2014.

[11] Macdonald R. The Pitfalls of the Graduate Admissions Process[M]. The Chronicle of Higher Education, 2016.

[12] Milem J F, Chang M J, Antonio A L. Making diversity work on campus: A research-based perspective[M]. Association of American Colleges and Universities, 2005.

[13] National Research Council. Research universities and the future of America: ten breakthrough actions vital to our nation's prosperity and security[M]. National Academies Press, 2012.

[14] Posselt J R. Inside graduate admissions: Merit, diversity, and faculty gatekeeping[M]. Harvard University Press, 2016.

[15] Schneider C G, Shook C L. Practical Transformation: Innovative Practice and Approaches in the Provision of Postgraduate Business Education[M]. Springer, 2018.

[16] Winer L K. The sage encyclopedia of teaching and learning[M]. Sage Publications, 2016.

（二）期刊类

[1] Aasheim C L, Williams S, Kemp J, Williams T, Spence L. Implementing imaging technology in graduate admissions at Georgia Southern University[J]. Journal of the International Academy for Case Studies, 2009(6): 41-50.

[2] Baggs T, Barnett D, McCullough K. The value of traditional cognitive variables for predicting performance in graduate speech-language pathology programs[J]. Journal of Allied Health, 2014(1):10-16.

[3] Burnett C W. Chapter III: Selection and training of school and college personnel

workers[J]. Review of Educational Research, 1954(24):121-133.

[4] Brink W J. Selecting graduate students.[J]. The Journal of Higher Education, 1939(10):425-430.

[5] Dallocchio M. Transparency and accountability in university admissions: exploring the impact of the bologna process[J]. Journal for Higher Education Management and Policy, 2017(2):1-15.

[6] Eckel P D, King J E. Making sense of the complexity leadership framework[J]. International Journal of Leadership in Education, 2017(3):308-323.

[7] Gartner J D. Antireligious prejudice in admissions to doctoral programs in clinical psychology[J]. Professional Psychology: Research and Practice, 1986(17):473-475.

[8] Hall J D, O'Connell A B, Cook J G. Predictors of student productivity in biomedical graduate school applications[J]. PLoS One, 2017(1):121-169.

[9] John C B, Paul T, Jaeger, Justin M, Grimes. Using ITCs too Create A Culture of Transparency: E-government and Social Media as Openness and Anti-corruption Tools for Societies[J]. Government Information Quarterly, 2010(3):264-271.

[10] Kuncel N R, Hezlett S A, Ones D S. A comprehensive meta-analysis of the predictive validity of the graduate record examinations: Implications for graduate student selection and performance[J]. Psychological Bulletin, 2001(127):162-181.

[11] Kuncel N R, Kochevar R J, Ones, D S. A meta-analysis of letters of recommendation in college and graduate admissions: Reasons for hope[J]. International Journal of Selection and Assessment, 2014(22):101-107.

[12] Landrum R E. Graduate admissions in psychology: Transcripts and the effect of withdrawals[J]. Teaching of Psychology, 2003(30):323-325.

[13] Miller C W, Zwickl B M, Posselt J R, Silvestrini R T, Hodapp T. Typical physics Ph. D. Admissions criteria limit access to underrepresented groups but fail to

predict doctoral completion[J]. Science Advances, 2019(1):50-75.

[14] Miller P. Plagiarism detection and prevention in graduate education: establishing standards, promoting integrity[J]. Journal of Academic Ethics, 2015(3):227-241.

[15] Moss-Racusin C A, Dovidio J F, Brescoll V L, Graham M J, Handelsman J. Science faculty's subtle gender biases favor male students[J]. Proceedings of the National Academy of Sciences, 2012(41):16474-16479.

[16] Moy E K. Graduate admissions: Balancing fairness and selectivity[J]. New Directions for Higher Education, 2015(171):21-33.

[17] Orfield G. Realizing the promise of the civil rights revolution: Challenges and consequences for graduate education[J]. American Journal of Education,2014(120):451–456.

[18] Pacheco W I, Noel R J, Porter J T, Appleyard C B. Beyond the GRE: Using a composite score to predict the success of Puerto Rican students in a biomedical PhD program[J]. CBE Life Sciences Education, 2015(2):141-216.

[19] Petersen T, Saporta I. The Opportunity Structure for Discrimination[J]. American Journal of Sociology, 2004(4):852-901.

[20] Petersen J C. Geopolitics of graduate school admissions[J]. PLoS One, 2017(7):18-36.

[21] Altbach P G. The Logic of the Mass Higher Education[J]. International Higher Education, 1997(8):9-14.

[22] Posselt J R. Disciplinary logics in doctoral admissions: Understanding patterns of faculty evaluation[J]. Journal of Higher Education, 2015(86):807-833.

[23] Schwager I T, Hülsheger U R, Bridgeman B, Lang J W. Graduate student selection: Graduate record examination, socioe-conomic status, and undergraduate grade point average as predictors of study success in a western European university[J]. International Journal of Selection and Assessment, 2015(23):71-79.

[24] Schmittn, Keeney, Oswald. Prediction of 4-year college student performance

using cognitive and non-cognitive predictors and the impact on demographic status of admitted students[J]. Journal of Applied Psychology, 2009(6):79-97.

[25] Shrader C B. Diversity in Graduate School Admissions[J]. Journal of Diversity in Higher Education, 2018(1):17-28.

(三) 电子公告类

[1] About the GRE General Test [EB/OL].[2021-11-3]. https://www.ets.org/gre/revised_general/about.

[2] About the GRE Subject Tests [EB/OL].[2021-10-27]. https://www.ets.org/gre/subject/about.

[3] ETS.Test Content [EB/OL].[2021-10-26]. https://www.ets.org/gre/revised_general/about/content.

[4] Five Things You Didn't Know About Test Security at ETS [EB/OL].[2023-01-19]. https://www.ets.org/news/press-releases/five-things-you-didnt-know-about-test-security.html.